职业教育规划教材

汽车营销策划

第二版

伍　静　主编
刘灵芝　副主编

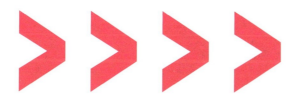

化学工业出版社

·北京·

内 容 简 介

《汽车营销策划》内容主要包括汽车营销策划人员的基本要求、汽车营销策划基本理论、汽车营销调研策划、汽车产品策划、汽车分销渠道策划、汽车价格策划、汽车促销策划、汽车营销策划实务、汽车企业形象策划等。书中每章内容由情境引入，正文中融入了大量的典型案例，通过案例学习，便于读者学习和掌握正文内容。本书双色印刷，配套课件等资源。

《汽车营销策划》可作为高等职业院校汽车类相关专业的教学用书，也可供从事汽车及汽车营销的相关人员阅读和相关单位职工培训参考使用。

图书在版编目（CIP）数据

汽车营销策划/伍静主编．—2版．—北京：化学工业出版社，2021.6

职业教育规划教材

ISBN 978-7-122-38750-9

Ⅰ.①汽⋯ Ⅱ.①伍⋯ Ⅲ.①汽车-营销策划-高等职业教育-教材 Ⅳ.① F766

中国版本图书馆 CIP 数据核字（2021）第 048910 号

责任编辑：韩庆利　　　　　　　　　　文字编辑：贾全胜　陈小滔
责任校对：边　涛　　　　　　　　　　装帧设计：史利平

出版发行：化学工业出版社（北京市东城区青年湖南街13号　邮政编码100011）
印　　装：三河市延风印装有限公司
787mm×1092mm　1/16　印张 14¼　字数 352 千字　2021 年 8 月北京第 2 版第 1 次印刷

购书咨询：010-64518888　　　　　　　　售后服务：010-64518899
网　　址：http://www.cip.com.cn
凡购买本书，如有缺损质量问题，本社销售中心负责调换。

定　价：45.00 元　　　　　　　　　　　　　　　　　　版权所有　违者必究

随着我国汽车工业的发展，汽车市场机会无限，但竞争激烈，汽车营销策划已经成为决战市场的重要武器。本书充分借鉴国外先进职业技术教育理念与经验，精选双师型教师和行业专家编写，突出岗位实际需求，切合职业教育特点，在编写体例上强调一个"新"字，在内容上注重汽车后市场职业岗位对人才的知识、能力要求，力求与相应的职业资格标准衔接。

为积极推进课程改革和教材建设，更好地满足职业教育改革与发展的需要，按照专业教学标准，紧密结合目前汽车销售行业的实际需求，我们编写了《汽车营销策划》（第二版）教材。

"汽车营销策划"是汽车技术服务与营销专业的专业基础课程，也可作为汽车其他专门化方向的专业选修课。本书内容主要包括：汽车营销策划人员的基本要求、汽车营销策划基本理论、汽车营销调研策划、汽车产品策划、汽车分销渠道策划、汽车价格策划、汽车促销策划、汽车营销策划实务、汽车企业形象策划等。书中每章内容由情境引入，正文中融入了大量的典型案例，通过案例学习，便于读者学习和掌握正文内容。为方便教学，配套电子课件。

《汽车营销策划》总结了许多汽车行业中成功的营销策划经验和窍门，既具有系统性，又突出了实操性，是高职院校汽车技术服务与营销专业的教材，也可作为汽车营销行业从事研发、市场、营销岗位人员的培训用书。

本书编写分工：伍静编写第一章、第六章；刘彦笈编写第二章、第三章；陈珊编写第四章、第五章；刘灵芝编写第七章、第八章；胡瑞麟编写第九章。全书由伍静担任主编，刘灵芝担任副主编。

本书在编写过程中，参考了国内外市场营销策划和有关汽车营销策划的书籍和论文等文献。同时，具有多年培训经验的资深内训师姜险峰、吴俊两位先生给本书提供了大量真实的企业案例，在此向他们表示感谢。

由于编者水平以及掌握资料的限制，加之时间所限，书中不足之处在所难免，恳请同行专家及读者指正。

编　者

第一章 汽车营销策划人员的基本要求　　1

第一节　汽车营销策划人员概述 …………………………………………… 1
　一、汽车营销策划人员的含义 …………………………………………… 1
　二、汽车营销策划人员工作任务 ………………………………………… 1
第二节　汽车营销策划人员的职业要求 …………………………………… 2
第三节　汽车营销策划人员应具备的素质和能力 ………………………… 3
　一、职业道德 ……………………………………………………………… 3
　二、基本知识 ……………………………………………………………… 3
　三、基本技能 ……………………………………………………………… 5

第二章 汽车营销策划基本理论　　13

第一节　汽车营销策划含义与特征 ………………………………………… 15
　一、汽车营销策划的含义 ………………………………………………… 15
　二、汽车营销策划的特征 ………………………………………………… 16
第二节　汽车营销策划的基本原则和基本步骤 …………………………… 19
　一、汽车营销策划的基本原则 …………………………………………… 19
　二、汽车营销策划的基本步骤 …………………………………………… 22
第三节　市场营销策划的方法 ……………………………………………… 24
　一、市场营销策划的基本方法 …………………………………………… 24
　二、市场营销策划的创意方法 …………………………………………… 25
第四节　如何写好汽车营销策划书 ………………………………………… 26
　一、汽车营销策划书的要素与原则 ……………………………………… 26
　二、汽车营销策划撰写要点 ……………………………………………… 27
　三、汽车营销策划书的内容与结构 ……………………………………… 28
　四、汽车营销策划书的撰写技巧 ………………………………………… 31

第三章　汽车营销调研策划　　39

第一节　汽车营销调研策划概述　41
一、汽车营销调研策划的概念及作用　41
二、汽车营销调研策划的对象与类型　41
三、汽车营销调研策划的内容　42

第二节　汽车营销调研策划的流程　43
一、确定调研目标　44
二、制订调研计划　45
三、收集调研信息　46
四、分析调研信息　47
五、提交调研报告　47

第四章　汽车产品策划　　51

第一节　汽车产品策略策划　53
一、汽车产品策略策划的步骤　53
二、汽车产品组合策略策划　55
三、汽车产品定位策划　57
四、汽车产品生命周期策略策划　65

第二节　汽车新产品开发策划　67
一、汽车新产品的概念　67
二、汽车新产品开发的必要性　67
三、汽车新产品开发的主要障碍　68
四、汽车新产品开发的流程　68
五、汽车新产品上市的策略　70

第三节　汽车品牌策划　71
一、品牌的含义　71
二、汽车品牌的特征　75
三、汽车品牌的作用　76
四、汽车品牌策略策划　76

第五章 汽车分销渠道策划　　87

第一节　汽车分销渠道概述 …………………………………………… 88
　　一、汽车分销渠道的含义与特点 …………………………………… 88
　　二、汽车分销渠道的作用 …………………………………………… 89
　　三、汽车产品中间商的类型和功能 ………………………………… 89
第二节　汽车分销渠道模式 …………………………………………… 92
　　一、直接销售渠道与间接销售渠道 ………………………………… 92
　　二、长销售渠道与短销售渠道 ……………………………………… 93
　　三、宽销售渠道与窄销售渠道 ……………………………………… 93
第三节　汽车分销渠道选择与策划 …………………………………… 94
　　一、汽车分销渠道的选择 …………………………………………… 94
　　二、汽车分销渠道策划 ……………………………………………… 97

第六章 汽车价格策划　　103

第一节　汽车产品价格形成 …………………………………………… 104
　　一、我国汽车产品市场的价格机制 ………………………………… 104
　　二、汽车价格的构成 ………………………………………………… 104
　　三、汽车产品的定价基础 …………………………………………… 105
第二节　汽车定价影响因素 …………………………………………… 106
第三节　汽车价格目标策划 …………………………………………… 108
　　一、汽车定价目标策划的方式 ……………………………………… 108
　　二、汽车价格策划的内容 …………………………………………… 109
　　三、汽车价格策划方案的原则 ……………………………………… 110
　　四、汽车价格策划方案的方法 ……………………………………… 110
第四节　汽车价格方法策划 …………………………………………… 111
　　一、汽车价格策划的方法 …………………………………………… 111
　　二、汽车新产品定价策划方法 ……………………………………… 114
　　三、汽车心理定价策划方法 ………………………………………… 116
第五节　汽车价格调整策划 …………………………………………… 116
　　一、主动调价策划 …………………………………………………… 116
　　二、被动调价策划 …………………………………………………… 118

第七章　汽车促销策划　　125

第一节　汽车人员推销策划 …………………………………………… 126
　　一、汽车人员推销策划的内容 ……………………………………… 126
　　二、汽车人员推销策划的步骤与形式 ……………………………… 127
　　三、汽车人员推销策划的策略与技巧 ……………………………… 128
第二节　汽车广告促销策划 …………………………………………… 129
　　一、汽车广告促销策划的内容与类型 ……………………………… 129
　　二、汽车广告促销策划的流程、步骤与策略 ……………………… 130
　　三、汽车广告设计技巧策划 ………………………………………… 134
第三节　汽车营业推广策划 …………………………………………… 136
　　一、汽车营业推广策划的特点与作用 ……………………………… 136
　　二、汽车营业推广策划的流程 ……………………………………… 137
第四节　汽车公共关系策划 …………………………………………… 138
　　一、汽车公共关系策划的含义 ……………………………………… 138
　　二、汽车公共关系策划的作用 ……………………………………… 138
　　三、汽车公共关系策划的方式与工作程序 ………………………… 138

第八章　汽车营销策划实务　　144

第一节　汽车市场活动策划理念及原则 ……………………………… 147
　　一、汽车市场活动策划理念 ………………………………………… 147
　　二、汽车市场营销活动的原则 ……………………………………… 147
　　三、汽车营销策划方案设计 ………………………………………… 148
第二节　汽车市场营销活动策划类型 ………………………………… 149
　　一、汽车 4S 店假日促销策划 ……………………………………… 149
　　二、汽车 4S 店车展策划 …………………………………………… 161
　　三、汽车 4S 店厂家活动策划 ……………………………………… 175
　　四、汽车 4S 店试乘试驾活动策划 ………………………………… 184
　　五、汽车 4S 店公益活动策划 ……………………………………… 192

第九章 汽车企业形象策划　　204

第一节　汽车企业形象策划程序 …………………………………………… 205
　一、CIS 的内涵与策划目的 ………………………………………………… 205
　二、汽车形象策划程序与原则 ……………………………………………… 206
第二节　汽车企业形象策划方案 …………………………………………… 208
　一、调查分析 ………………………………………………………………… 208
　二、策划方案 ………………………………………………………………… 209
第三节　汽车企业形象策划设计 …………………………………………… 210
　一、MI——理念识别策划 …………………………………………………… 210
　二、BI——行为识别企划 …………………………………………………… 212
　三、VI——视觉识别企划 …………………………………………………… 213

参考文献　　220

第一章 汽车营销策划人员的基本要求

汽车营销策划人员的基本要求

学习目标

1. 了解汽车营销策划人员的含义、工作任务。
2. 理解汽车营销策划人员的职业规范。
3. 明确汽车营销策划人员的职责。
4. 了解汽车营销策划人员应具备的素质。

情境导入

某汽车工程学院汽车技术服务与营销专业的甲同学和乙同学参观了某城市的车展。他们认为车展的组织与策划工作非常周密、精彩，令人难忘。他们迫切想成为一个汽车营销策划人。于是他们急切地想弄清楚汽车营销策划的工作内容与任务，汽车营销策划人必须具备的知识与技能。

第一节 汽车营销策划人员概述

一、汽车营销策划人员的含义

汽车营销策划人员是指具有良好的职业道德，能够熟练运用营销策划理论和营销实战方法，为汽车企业营销提供创新服务并取得明显绩效的专业人员。即具有较强的市场策划、活动组织和语言表达能力，具有良好的人际沟通和组织协调能力；执行力强、有良好的团队协作精神，工作认真负责并熟练运用办公软件。

二、汽车营销策划人员工作任务

（1）研究市场信息，包含市场动态、竞争品牌动向、产品与市场信息。

（2）确立年度、季度、月度、周市场推广与网站推广项目，制定推广方案，并督导、执行。

（3）针对汽车企业的营销策略，制定阶段性市场活动的策划和宣传方案，并按照要求布置展厅，推广并实施各类市场活动。

（4）针对汽车企业的市场推广主题活动，与销售人员及相关人员进行沟通，并对其进行培训和指导。

（5）协调汽车企业内部的运作实施，并完成品牌、产品推广的效果评估，提出改进方案。

（6）其他。

第二节　汽车营销策划人员的职业要求

按照在汽车企业营销组织中或制定、实施营销策划方案中所起的作用和担负的责任，营销策划师分为三个等级，即高级营销策划师、中级营销策划师、初级营销策划师（营销策划助理）。

汽车高级营销策划师：能够独立完成营销策划方案的制定或实施，解决汽车企业重要营销的创新问题。

汽车中级营销策划师：能够深度参与营销策划方案的制定或实施，解决汽车企业营销领域中某些环节或某个营销项目的创新问题。

汽车初级营销策划师：能够局部参与营销策划方案的制定或实施，完成汽车企业创新营销的某些基础性或技术性工作。

企业营销策划部经理的职业要求可参考如下实例。

汽车营销策划部经理岗位职责与工作任务及能力要求

职位名称	营销策划部经理	所属部门	营销公司　定员　见具体部门
直属上级	市场总监	直接下级	客户部、调查部、创意部、推广部等主管

职位概要：

负责公司项目可行性研究、设计项目营销策划总体思路、销售策略的制定和执行工作；负责优化与推进营销业务流程；负责营销策划部的日常管理工作。

主要职责与工作任务：

职责一：参与公司营销策划方案的设计、变更、评优、审核等工作。

工作任务：参与公司营销策划方案的设计、变更，评选最优方案；参与审核营销策划方案，设计营销调研方案，负责与客户沟通等。

职责二：负责优化与推进公司业务流程和品牌管理及企业文化研究。

工作任务：根据公司的组织结构、部门职责及业务要求，定期或不定期对公司业务流程进行优化；负责公司的品牌推广与维护建设；负责公司企业文化的研究。

职责三：依据公司的经营目标，制订本部门销售目标及销售计划，并予以追踪控制，以确保其完成或超越。

工作任务：根据本公司的经营计划，确定项目销售计划与销售费用预算；对部门工作计划的执行进行监督，并加以控制。

职责四：督导所属部门人员进行人员推销活动，实现具体项目的销售计划。

工作任务：对所辖员工进行合理分工，选用最适当人选，保证最佳工作效率；负责检查项目销售策划方案的执行情况，负责每月销售情况的总结。

职责五：负责项目销售策划方案的执行和评估工作。

工作任务：负责项目销售策划方案的执行；评估项目整体销售策划方案的效果。

职责六：部门内行政管理。

工作任务：负责制订本部门的营销策划工作计划、资金使用计划；负责落实本部门的综合计划；负责对下属人员进行业务指导、培训与考核。

任职资格：

教育背景：企业管理、工商管理、经济管理专业及其他相关专业大学本、专科以上学历。

培训经历：接受过市场营销策划培训、项目策划培训、财务培训及其他相关业务培训。取得策划人员资格证书。

经验：3年以上相关工作经历。

知识要求：具备相应的管理知识、经济学知识、市场营销策划学知识、财务知识。

能力要求：熟练使用Microsoft Office专业办公软件；具有一定的领导能力、判断与决策能力、协调能力、人际沟通能力、影响力、计划与执行能力。

素质要求：善于协调、沟通，责任心、事业心强；有良好的敬业精神和职业道德操守；有很强的感召力和凝聚力。

第三节　汽车营销策划人员应具备的素质和能力

要成为一名合格的汽车营销策划师，必须在个人素质和知识结构上达到一定水平。具体要求如下。

一、职业道德

职业道德主要包括：遵守国家法律、法规和各项政策，不违法违规行事；始终把客户利益放在第一位，不借策划之便谋求个人私利；实事求是，量力而行，不接受力不能及的委托项目；为客户保守商业秘密，未经许可，不得泄露客户信息；严格按照合约、规定收取费用，不得索取约定之外的其他报酬；团结业内人士，不诋毁同行。

二、基本知识

1. 信息整理类基本知识

（1）信息工具应用。了解国家经济社会信息统计政策；了解获取有关汽车信息的渠道；

了解和掌握互联网查询方法；了解电话、传真、电子邮件等信息工具的使用方法；了解全国各种主要媒体的内容特点。

（2）市场（商情）调查。能够设计市场调查表；了解市场调查机构的运行特点，掌握与市场调查机构合作的要领；学会临时组建信息调查小组；掌握各种获取调查数据的方式方法。

（3）信息数据分析。掌握基本的统计学知识，对获取的汽车信息数据能够做出各种指标分析。

（4）文案书写格式。熟悉主要的营销文本、文档格式，熟练掌握可行性分析报告、项目建议书、市场分析报告、上报汽车营销策划方案等典型的或常用的与汽车营销策划工作相关的文本和文档格式。

2. 分析判断类基本知识

（1）市场营销学。了解和掌握市场营销的基本概念、方法、原理、模式和最新理念等。

（2）政策法规。了解国家产业政策、经济法规，特别是熟悉和运用《中华人民共和国公司法》。

（3）财务管理。熟悉资产负债表和利润表上各个要素的含义，掌握主要的财务分析指标。

（4）企业诊断方法。能够通过财务指针等案头数据初步估测企业的现状和未来走势；能够根据企业的现状和发展趋势判断其营销管理难点、发展的瓶颈；能够对企业营销的矛盾进行主次排序。

（5）经济学。包括宏观经济学和微观经济学，学会分析主要经济现象和市场动态的本质，能够掌握主要经济现象的因果关系，形成理性预测经济与市场走势的思维和方法。

（6）管理学。了解和掌握企业管理的主要概念、主要技术和方法、流行的管理理念等。

（7）公共关系学。掌握公共关系资源的评价、沟通、开发、管理、利用等方面的基本原理，了解社会主要公共关系资源的基本形态。

3. 策划创新类基本知识

汽车高级营销策划师应具备、汽车中级营销策划师应一般了解、汽车初级策划师应有所了解策划创新类基本知识。其基本知识包括：

（1）营销策划理论。掌握现代营销策划基本知识框架，努力跟踪最新经济理论和策划理论的发展，不断丰富自己的营销知识。

（2）哲学。学习马克思主义哲学思想和中外其他哲学家思想，提高总体把握事物的能力，提高对社会各种现象的洞察力，依照一般规律增强想象力。

（3）心理学。了解人（特别是消费者）的心理活动规律，利用这些规律，设计汽车营销活动方案。

（4）经典智慧著作。学习中外智慧著作，了解主要篇章，研究主要观点，结合经营实际，不断加深对自己所从事的营销策划领域的认识。

需要注意的是，汽车营销策划师的知识结构是开放性的，要随着社会发展和科技进步更新自己的知识，尤其是汽车方向最前沿的知识。由于现代社会的不断发展、科学技术的不断进步，新的学科和专业领域不断出现，这不仅产生新理论、新技术、新事物，要求人们不断认识和吸取最新知识，而且原有知识的更新速度也不断加快。这就要求汽车营销策划师的知识结构应该处于一种动态的、开放的状态；汽车营销策划师也只有不断接受新知识、不断更新自我知识结构，才能适应开放性的要求。

三、基本技能

汽车营销策划人特别需要具有综合技能。主要包括：创意能力、创新能力、市场调研能力、洞察能力、组织能力、整合能力和执行能力等。

1. 创意能力

在当今的社会经济条件下，市场是一切财富的源泉。谁不研究市场，谁就将在商战中败北，而要在商战中取胜，最大的法宝就是创意。创意是人脑的一种创造性思维，是人们面对一个具体问题所进行的异于他人并导致新颖而有效地提出解决方案的思维过程。创意是镶嵌在创造学、投资学、思维学、经营学、预测学、心理学皇冠上的一颗璀璨明珠。在现代经济生活中，创意之花处处争奇斗艳，芬芳袭人，要想懂得策划，必须懂得创意。

创意作为创造性思维不是一种单一的思维形式，而是多种思维形式的总和。它不是一般性的思维活动，而是一般思维的继承和发展，是对事物的本质发展、发展规律和事物的相互联系更系统、更深刻、更全面、更新颖的发现、理解和把握。

创意是汽车企业营销策划人心智的最高体现，是汽车企业营销策划人驾驭知识、驾驭信息的一种整体能力。创意首先要求营销策划人必须运用形象思维描绘出汽车企业策划的整体框架，然后用简洁的语言描绘汽车企业营销策划的概要，并能够充分把握人力资源、物力资源、财力资源、社会资源，以及各种可以动用资源的变动趋势和发展趋势。

创意如同建筑中的框架结构，是企业策划的重要因素。创意是否合理，将决定企业的成败。

案例 ▶▶▶

宝马新X5的广告，马圈的门打进两束光，窗户形状正好与BMW的"肺叶"气坝相吻合，并且马圈中有N匹马，说明X5是绝对不缺乏"马力"的！！！

案例 ▶▶▶

有创意的汽车广告词

邦迪亚克牌汽车广告词——坐在里面是件美事，被人们看见坐在其中更是快事。

福特汽车广告词——你的世界，从此无界。

奔驰GL级豪华越野车——独乐乐不如众乐乐。

奔驰CLK敞篷跑车——最美一刻，就在您面前。

北京吉普——将高科技武装到每一颗螺丝钉。

金虹桥牌输送机——今日拥有金虹桥，明天就是金百万！

中国重汽斯太尔——一步到位，步步到位。

克莱斯勒汽车——你买汽车不来考虑一下我们克莱斯勒的汽车那你就吃亏了，不但你吃亏，我们也吃亏。

依兰特——给我一个美名，送你一部靓车。

有创意的广告词

- 某印刷公司广告——"除钞票外,承印一切。"
- 某石灰厂广告——"白手起家!"
- 公共场所禁烟广告——"为了使地毯没有洞,也为了使您肺部没有洞,请不要吸烟。"
- 某公路交通广告——"如果你的汽车会游泳的话,请照直开,不必刹车。"
- 某汽车陈列室广告——"永远要让驾驶执照比你自己先到期。"
- 某交通安全广告——"请记住,上帝并不是十全十美的,它给汽车准备了备件,而人没有。"

可见,作为策划人,创意能力是最基本的素质。因此,"运筹帷幄,决胜千里"就是对汽车营销策划人的创意能力的要求。"运筹帷幄"是指对外界所有相关趋势的掌握,并能立足于现实推断未来的变化;"决胜千里"则意味着营销策划的事业不只是立足于现实,更是跨越时空的限制。

2. 创新能力

策划与创新就像一对形影不离的孪生兄弟,任何高明的策划都离不开创新。市场变幻莫测,竞争日趋激烈,现代汽车企业营销策划者必须善于从实际出发,敢于承担风险,不断创新。惟有及时抓住问题,解决问题,创造性地开展工作,才能使自己立于不败之地。因此,可以说创新意识是现代汽车企业营销策划者的基本意识,创新能力是现代汽车企业营销策划者的最基本的能力。创新既不是想入非非,也不是关起门来苦思冥想所能得到的,它重在创造性的思维。创造性思维虽是一种复杂的、高级的心智活动,但绝不是神秘莫测、高不可攀,仅属少数的天才所有的。

根据现代策划的特点和要求,作为一个出色的汽车企业策划者,要想策划出超凡脱俗的方案,尤其应摆脱以下几个不良因素的制约和束缚。

(1) 破除畏惧心理。人的创新活动在本质上是突破传统的,而传统的东西又总是比较强大的。这就特别需要策划者去克服畏惧心理,一往无前地去拼争,在强手如林的汽车策划世界中争得一席之地。

(2) 克服习惯势力。思维定势的积极面在于保持思维活动的稳定性和一致性,表现为知识经验的积累和思路的流畅;其消极面在于阻碍人类思维的灵活性,反映出思维活动的惰性和呆板,表现为思路的陈旧和狭窄。一个汽车企业策划者只有利用其积极的一面,克服其消极的一面,才易于形成正面的判断,产生出奇制胜的效果。

(3) 相信自己,打消自卑。在创造难题面前,人之所以会产生自卑,其主要原因就在于对创造的本质缺乏正确的认识,过高地估计了创造活动的难度,过分相信已有的原理或结论。

在真正的创新活动中,人是没有高低贵贱之分的,也没有难以逾越的鸿沟。只要相信自己,敢于向权威和现实挑战,善于思考问题,不怕失败,就一定能收到意想不到的奇效。

(4) 摆脱怠情,勤奋自励。从历史上看,创新总是与勤奋者、勇敢者为伴。那些贪图安逸而不肯吃苦,缺乏不达目的誓不罢休顽强精神的人,几乎就没有成功的。对汽车企业策划

第一章 汽车营销策划人员的基本要求

者来说,在仰慕创新者的辉煌战果时,切莫忘记其过程的艰辛。要知道,创新者的每一个进步,每一次成功,都是血汗铸成的。策划者只有以不畏艰难的胆量和毅力,勇敢地接受人生的挑战,不怕挫折,不怕失败,尽心尽力地去参与社会竞争,才能为人类社会的进步做出自己应有的贡献。

【案例】

4S店售后创新,请向"海底捞"看齐

曾在美洲地区负责汽车业务调查的Geoff Broderick调任J.D.Power亚太公司副总裁兼总经理后,一个最有意思的发现是,一些中国汽车经销商会在客户休息区摆上麻将桌,方便到店客户打麻将。这是一件非常有意思的事情。Geoff在接受21世纪经济报道记者采访时称,打麻将能更好地维护客户关系,在这一点上,中国汽车经销商显然要比世界其他地方的同行更有创新想法。

东风日产4S店在七夕节时不仅会宣传优惠方案吸引客户订车,还会为客户张罗相亲。为了拓展和维护客户关系,现在许多汽车经销商都在挖空心思通过各种活动锁定目标人群。在调研中,Geoff就曾经遇到一个在湖边的汽车4S店正组织客户打高尔夫。而一个靠近农牧区的汽车4S店甚至愿意帮助牧民卖牛羊,前提是这些牧民在该店买车。4S店在努力营造一个朋友圈,在这个圈子里大家可以一起玩,一起做活动,有时候甚至可以一起创业。未来中国汽车售后服务市场一个比较理想的客户体验目标是贯彻"海底捞"式的服务理念。

"几乎每一个客户从海底捞出来时,他津津乐道的都是在用餐过程中享受到了什么样的特别服务,对于到底吃了些什么,反而很多人记不太清楚。而在汽车业,有太多的客户倾向于指责汽车维修备件太贵、工时费太高,原因之一就是经销商没有与客户建立深厚的情感联系,所以客户会对服务流程中的小瑕疵耿耿于怀。"

【企业案例】

被西方传媒誉为"蓝色巨人救世主"的IBM公司总裁路易斯·格斯特纳的创新能力使得IBM公司重振雄风,取得辉煌的业绩。

绰号为"蓝色巨人"的IBM公司,鼎盛于20世纪80年代,曾经雄踞《财富》杂志评选的世界500强的第二位,长期以来IBM公司执世界计算机产业之牛耳,被视为美国科技实力的象征和国家竞争的堡垒。但是,进入90年代,整个计算机产业的竞争格局发生了重大的变化,由少数大公司垄断技术、瓜分市场的昔日美景已经不复存在,个人电脑和工作站技术发展迅速。但IBM公司没有及时进行创新,仍然固执坚持以大型主机系统为核心的经营战略,错失良机。前任总裁埃克斯引咎辞职,而路易斯·格斯特纳临危受命,接任IBM公司总裁的职务。

这位靠经营香烟和快餐起家,对计算机外行的人,正是靠着不断的创新,使IBM公司恢复了往日的辉煌。

他认为IBM公司最需要的是一种远见,而这种远见来自创新。他接任总裁后,对人事、技术、营销、合作等各个方面进行破旧立新。经过四年的努力,1997年IBM公司的营业额为785亿美元,取得68亿美元的税后净利润(IBM公司易主的1993年亏损81亿美元),股

价也达到了空前的 185 美元的水平，比最低的 1993 年高了 4 倍。由此可见创新与不创新的差异。策划人就应该具有捕捉信息和不断利用信息进行创新的能力。

3. 市场调研能力

策划人的灵魂就在于他能准确预测和善于把握历史发展的机遇，不失时机地成为引领市场潮流的领导者。因此，汽车营销策划人要有深谋远虑、未雨绸缪的战略眼光。市场调研能力如何，会直接影响到汽车企业营销策划的结果。

4. 洞察能力

洞察能力就是指策划人能够全面、正确、深入地分析认识客观现象的能力。汽车企业策划人的洞察力对于策划结果的质量具有直接的影响。

策划人应该具备通观全局、全面分析的能力，具备能够透过现象抓住本质以及着眼发展、科学预见的判断能力。只有这样，策划人才能够保证策划的针对性，找到解决问题的关键所在，获得策划的成功。

"察人之所未察，见人之所未见"是对汽车企业策划人洞察力要求的具体描述，策划人应该善于从过去和现在的资料文献中发掘具有创意策划的重要素材。

洞察力有时也被称为对事物发展变化的敏感力和分析力，抑或称之为观察力。这是汽车企业策划人应具备的最基本素养。因此，汽车营销策划人员要具备敏锐的市场洞察能力，在瞬息万变的市场中去捕捉所需信息。机会对于大家来说都是平等的，关键就在于如何去发现、如何去挖掘、如何去把握。

洞察和观察最重要的区别是： 观察只是记录人们所做的事情，而洞察则是回答人们为什么会那样做。只有真正做到了洞察，才能从根本上了解消费者的动机，这就是最简单的消费者购买程序。

一道洞察决策能力的试题： 一个士兵、军官、孕妇、老人在战地需要医生救护。而战地医院没有同时救助的资源能力。请用你的洞察能力来判断并做出决策。

5. 组织能力

组织能力是指策划人根据策划本身的要求将策划资源进行有机结合的能力。它包括对策划人的找寻、策划资料的搜集、策划方案的制定等，也就是对人、事、物统筹安排。因此，策划经理人的组织能力是否强，将直接影响汽车企业策划结果。

具体来讲，汽车策划经理人的组织能力包括了内部组织调配和外部组织协调能力，以此达到共同策划、制作、实施的目的。组织能力除了要求汽车企业策划人具有极强的组织纪律性和团体协作精神外，还要求汽车企业策划人必须具有较强的组织领导能力——统率力。在任何一个策划活动中，任何一个人个人的能力总是不能够代替所有人的能力；况且，个人能力再强如果没有团队的合作，也难以发挥作用，有时甚至会起到相反的作用。可见，企业策划是一项集体活动，需要策划团队中每一策划人的通力合作，才能形成策划效益——有效的策划结果。

6. 整合能力

汽车企业策划人并不比别人更高明，而是在于把各种资源要素整合在一起，协调各方面的力量形成合力，达到策划目的。必须学会使用"整合"这一锐利的武器，去夺取最后的胜利。

记得一位策划人曾经给策划下了这样一个定义：策划，就是利用自己的头脑将别人的产品、别人的信息都归己所用。正如被誉为"策划之神"的美国百货巨子约翰·华那卡在实践经验中总结的成功策划方程式那样：

$$成功的策划 = 他人的头脑 + 他人的金钱$$

这也说明作为汽车企业策划人，应该具有整合的能力。

策划人的整合能力，基于他的理性思维能力，即在一定理论指导下的系统思维，还在于策划人对信息情报资源的大量、合理、高效的占有能力。所以汽车企业策划人的整合能力是有前提的，只有在他占有足够多的信息，并且能在理性分析之后进行合理取舍，才能使策划活动具有创新性和创造性。组合是产生策划灵感的重要因素，一旦某种组合成功，往往会产生出人意料、甚至化腐朽为神奇的效果。

自由女神的血肉之躯

美国曾进行过一次对"自由女神"像的大修，修复工程完成后产生了200吨的建筑垃圾。

州政府刊登告示，愿意出50万美元悬赏能妥善处理此垃圾者，条件是不能有任何对环境的污染或危害。一位市民找到州政府，承诺按要求处理这些垃圾，并要来50万美元注册公司。之后他找到一家铸币公司，让这家公司将垃圾中的铜拉走，并铸成自由女神纪念币；找公司将垃圾中的铅制成尺子并在背面刻上自由女神像；找公司将垃圾中的水泥块做成小自由女神纪念碑；将木头制成自由女神雕像；最后剩下的渣土，请一家公司拉走，分装在制作精美的塑料盒内，扎上彩带，盒上印上金字——"自由女神的血肉之躯"。然后，公司就在自由女神像附近销售这些纪念品。不出三个月，所有纪念品销售一空。

正是这种独到的眼光及成功组合，使这位策划者扣除成本净赚了不少美元，并跻身于富翁的行列。

7. 执行能力

俗话说得好：光说不练不是好把式。汽车企业策划人在构思之后，自然就应当采取实际的行动，策划人不仅要勤于思考，更要敏于行动。有时实际操作能力甚至成为策划方案能否成功的最后关键之所在，何况策划不仅是做出策划方案，还必须设计出切实可行的操作流程和方式，尤其是基层的策划人员必要时要指挥、监理甚至具体操作执行。

如果说作为总策划或首席策划，主要的工作是解决定性与定位的问题、考虑整体的战略问题，那么作为一般的汽车营销策划人员，则主要是更多地考虑定量的战术和具体问题，他们要参与许多实际的操作过程，如市场调研、信息收集反馈、广告制作与检测、媒介的组合、销售队伍的培训、营销组合及推广等。"纸上得来终觉浅，绝知此事要躬行"，仅仅是空谈成为不了一位成功的汽车营销策划人员。一位出色的汽车营销策划人员不仅应善于创意，更要能将其付诸实践，并能在实践后得到良好的效益。

尤伯罗斯：奥运商业策划之父

自从1932年洛杉矶奥运会以来，奥运会越办越大，越办越豪华。这样就使每一个举办奥运会的城市面临一场财政上的"灾难"。1976年蒙特利尔奥运会亏损高达10亿美元，1980

年莫斯科奥运会更是耗资90亿美元。

1984年的洛杉矶奥运会却出现了重大转机，它不仅没有亏损，而且盈利2.5亿美元。这一奇迹是怎样创造的呢？

尤伯罗斯采用了一种新的策划思路与策略：经营洛杉矶奥运会。其步骤如下。

1. 不再大搞新建筑

尤伯罗斯查阅了1932年洛杉矶奥运会以来所有奥运会举办情况的材料，他从浩瀚的资料中找到了奥运会不赔钱的途径：充分利用现有的设施，不再大搞新建筑，各个项目直接由赞助者提供最优秀的设施。

2. 电视转播搞招标

在电视转播权的出售中，尤伯罗斯首度采用了招标的办法。当时，洛杉矶奥组委规定，每个有意转播奥运会的电视公司须支付75万美元的招标订金。很快，包括美国三大电视网在内的5家电视机构带来了订金。将这些订金存进银行后，组委会每天的利息收入为1000美元。

最终，美国广播公司以2.25亿美元获胜。之后，尤伯罗斯还将转播权卖到欧洲和澳大利亚，总进账2.87亿美元，是以往转播权卖价的3倍。尽管组委会把订金返还给其他4家公司，但此时这些订金产生的利息已经相当可观。

3. 提高门槛选赞助

尤伯罗斯总结了前几届奥运会的教训，发现过去并没有规定赞助资金的最低限额，所以尽管赞助企业很多，但总金额并不高。于是，尤伯罗斯别出心裁地规定，洛杉矶奥运会只接受35家赞助商，每一个行业只接受一个公司的独家赞助，赞助金额最少400万美元，赞助者可以取得奥运商品的专卖权。对可口可乐和百事可乐这两家因生产运动型饮料而闻名的公司来说，尤伯罗斯的新规矩不免有些残酷，因为没有获得独家赞助权的一家，就不能在这届奥运会上推广自己的产品了。所以，两家可乐公司之间的竞争异常激烈。结果，志在必得的可口可乐以1300万美元的竞价击败了百事可乐，同时也成为这届奥运会最大的赞助商。同样的激烈竞争还出现在柯达与富士、美国商用机器公司和日本电器公司之间。

到奥运会开幕前，奥组委一共筹集到8亿美元的资金，负担各项赛事和活动已绰绰有余。

美国《时代周刊》评论说："比赛还没有开始，第一枚金牌就已经诞生，尤伯罗斯当之无愧。"

4. 门票和火炬接力出奇效

尤伯罗斯首次开创了分销奥运会比赛门票的先例，以方便观众通过邮购、上门等各种方式购买。他还严格控制赠票，甚至放出话来，即使总统来也得自掏腰包买门票。尤伯罗斯了解美国体育迷的心理，大幅度提高奥运会门票价格，结果反而导致了门庭若市的抢购局面。

尤伯罗斯标新立异，一改往日圣火只能在优秀运动员之间进行接力的做法，以3000美元为价码销售火炬接力的一千米传递权。只要愿意出钱，所有的美国人都可以参加接力活动。结果仅这一项，奥运会就获得了4000万美元的额外收入。

140个国家和地区的7960名运动员，使这届奥运会的规模超过了以往任何一届。整个奥运会期间，观众踊跃，场面热烈，门票畅销。同时，几乎全世界都收看了奥运会的电视转播，令人眼花缭乱的闭幕式至今还留存在人们的脑海之中。

1984年奥运会结束后，洛杉矶奥运会组委会最后节余2.5亿美元。这2.5亿美元使此届奥运会成为现代奥运会恢复以来真正盈利的第一届奥运会。

在奥运会气势壮观的闭幕式上，尤伯罗斯佩戴着象征奥林匹克最高荣誉的金质勋章，聆听国际奥委会主席萨马兰奇对他的赞誉之词,卫星电视的直播直接使他成了全世界家喻户晓的经营策划大师。

资料来源:《人物》杂志,《深圳商报》。

想一想:

1. 尤伯罗斯的成功有没有秘诀?如果有,他的成功得益于什么?
2. 从这一案例可以看出策划对于项目成功或企业经营摆脱困境有何重要意义?

案例分析

福特新农场　开心嘉年华

2010年7至8月长安福特新福特嘉年华结合季节特性与时下流行的潮流游戏,把全民偷菜的阵地,以嘉年华的时尚调性为基础,转移至长安福特经销商展厅。将展厅的促销手段设为偷菜的环节,激发消费者浓厚的兴趣。并组织客户在真实的田间进行一场以嘉年华为主题的"偷菜"PK之旅,让客户在炎热的夏季在大自然中体验"偷菜"的乐趣,让潮人们在释放压力的同时记住福特嘉年华所代表的炫丽与快乐。其具体内容如下。

潜在客户到展厅看车试驾后即可获得试驾礼品精美T恤1件,同时可以在展厅的试驾客户菜地里种下一个蔬菜,待一自然周后,蔬菜生长成熟,试驾客户可重返展厅,在试驾客户菜地里收获自己栽种的蔬菜,或者偷摘别人的蔬菜。可获得菜中藏有的礼品,包括精美T恤、500～3000元金额不等的维修代金券、购车优惠券等。

7月,购车客户凭当日购车凭据,即可到展厅菜地里偷摘蔬菜,获得蔬菜中藏着的礼品,包括墨镜或者墨镜+(500～3000元金额不等的)维修代金券。每周展厅发放"金手套"2只,在展厅偷到"金手套"的客户,直接享受优惠3000元购车大礼,并可参加在成都江家菜地陈香苑举行的大型户外偷菜活动。

7月17日,成都4家经销商邀约潜在客户和购车客户到成都江家菜地陈香苑参加户外"偷菜"活动。

8月14日,邀请绵阳、德阳、乐山等二级城市客户到成都江家菜地陈香苑,开展潜在客户与车主的"城市之间偷菜PK"之旅。

在菜园活动现场,将到场客户按照经销商分为3个经销商小组,每个组报名参赛人数限制在20人,参与丰富多彩的互动游戏。

活动客户着统一的活动服装。

活动环节包括:挑水接力赛、"金手套"定向寻宝、"果蔬大满贯"、运菜总动员等。

现场设备种比赛奖品。

通过这次策划活动,达到的效果是:

展厅客流:截至7月25日的数据,嘉年华展厅客流首次到店779组,环比6月同期提升了11%。

成都四家经销商2010年7月新福特嘉年华预计销售177台,达成率97.79%,环比6月销售达成率76.17%提升了21.62%。

就产品推广,新福特嘉年华在四川地区承续了一致的品牌形象,创造了同级车型难以媲美的产品美感,并吸引了大量的消费者关注与喜爱。这也体现了本次活动创意的根本立意点。

想一想：
请从一位汽车营销策划人员的角度分析案例的成功之处。

本章小结

汽车营销策划人员是指具有良好的职业道德，能够熟练运用营销策划理论和营销实战方法，为汽车企业营销提供创新服务并取得明显绩效的专业人员。汽车营销策划人员工作任务：研究市场信息；确立年度、季度、月度、周市场推广与网站推广项目，制定推广方案；制定阶段性市场活动的策划和宣传方案等。

按照在汽车企业营销组织中或制定、实施营销策划方案中所起的作用和担负的责任，营销策划师分为三个等级，即高级营销策划师、中级营销策划师、初级营销策划师。

要成为一个合格的汽车营销策划师，必须在职业道德、基本知识、基本技能上有一定的具体要求。基本技能包括：创意能力、创新能力、市场调研能力、洞察能力、组织能力、整合能力和执行能力。

课后练习

1. 试述汽车营销策划人员的含义及工作任务。
2. 试述汽车营销策划人员的职责。
3. 汽车营销策划人必须具备哪些基本知识？
4. 汽车营销策划人必须具有哪些综合技能？
5. 如何全面认识汽车营销策划人才的基本能力？
6. 简述自己最大的策划能力是什么。

实训操作

1. 自我介绍训练：学生事先写好自我介绍的文字，在班上进行自我介绍，要求突出自己的特色。

2. 上门拜访汽车市场营销策划人员：

（1）学生自行选择联系一家企业，上门访问请教一位汽车营销策划人员。着重了解如下内容：①汽车营销策划人员在企业生产经营和市场营销中起什么样的作用；②该汽车营销策划人员的岗位职责和日常工作内容，着重了解如何做营销策划前的准备工作；③该汽车营销策划人员一次比较典型的营销策划经历。

（2）写出简要报告，要求：①描述访问调查的过程；②用数字说明汽车营销策划人员在所访问企业经营中的作用；③分析该汽车营销策划人员或自己的营销策划经历，并进行适当评价；④这家汽车企业营销策划人员的岗位职责和他日常所做的工作；⑤总结本次出访的经验与教训。

汽车营销策划基本理论

第二章

汽车营销策划基本理论

> 学习目标 >>>

1. 了解汽车营销策划的含义和基本特征。
2. 理解汽车营销策划的基本原则和基本步骤。
3. 了解市场营销策划的方法。
4. 掌握汽车营销策划书的编写。

> 情境导入 >>>

艾柯卡：策划创意"野马"轿车

1964年，著名的李·艾柯卡促使福特汽车公司推出的新产品"野马"轿车取得了轰动的成功，两年内创造了11亿美元的纯利润。当时，购买野马车的人数打破了美国历史的纪录，在不到一年的时间里，野马汽车风行整个美国，各地还纷纷成立了野马车会，甚至商店出售的墨镜、钥匙扣、帽子、玩具都贴上了野马的商标。更有趣的是，在一家面包店的门上竟竖了一块牌子："本店烤饼如野马汽车一抢而光"。

为什么野马汽车如此受人欢迎？这与其独特的营销策划创意及其步骤是分不开的。

1. 策划创意第一阶段：概念挖掘

艾柯卡1962年担任福特汽车公司分部总经理后，便策划生产一种受顾客喜欢的新型汽车。这一念头是在他对市场进行了充分调查之后产生的：福特公司要推出一部适合饥饿市场的新产品。其特点是款式新，性能好，能载4人，车子不能太重（最多是1134千克），价钱便宜（卖价不能超过2500美元）。

艾柯卡把这一大致轮廓交给策划创意小组讨论，经过集思广益，一个清晰的概念出来了：车型要独树一帜，车身要容易辨认，要容易操纵（便于妇女和新学驾驶的人购买），要有行李箱（便于外出旅行），既像跑车（吸引年轻人），还要胜过跑车。

2. 策划创意第二阶段：主题开发

这种车该取什么名字以吸引顾客呢？艾柯卡委托广告公司代理人到底特律公共图书馆查

找目录，从A开头的土猪一直查到Z开头的斑马，在上千个名字中，最后筛出一个名字——"野马"。

这是一个激动人心的地道的美国名字。美国人对第二次世界大战中的野马式战斗机的名字印象深刻，用"野马"作为新型车的名字，妙不可言，能显示车的性能和速度，有广阔天地任君闯的味道，最适合地道的美国人的个性。

在产品的设计创意上也体现主题：集豪华与经济于一体。花得起钱的顾客可以买额外部件及加大功率的类型，没钱买这些也不要紧，因为它已经比一般经济型车多了圆背坐椅、尼龙装饰、车轮罩及地毯。它的外表更具特色，车身为白色，车轮为红色。后保险杠向上弯曲形成一个活泼的尾部，活脱脱就像一匹野马。

3. 策划创意第三阶段：时空运筹

新型车问世之前，福特公司选择了底特律地区52对夫妇，邀请他们到样品陈列馆。这些夫妇中，一部分是白领夫妇，他们收入颇高，对车的样式感兴趣；蓝领夫妇看到豪华装饰，认为开这部车代表地位和权势，有些不敢问津。艾柯卡请他们估计一下车价，几乎所有人都估计至少10000美元，并表示不再购买这种车，因为家中已有了。当艾柯卡宣布车价在2500美元之下时，大家都惊呆了，之后又欢呼起来，纷纷道："我们要买这部车，我们把车停在我们自己的汽车道上，所有邻居都会以为我们交了好运。"

摸透消费者心理后，艾柯卡把售价定在2368美元，并精心拟订了一系列促销方案。

4. 策划创意第四阶段：推销说服

策划创意成功与否，最终还是市场见真功，策划创意人员为野马车的广告推销下了番苦心：

第一步，邀请各大报社的编辑参加从纽约到迪尔伯恩的野马车大赛，同时还邀请了100名记者亲临现场采访。

第二步，新型野马车上市的前一天，根据媒体选择计划，让各家报纸用整版篇幅刊登了野马车广告，根据广告定位的要求，广告画面是一部白色野马车在奔驰。正标题是"真想不到"，副标题是"售价2368美元"。

第三步，从野马车上市开始，让各大电视网每天不断地播放野马车的广告。广告内容是一个渴望成为赛车手或喷气式飞机驾驶员的年轻人正驾驶野马车在奔驰。选择电视媒体作宣传，其目的是扩大广告宣传的覆盖面，提高产品的知名度，促使家喻户晓。

第四步，选择最显眼的停车场，竖起巨型的广告牌，上面写着："野马栏"，以引起消费者的注意。

第五步，竭尽全力在美国各地最繁忙的15个飞机场和200家假日饭店展览野马车，以实物广告的形式，激发人们的购买欲望。

第六步，向全国各地几百万小汽车车主寄送广告宣传品，此举是为了达到直接促销的目的，同时，也表示公司忠诚地为顾客服务的态度和决心。

这一系列铺天盖地、排山倒海的广告创意活动，使野马车风行美国。野马车上市的第1天，就有400万人涌到福特代理店购买。1年之内，销售竟达418812辆，创下了福特公司的销售纪录。

艾柯卡策划创意"野马"轿车，既说明了创意寓于营销策划之中，创意是企业营销策划的灵魂，又说明了汽车市场营销策划是一个科学的运作过程。

第一节 汽车营销策划含义与特征

一、汽车营销策划的含义

1. 策划的含义

策划一词最早出现在《后汉书·隗嚣传》"是以功名终申，策画复得"之句，其"画"与"划"相通互代，"策画"即"策划"，有筹划、谋划、计划、计策、对策等意思，意思是计划和打算。英文中的"策划"一词最初为strategy，以后演变为strategy和plan的结合。最近几十年，"策划"一词逐渐成为使用频率较高的词汇。

当前理论界对策划一词的解释可谓众说纷纭，莫衷一是。美国哈佛企业管理丛书认为，策划是一种程序，"在本质上是一种运用脑力的理性行为，是一种对未来采取的行为做决定的准备过程"。

《组织与管理技术》一书认为，策划是在事前决定做何事。

《公共管理》一书认为，策划在本质上是较佳的决定手段，也是行动的先决条件。因此，策划包括确定某机关或事业的目的，以及达到目的的最佳手段，策划在其运作过程中能影响管理者的决策、预算等。简言之，策划即是管理。

《管理原理——管理功能的分析》一书认为，策划是管理者从各种方案中选择目标政策、程序及事业计划的机能。

日本将策划称为企划。小泉俊一在《企划书实用手册》一书中指出："在一定意义上，凡是人的思维都可以看作是广义的企划。但是，今日所指的企划，则是其中的特殊内容，即高度计划的有目的的企划。"

目前大家普遍接受的解释是：策划是指人们为了达到某种预期的目标，借助科学方法、系统方法和创造性思维，对策划对象的环境因素进行分析，对企业资源进行组合和优化配置，进而进行的调查、分析、创意、设计并制定行动方案的行为。

因此，从策划的含义中，可以看出策划的主要工作包括：策划目标定位；策划调查分析；策划创意构想；策划方案论证及实施操作；策划管理评估；等等。

西铁城手表品牌知名度策划

一日，在澳大利亚一家发行量颇大的报纸上，刊出一则引人注目的广告，意思是说某广场将空投手表，捡到者可免费得到手表。这条广告一下子引起了澳大利亚人的广泛关注。

空投那天，直升机如期而至，数千只手表从高空天女散花般地纷落而下。早已等候多时的来自四面八方的人们沸腾了，那些捡到了从几百米高空扔下来的手表的幸运者，当发现手表依然完好无损、走时准确时兴奋不已，一个个奔走相告。西铁城的这一伟大创举成为各新闻媒体报导的一大热点。从此，西铁城手表在澳大利亚妇孺皆知，西铁城手表的品质更是令人叹服！

西铁城手表的营销策划目标是扩大西铁城手表的知名度。于是，这一策划的一切活动都是为了这一目标的实现而进行。智囊部门的杰出创意，选择了飞机空投手表这一举动，选择在澳大利亚这块神奇的土地上作为空投点，并拟订出营销策划方案。第一步：与澳大利亚官方商谈，获准在澳大利亚首都的某广场空投；第二步：在某机场租借几架直升机；第三步：委托澳大利亚一家发行量颇大的报纸刊登有关空投手表的广告。

手表的宣传本可利用电视广告等手段来达到这一目标，但是一般的电视广告不具备创造性，也不会引起如此巨大的轰动。而西铁城手表的策划者将自己的创意融入促销活动中，运用飞机空投手表这一创举来表现自己商品的质量，这是一种前无古人的策划。

2. 汽车营销策划的含义

汽车市场营销策划有广义和狭义之分。广义的汽车营销策划即汽车市场营销规划，是指策划人员根据汽车企业现有的资源状况，在充分调查、分析市场营销环境的基础上，激发创意，为整个汽车企业制定出一套营销战略、策略规划，并组织实施的全部过程。它包括设计、制定市场营销方案、开展营销活动实施营销方案，以及监督、控制并评估营销活动及其方案等多项内容。而狭义的汽车营销策划仅指为汽车企业的某个部分，或某个产品、某项业务活动谋划、设计方案。本书侧重研究广义的汽车市场营销策划。

它主要包括六个基本要点。

第一，汽车市场营销策划的对象可以是某一个汽车企业整体，也可以是某一种（项）汽车产品和服务，还可以是一次活动。

第二，汽车市场营销策划的范围往往要涉及汽车企业的各个部门，甚至包括本汽车企业以外的企业或个人。

第三，汽车市场营销策划要立足于汽车企业的营销现状和营销目标两个前提。

第四，汽车市场营销策划需要设计和运用一系列计谋，这是汽车市场营销策划的核心和关键。

第五，市场营销策划需要制订周密的计划并做出精心的安排，以保证计谋运用的成功。

第六，汽车市场营销策划的表现形式是以书面形式展现的营销策划方案——汽车营销策划书。

车到山前必有路，有路必有丰田车

在20世纪70年代，日本汽车大举涌入中国市场时，丰田汽车公司策划了一个仿唐诗的广告词："车到山前必有路，有路必有丰田车"。从此，日本丰田车的形象连同这句广告词，在中国各大城市的街头广为流传、家喻户晓。

二、汽车营销策划的特征

从汽车营销策划定义中，我们可以看出汽车营销策划包括以下几个特征。

第一，汽车策划的本质是一种思维智慧的结晶。

第二，汽车策划必须有明确的主题目标。汽车营销策划如果没有主题目标，就成了一些无目的的构思的拼凑，根本没有成功可言，更不能说解决问题了。

第三，汽车策划必须有前瞻性、预测性，策划是人们在一定思考以及调查的基础之上进行的科学的预测，因此要具有一定的前瞻性。

第四，汽车策划具有一定的不确定性、风险性。策划既然是一种预测或者筹划，就一定具有不确定性或者风险。

第五，汽车策划具有一定的科学性。汽车策划是企业在调查的基础之上进行的总结或科学的预测，不是一种突发奇想，因此具有一定的科学性。

第六，汽车策划必须有崭新的创意。策划是人们思维智慧的结晶，是一种思维的革新，具有创意的策划才是真正的策划，策划的灵魂就是创意。因此汽车营销策划的内容及手段必须新颖、奇特，扣人心弦，使人观后印象深刻，打动对方的心。

第七，汽车策划必须有实现的可能性，即可操作性。这是策划方案的前提，如果一个策划连最基本的可操作性都没有，那么这个策划方案再有创意、再好，也是一个失败的策划方案。因此，汽车策划应当在现有人力、财力、物力及技术条件下有实现的可能性，否则再好的汽车营销策划也是空谈。

"雅阁百万群英汇"

2009年，是广汽本田雅阁进入中国的十周年，这十年是一个不断创造奇迹，不断刷新纪录的十年：第一个引入世界同步车型；第一个将"四位一体"模式引入中国；第一个倡导新老车型垂直换代；第一个力挽狂澜带领广州汽车产业走上腾飞之路；第七代雅阁连续夺得19个月的中高级车市销量冠军；第八代雅阁以21068辆成为有史以来第一款月销量突破2万辆的中高级车；如此等等。十年间雅阁在国内的产销量将突破100万辆，成为中国第一个销量突破100万辆的中高级轿车品牌。但是，雅阁十年来，宣传主要集中于产品的成就，对于雅阁品牌的内涵以及人文精神层面的传播较少，欠缺品牌精神层面的沉淀与积累。同时第八代雅阁产品生命周期进入第3年，产品竞争力有所下降，"跃级而立"的策略也纷纷被众多竞争对手模仿。

经过分析，企业认为要达到行业的一个全新高度，必须要定下一个目标——确立行业王者地位，强化雅阁品牌精神，达成2009年销售目标。面对激烈的竞争现状，雅阁主要面临两个问题：在产品力弱化的前提下，如何保持上升势头？如何凝聚100万用户的忠诚，使百万群体的口碑传播作用最大化？经过仔细地思考和分析，企业认为如何实现从"产品价值"到"群体身份—品牌精神"的更高认同，成为雅阁亟待解决的课题。

针对前面提出的课题，企业提出了"以雅阁100万为契机，增强用户自豪感，以车主为载体，再现品牌精神，实现对'雅阁精神'的共鸣与认同"的对应措施。

活动策划

纵观行业五花八门的策划手法，一些厂家不时向客户赠送电影门票、精英讲座，但这些只能小范围地举行，难以吸引广大用户的关注；也有一些厂家举行明星晚会，吸引用户参加，但对用户来说缺乏互动性，也难以引起用户的共鸣。

企业深知：雅阁品牌能够十年如一日，在竞争激烈的中国市场长盛不衰，是来自数以百万用户的支持和信赖。企业重新审视100万雅阁用户这个特殊且充满故事的群体：他们与雅阁因为同样具备梦想、进取、挑战等精神内涵而走到一起，他们是推动中国社会进步与经济发展的中坚力量，他们不断进取、敢于担当、富有远见，他们不仅仅创造着巨大的社会财富，同时也承担着更多的社会责任。当他们努力推动社会进步时，社会的关注要么放在娱乐叫嚣的各种选秀活动上，要么聚焦在"意见领袖"身上，很少有人真正接近、尊重过这群社会中坚的价值所在。既然他们与中国、雅阁共同壮大，我们何不提供一个价值传播的平台，盛载社会中坚力量的精神特质，不但让所有雅阁车主找到共同的归属感，更让所有具有相同特质的中坚力量汇聚于此，让他们成为雅阁的最佳代言人呢？

经过思考与分析，企业认为：必须立足于人，聚焦于人。从100万雅阁用户中，筛选出有魅力的车主，以人文关怀的角度，用雅阁提供褒扬的舞台，让雅阁用户成为唱响时代的主角。然后在媒体上广泛地报道他们，用车主自身真实的故事唤起同一阶层的关注，增强群体自豪感，以用户自己的力量凝聚更广泛的潜在用户，让更多同一阶层的人进入到雅阁这个大家庭。

就这样，一场针对雅阁精英用户，在雅阁达到100万用户的历史性时刻开展的活动开始了，企业称之为——雅阁百万群英汇大型征集评选活动。

活动定位

雅阁十年100万，离不开百万用户的信赖；雅阁十年，一群与雅阁同样具备梦想、进取、挑战等精神的社会精英，他们推动了中国社会进步与经济的发展。企业最后决定，活动主题的关键词为：感恩、溯源。感恩百万车主的信赖，更感恩百万车主所代表的社会中坚阶层的巨大社会发展力和推动力！追溯百万车主信赖之源，更追溯激越广大社会中坚阶层、致力推动时代进步的精神之源！将活动拔高到一个社会层面的高度，赋予了更大的传播话题及更高的关注度。

"雅阁百万群英汇"将从最具代表性的雅阁用户身上，探寻一种时代变革推动者的精神共鸣——进取（Achievement）、挑战（Challenge）、魄力（Courage）、创见（Originality）、责任（Responsibility）、梦想（Dream），这六大精神内涵的首个英文字母刚好与雅阁（ACCORD）不谋而合。

活动执行

"雅阁百万群英汇"主要由"雅阁百万群英汇大型征集评选活动"和"雅阁百万群英汇颁奖盛典"两大部分组成。

活动从10月15日正式启动，以"我和雅阁ACCORD的故事"为题，从广汽本田全国特约店和网络为主要渠道进行征集。11月23日，在广州国际车展上"第100万辆雅阁下线"，12月期间组织"网络人气100强的雅阁车主"集体"回家看看"，参观广汽本田雅阁生产线。2010年1月11日在海南三亚的"美丽之冠"举行隆重的"颁奖盛典"。

活动实施两线并行，线上"雅阁车主故事征集"，线下全国特约店结合"雅阁百万纪念版"进行促销活动。

整体上形成了以"车主故事征集评选"为主线，以"广州车展百万发布""百万颁奖盛典"两大事件为节点，带动店头促销与媒体活动报道，形成连续三大冲击波的宣传攻势，贯穿2009年岁末销售冲刺与2010年春季的开局。

短短两个来月，总征集人数竟然高达5万多人！除了车主网络报名自荐和特约店广泛推荐之外，很多车主是被朋友、亲人推荐提名的，用他们的话就是"不能让身边这么优秀的人被埋没了"。

从5万多名报名者中，该如何甄选出其中最为杰出的代表呢？活动组委会感到异常困难。报名的雅阁精英车主，每个人都有着属于自己的奋斗故事，他们通过各自努力不但成为各个领域的精英，更促进了社会的发展、民生的改善，让自我人生完成华丽的转身。

首先按照报名资料，将所有人分类到商业财经、人文科教、社会公益、艺术竞技、女性青年五大领域，按照精彩度和贡献度从中产生100强。从5万多报名者中选出100强，还算容易。但要从100强中再选出18位提名车主，就难度颇大，毕竟每个人都有自己的精彩故事，活动组委会也难以取舍。最后，企业和新浪、搜狐、网易、南方周末、周末画报、21世纪经济报道等媒体合作，跑到他们生活的城市，分别与候选车主进行深度谈话，经过见面、工作事迹了解等，从中选出到现场参加盛典的18位提名车主；而三位"雅阁之最"车主同时从全国诞生。

2010年1月11日，一场仿若奥斯卡般的"雅阁百万群英汇颁奖盛典"在海南三亚的"美丽之冠"盛大举行。当晚，来自全国各地的雅阁精英车主欢聚一堂，与广汽本田高管、全国450多家特约店代表、媒体记者等近1500人共同出席。

媒体传播

这次活动实行了强大的媒体组合，实现了报纸、电视、网络等传统媒体与新媒体的全媒体互动。

开辟"雅阁百万群英汇"官网，成为整体活动的征集平台及对外传播窗口，更成为雅阁品牌的博物馆。

与新浪、搜狐、网易、南方周末、周末画报、21世纪经济报道、凤凰网、太平洋汽车网等几十家网络媒体深度合作，对"雅阁百万群英汇"活动进行了全程、广泛、深入的报道，网络点击量超过100万次。

与广东卫视独家合作，对"雅阁百万群英汇颁奖盛典"做出了专题节目播出，时长60分钟。

全国主流报纸媒体报道覆盖华中、华东、华北、华南、北方和西部等各大区域，覆盖人群约2514万人次。

活动效果

本次活动通过长时段跨度以及多个媒体组合进行宣传，使广汽本田整个品牌形象得到更多曝光，提升了企业形象；使雅阁车主凝聚起强大的向心力，并培养了更多广汽本田忠实客户群；除了企业形象的提升以外，对终端市场的销售也起到了强大的拉升作用。

1. 据媒体报道统计，"雅阁百万群英汇"活动覆盖超过6000万人次。
2. 2009年，雅阁终端销量175361辆，上牌数达到180327台，大大超越年初计划，毫无悬念地成为2009年中高级车销量和上牌量双冠王。
3. 2009年品牌竞争力调研结果显示，雅阁位列中高级市场第一。

"雅阁百万群英汇"，这是一场以雅阁突破百万辆为契机、以雅阁车主作为切入点，通过线上线下高度整合，既弘扬雅阁品牌精神，又向雅阁百万用户群体感恩回馈的品牌整合营销活动。有媒体对此予以评述："这是2009年度汽车行业最为瞩目的品牌盛事。从未有一个品牌，能够如此广泛、如此紧密地与中高级轿车车主这一庞大而富有驱动力的社会阶层进行深度沟通与共鸣。"

第二节　汽车营销策划的基本原则和基本步骤

一、汽车营销策划的基本原则

汽车营销策划有其自身的规律与特点，在实践中必须把握其客观规律，依据一定的原则进行。

汽车营销策划的基本原则主要有以下几方面。

1. 创新原则

创新是营销策划的灵魂，汽车营销策划的关键在于创新，"出奇方能制胜"。在商战中，没有创意的营销策划只会使企业销声匿迹，而不会带来巨大成功，只有独辟蹊径、创新出奇才能取得成功。

如何创新？创新，一方面强调"创"，另一方面强调"新"。创，就是创造、发现、寻找；新，就是新颖、新意、新奇。

QQ——"年轻人的第一辆车"

奇瑞QQ定位于"年轻人的第一辆车"，在公开的宣传中，奇瑞称"QQ"是"世界上最酷的小车"。作为为年轻人专门设计的轿车，QQ以"快乐"为主题，设计极有创意。

奇瑞QQ凭借靓丽动感而又充满活力的外观设计、准确的定位、适中的价格，上市以后很快获得消费者的青睐。

2. 整体原则

整体规划原则要求营销策划要有全局的观念，这就要求部分服从全局，以全局带动局部。这一原则还要求要具有长期性和层次性的观念。所谓长期性，是指策划整体性原则的着眼点不是当前，而是未来，要以长远的眼光来看待策划。所谓层次性，是强调策划的全局的范围是有大小之分的。任何一个系统都可以被看作一个全局。而系统是有层次的，有大系统、小系统，有母系统、子系统，对于不同层次的系统，就有不同层次的策划。

3. 信息原则

信息是营销策划的基础。汽车营销策划是要在掌握大量而有效的营销信息的基础上进行，如没有这些信息的存在，将导致营销策划的盲目性和误导性且是危险的策划。同时，在执行市场营销策划方案的过程中将会出现方案和实际情况有出入的情况。调整方案也要在充分调研获取信息的基础上进行。拥有大量的市场信息是汽车企业市场营销策划及实施成功的基础和保证。

世界第一只登月手表欧米茄

在美国人即将实施"阿波罗登月计划"时，瑞士欧米茄手表公司打听到三位宇航员中有一位戴的是欧米茄手表，认为这是一次绝好的促销机会。欧米茄公司立即派人去美国商谈赞助，条件是买断手表指定权。美国宇航署获得了这笔当初没有想到的赞助费，同意欧米茄为太空人手表，并让另两位宇航员也戴上欧米茄手表。在登月的当天，报上刊出了"世界第一只登月手表欧米茄，谨向美国太阳神探月英雄致敬"的整版广告，并说明航天员手表欧米茄在太空严重失重、气压变化不定、震动剧烈的条件下仍能正常工作。伴随着登月计划的完成，欧米茄手表的销量立即大涨。

这则案例的成功之处就在于策划人员充分挖掘和运用信息，抓住了千载难逢的机会，既达到了策划计划如期进行的目标，又实现了宣传企业形象的目的。

4. 时机原则

在营销策划中，决策方案的价值将随着时间的推移和条件的改变而变化。时机原理要求在企业营销策划过程中，既要达到适时，也要做到"重机"。

始终抓住市场机会

东风悦达起亚长期以来一直是致力于体育营销的企业，在南非世界杯上，起亚通过努力成为了南非世界杯主赞助商之一，并使 SOUL 作为起亚全球同步上市的代表车型，作为 FIFA10 指定用车，亮相南非世界杯现场，给世人全新的视觉。在 2011 年又借助 KIA 赞助 2010 年南非世界杯的契机以及资源，举办了五人制足球赛，同时在活动期间增加产品认知，制造关注，为 2009 年底上市新车 SOUL 增加声音。

起亚在自身的不懈努力下，处处、时时抓住难得的机会，使自身的品牌知名度和美誉度大幅提升，并由此树立起一个具有民族内涵的大品牌形象，同时使产品销量一路奋进。

5. 经济性原则

汽车市场营销策划必须以最小的投入使汽车企业获取最大的收益，因为归根结底，企业制定营销策划方案的直接目的就是要取得经济效益，否则就有违企业制定营销策划的初衷，任何企业都不愿意做赔本生意。首先，营销策划方案中必须有详尽的预算。有预算才能使资金的投入最少化，效果达到最优化。其次，经济性原则要求节约，即减少不必要开支，而不是降低必要开支。必要开支不足会严重影响营销效果，这恰恰是一种浪费。最后，经济性原则要求市场营销策划必须产生预期的经济效益，达到企业要求的发展目标。

6. 借势原则

所谓借势，就是借用别人的优势为自用。优秀的营销策划人要懂得"巧借东风为我用"，最典型的就是三国时孔明的"草船借箭"典故。借势的最大特点是借助别人的优势，也就是站在巨人肩上做事。借势有借大势、借优势、借形势之分。

比亚迪牵手世界大学生运动会，F6 成为贵宾用车

主推产品：F6、F3

一、案例背景

世界大学生运动会是全球范围内颇具影响力的体育盛会，素有"小奥运会"之称。深圳第 26 届世界大学生运动会，是继奥运会、世博会之后在中国举办的又一全球性盛会，具有国际性影响力。而比亚迪汽车作为世界上最年轻的汽车企业，正处于高速发展中，塑造更为强势的品牌形象成为比亚迪构建更为强大的核心竞争力的必需。

与世界大学生运动会合作，将为比亚迪汽车注入新的活力和激情，全面提高比亚迪在全球的影响力和品牌力。

二、合作形式

比亚迪作为第 26 届世界大学生运动会汽车类独家供应商，将为深圳世界大学生运动会提供礼宾车辆、工作车辆500台，包括300台F6与200台F3。

结合全国各大媒体进行跟踪报道，包括平面、电媒、网媒等各类形式，全面宣传比亚迪是26届世界大学生运动会唯一汽车供应商，聚焦传播品牌尊贵性及亲民性，使传播效果达到最大化。

三、活动目的

结合国际性体育赛事，全面拉升品牌整体形象。

借势各媒体的报道，形成立体的宣传网络。

借助政府的大力支持，使电动车的绿色环保理念深入人心。

四、效果预估

伴随深圳世界大学生运动会的成功举办，预计比亚迪整体品牌形象将大幅提高，F6尊贵形象将更加突显，F3也能获得进一步的品牌形象升级。除此之外，电动车也通过此次合作获得更为广泛的关注和使用。借助深圳世界大学生运动会良好平台，比亚迪汽车能够走向世界，打造享誉全球的国际知名品牌；而深圳世界大学生运动会也会因比亚迪的加入而"更精彩、更成功、更具影响力"。

五、综合分析

F6和F3这两款冠军车型能够成为世界大学生运动会的合作伙伴，具有战略性的意义。其中F6被定为贵宾用车，是对比亚迪产品品质的最好背书。本次的体育营销，将为这两款车创造登峰造极的势态。除此之外，比亚迪新能源汽车发展也面临前所未有的大好机遇，在新能源汽车个人销售补贴工作在深圳率先启动，全球首批纯电动出租车比亚迪e6也在深圳上路运营的背景下，世界大学生运动会电动汽车充电站等一大批配套设施也已建成或正在建设中，将加快电动车在全国的推行。而全面铺开的立体宣传网络，将比亚迪在此次活动中的亮点全部串联起来，全面升级比亚迪的品牌传播形象。

7. 慎重性原则

凡事都需要策，用策必求制胜。汽车营销策划也是如此，其原则之一就是慎重筹谋原则。"不打无准备之仗，不打无把握之仗，每战都要力求有准备，力求在敌我条件对比有胜利的把握"。同时，以策制胜，慎之又慎。这就要求汽车企业要把握住主要矛盾，着力把握住决定事物性质发展的关键点。

8. 可行原则

可行原则是指营销策划是否具有可操作性，能否按计划一步步有效地实施。这一原则是营销策划活动各种规律的综合要求，因为只有可操作性的营销策划方案才是可行的，才是有意义的，才是会被客户或顾主采纳的，否则，只不过是纸上谈兵。

二、汽车营销策划的基本步骤

一般来说，汽车企业市场营销策划包括了解现状界定问题、分析情况产生创意、制定目标、选择营销对策、明确行动方案、预测效益、设计控制和应急措施、撰写市场营销策划书等8个步骤（见图2-1）。

（1）了解现状，界定问题。了解现状不仅包括对市场情况、消费者需求进行深入调查，还包括对市场上竞争产品的了解以及对经销商情况的了解，主要包括：

① 市场形势。指对不同地区的销售状况、购买动态以及可能达到的市场空间进行了解。

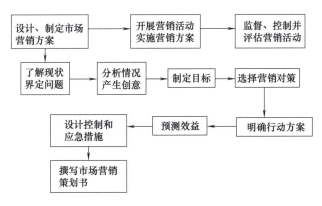

图 2-1 营销策划的程序

② 产品情况。指对原来产品资料进行了解，找出其不足和有待加强、改进的地方。

③ 竞争形势。对竞争者的情况要有一个全方位的了解，包括其产品的市场占有率、采取的营销战略等方面。

④ 分销情况。对各地经销商的情况及变化趋势要进行适时调查，了解他们的需求。

⑤ 宏观环境。要对整个社会大环境有所了解和把握，从中找出对自己有利的切入点。只有充分掌握了企业、竞争对手及其产品，还有环境的有关情况，才能为策划打下基础。

所谓策划问题的界定，就是将企业发展中的问题按照简单化、明确化、重要化的原则，加以界定和提炼，最终提出真正面临的需要加以解决的问题。

（2）分析情况，产生创意。一个好的营销策划必须对市场、竞争对手、行业动态有一个较为客观的分析，主要包括以下内容：

① 机会与风险的分析。分析市场上该产品可能受到的冲击，寻找市场上的机会和"空档"。

② 优势与弱点分析。认清该企业的弱项和强项，同时尽可能充分发挥其优势，改正或弱化其不足。

③ 结果总结。通过对整个市场综合情况的全盘考虑和各种分析，为制定应当采用的营销目标、营销战略和措施等打好基础。分析情况是一次去粗取精、去伪存真的过程，是营销策划的前奏。

所谓创意，就是具有创新的想法或建议。创意是策划中必不可少的要素，是否有创意也是策划与计划的区别所在，一个没有创意的方案只能称作计划而不是策划。创意的产生过程实际上是一种信息的收集、整理、加工、组合的过程，它分为产生灵感的（线索）启示、产生灵感、产生创意构想三个阶段。每个阶段信息的收集、整理、加工、组合方法的优劣最终决定最终创意乃至最终策划的优劣。总之，创意的目的，就是要使"现实状态"向"理想状态"发展，从"界定的问题"出发，充分发挥想象力，创造性地利用一切可利用的资源、条件与机会来解决问题。创意的过程，就是形成"总体"或"方向"上的概念，指导解决问题手段的过程。

（3）制定目标。企业要将自己的产品或品牌推销出去，必须有自己得力的措施，制订切实可行的计划和目标。这个目标包括两个方面：

① 企业整体目标。企业整体目标是指企业作为一个利益共同体的目标，它往往具体化为若干具体目标组成的目标体系。

② 营销目标。这是指通过营销策划的实施,希望达到的销售收入及预期的利润率和产品在市场上的占有率等。

能否制定一个切合实际的目标是营销策划的关键。有的营销策划方案大有"浮夸"之风,脱离实际,制定目标过高,其结果也必然与实际相差千里;而有的营销策划则显得过于保守,同样也会影响营销组合效力的发挥。总之,制定一个适宜的目标不但是必要的,而且是关键的。

(4) 选择营销对策。必须围绕已制定的目标进行统筹安排,结合自身特点制定可行的市场营销对策。包括以下几个方面:

① 目标市场战略,是指采用什么样的方法、手段去进入和占领自己选定的目标市场,也就是说,汽车企业将采用何种方式去接近消费者以及确定营销领域。

② 营销组合策略,是指对汽车企业产品进行准确的定位,找出其卖点,并确定产品的价格、分销和促销的政策。

③ 营销预算,是指执行各种市场营销战略、政策所需的最适量的预算以及在各个市场营销环节、各种市场营销手段之间的预算分配。制定营销战略要特别注意产品的市场定位和资金投入预算分配。

(5) 明确行动方案。

(6) 预测效益。

(7) 设计控制和应急措施。

(8) 撰写汽车市场营销策划书。

第三节 市场营销策划的方法

一、市场营销策划的基本方法

1. 头脑风暴法

头脑风暴法是于 1939 年由奥斯本首先提出的。头脑风暴法是指采用会议的形式,如集专家开座谈会征询他们的意见,把专家对过去历史资料的解释以及对未来的分析,有条理地组织起来,最终由策划者做出统一的结论,在这个基础上,找出各种问题的症结所在,提出针对具体项目的策划创意。

专家会议进行时,策划人要充分地说明策划的主题,提供必要的相关信息,创造一个自由的空间,让各位专家充分表达自己的想法。专家人数不应过多,一般 5 ~ 12 人比较合适。会议的时间应当适中,时间过长,容易偏离策划的主题;时间太短,策划者很难获取充分的信息。

这种策划方法要求策划者具备很强的组织能力、民主作风与指导艺术,能够抓住策划的主题,调节讨论气氛,调动专家们的兴奋点,从而更好地挖掘专家们潜在的智慧。

2. 德尔菲法

德尔菲法是在 20 世纪 60 年代由美国兰德公司首创和使用的一种特殊的策划方法。所谓德尔菲法是指采用函询的方式或电话、网络的方式，反复地咨询专家们的建议，然后由策划人做出统计，如果结果不趋向一致，那么就再征询专家，直至得出比较统一的方案。

这种策划方法的优点是：专家们互不见面，不能产生权威压力，因此可以自由地充分地发表自己的意见，从而得出比较客观的策划方案。

运用这种策划方法时，要求专家具备策划主题相关的专业知识，熟悉市场的情况，精通策划的业务操作。专家的意见得出结果后，策划人需要对结果进行统计处理。

3. 创意法

创意法是指策划人收集有关产品、市场、消费群体的信息，进而对材料进行综合分析与思考，然后打开想象的大门，形成意境，然后在策划人不经意时，突然从头脑中跳跃出来。

创意法是经过一个长时间的准备、积累，自然而然地流露，它需要策划人具备一定的策划功底，具有渊博的专业知识。

策划人要像蜜蜂采蜜一样，从各种鲜花中一点一滴地采集最有效的成分。这种集中概括的心理过程，正是策划所要经历的过程。

4. 灰色系统法

系统是指相互依赖的两个或两个以上要素所构成的具有特定功能的有机整体。系统可以根据其信息的清晰程度，分为白色、黑色和灰色系统。白色系统是指信息完全清晰可见的系统；黑色系统是指信息全部未知的系统；灰色系统是介于白色和黑色系统之间的系统，即有一部分信息已知而另一部分信息未知的系统。营销策划过程中，大量存在的是灰色系统。灰色系统法是指利用一些已知的行为结果，来推断行为的原因或未来模糊的不确定性的行为。

5. 智能放大法

智能放大法是指对事物有全面而科学的认识，然后在这种认识的基础上对事物的发展作夸张的设想，运用这种设想对具体项目进行策划。

由于这种方法受到一定的时间、地点以及人文条件的制约，具体操作要靠策划人自己来准确地把握。

这种策划方法容易引起公众的议论，形成公众舆论的焦点，进而很快拓展其知名度，形成炒作的原料。"没有想不到的，只有做不到的"，这是这种策划方法的原则。

但是，运用这种策划方法不能一味往大处想，而要在现有的客观条件下，充分考虑到公众的心理承受力。太过于夸张，容易导致策划向反面发展，从而彻底改变策划的初衷。从这点上讲，使用智能放大法是有一定风险的。

二、市场营销策划的创意方法

1. 归纳法

归纳法是指将一系列具体的内容按其不同的特点和规律分门别类地归纳在一起的方法，它是一种从特殊性到一般性的逻辑论证方法。在营销策划中经常用到。例如，汽车与体育不是同类事物，但速度可以成为它们之间的共有特征，于是就可以产生体育营销的创意。

2. 重组法

重组也是发明创造的一种技巧，任何事物是由若干要素构成的整体，各组成要素之间的有序结合，是确保事物整体功能或性能实现的结构保证。然而，如果有目的地改变事物结构要素的次序并进行重新组合，有可能引起事物功能或性能的变化，创意的产生正需要这种变化。例如，试乘试驾是一个完整的事物，这与婚纱摄影好像没有关系，但是如果将试乘试驾和婚纱摄影重组，就可能产生另外一种营销创意。

3. 分析法

做出正确的决定是成功策划的重要特质，通过审慎地分析对策划活动进行评估是策划过程必不可少的一种能力。基于现有的事实和资料、有趣的直觉、事物负面的影响和积极方面，在充分了解了自己思考的优劣之后，呈现的一个崭新的角度，以及群龙无首时思维的任意驰骋，都可能带给我们一种新的想法，创意也许就在其中。例如，你要做半版广告、又要搞一次促销活动，而且还要给现场公众发放一些奖品，但只有做 1/4 版面广告的费用，这事能成吗？其实，你只要为媒体组织的活动提供奖品，把你的活动纳入他的活动之中就可能做到。

4. 扩展法

汽车行业每年都会遇到一些关键事件，利用这些关键事件，扩展营销策划的创意，是一种良机。例如，现在国家在鼓励小排量汽车、推行更高级别的排放标准、政府采购自主品牌汽车、节能环保型汽车认证制度等方面推出了许多新政。如果能够由此扩展开来，结合自己的产品与服务策划营销活动，就一定能产生许多新的创意。

5. 借鉴法

借他人之长，补己之短，是优秀策划人员惯用的手法。目前，汽车竞争越演越烈，营销竞争已成各个企业的重要手段，只要细心观察，富有创意的营销策划案例比比皆是，如果将它拿来，加入自己的"调料"，或加以重新组合，一定会有许多新的"大菜"可以创造出来。例如，奶油西兰花、蚝油豆腐就是借鉴西料中用、西味中调而成的杰作。

6. 感悟法

用心聆听、用心思考、用心积累、用心感悟是市场营销策划人员的优秀品质。创意有时可以突发奇想，也可以通过脑力激荡产生，但是如果对变化的环境漠不关心，对别人的东西视而不见，感悟就没有基础，创意也会日益枯竭。要做到"无中生有"，必须做到"胸中尽有"，而且在行业中"深入其中"，这样才能感悟出许多新的想法和创意。因为不能做到"胸中尽有"策划没有宽度；不能做到"深入其中"策划不可能有深度，而感悟恰恰是这种宽度与深度相结合的产物。

第四节　如何写好汽车营销策划书

一、汽车营销策划书的要素与原则

营销策划书是营销策划文案的书面反映，又称企划案或企划书。汽车营销策划书是汽车企业策划者根据营销策划项目的内容、特点，为实现营销策划目标而进行行动的实战方案。它是策划者前期工作与全部智慧的结晶，也是汽车企业策划者协调和指导策划参与者行动的规划。

汽车营销策划书一般来说没有一成不变的格式，它依据产品或营销活动的不同要求，在策划的内容与编制格式上也有变化。但是，从营销策划活动一般规律来看，其中有些要素是共同的。

1. 汽车营销策划书的要素

汽车营销策划书的框架包括下列基本要素，可以概括为"5W2H1E"。

What（什么）——汽车企业营销策划目的、内容：将策划目标和内容进一步具体化、指标化，并说明实现目标和内容的基本要求、标准。

Who（谁）——汽车企业营销策划人员：确定策划中承担各项任务的主要人员及其责、权、利。

Where（何处）——汽车企业营销策划实施场所：确定策划中承担各项任务的部门及场所。

When（何时）——营销策划日程：列出实现各个目标的时间进度表。

Why（为什么）——营销策划原因：主要是向汽车企业策划实施人员说明策划目标，阐述策划的必要性、可行性等，以使实施人员便于理解和执行。

How（怎样）——营销策划手段：确定汽车企业各部门、人员实现目标及行为的顺序、时间、资金、其他资源等的管理控制方式。

How（多少）——营销策划预算：按策划确定的目标（总目标或若干分目标）列出细目，计算所需经费，以控制策划活动严格按预算进行。

Effect（效果）——预测营销策划效果：确定实施项目策划情况的标准，检查评价工作和出现偏差时应如何处理，以及预测营销策划结果、效果等。

2. 编制汽车营销策划书的原则

为了提高营销策划书撰写的准确性与科学性，应首先把握其编制的几个主要原则。

（1）逻辑思维原则。策划的目的在于解决企业营销中的问题，按照逻辑性思维的构思来编制策划书。首先是设定情况，交代策划背景，分析产品市场现状，再把策划中心目的全盘托出；其次进行具体策划内容详细阐述；最后是明确提出解决问题的对策。

（2）简洁朴实原则。要注意突出重点，抓住企业营销中所要解决的核心问题，深入分析，提出可行性的相应对策，针对性强、具有实际操作指导意义。

（3）可操作原则。编制的策划书是要用于指导营销活动，其指导性涉及营销活动中的每个人的工作及各环节关系的处理。因此其可操作性非常重要。不能操作的方案创意再好也无任何价值。不易于操作也必然要耗费大量人、财、物，管理复杂、效率低。

（4）创意新颖原则。要求策划创意新、内容新、表现手法也要新，给人以全新的感受。新颖的创意是策划书的核心内容。

二、汽车营销策划撰写要点

1. 目的思考

目的思考是指对本营销策划所要达到的目标和执行意义进行明确表述，以统一全员思想，协调行动，保证策划和执行高质量的完成。

2. 环境分析

营销策划的前提是对当地同业市场状况、竞争状况及宏观环境有清醒的认识。环境分析的内容主要是：当前市场状况及市场前景分析，包括现实市场及潜在市场状况；市场成长状况、需求变化对未来市场的影响；目前市场生命周期的特征、公司营销侧重点，以及相应营销策略的效果；本公司产品的消费者接受性以及市场发展前景，包括市场风险、市场判断、市场成长性分析等。

3. 市场影响因素分析

市场影响因素分析主要是对影响市场的不可控因素进行分析，如宏观环境、政治环境、经济发展状况、消费者收入、消费结构、消费心理等。

4. 机会分析

营销策划方案是对市场机会的把握和策略的运用，分析市场机会是汽车营销策划的关键。找准市场机会，策划才能成功。市场机会分析包括市场机会与风险的分析和企业优势与劣势分析，从优势中找问题，从劣势中找机会，发掘市场潜力，把握和利用好市场机会。

5. 营销目标

目标是对目的的具体化。营销策划书必须有明确的营销目标。就4S店来讲，这些目标不仅包括销售量、营业额、市场占有率、利润率、入厂台次、配件销量，还包括劳动生产率、资本利润率、客户关系管理的目标等。

6. 营销战略

营销战略包括营销宗旨、营销策略、市场定位、渠道拓展等。

7. 广告宣传

广告宣传包括广告宣传的原则、媒体选择、实施步骤等。

8. 行动方案

行动方案是指根据策划期内各时间段特点，推出各项具体行动方案。行动方案要细致、周密，操作性强又不乏灵活性，还要考虑费用支出，一切量力而行。

9. 费用预算

费用预算包括营销过程中的总费用、阶段费用、项目费用等，其原则是以较少投入获得最优效果，包括如何通过各种协同关系分解费用负担，以及预测效益等。

10. 方案调整

方案调整是策划方案的补充部分。因为在方案执行中，市场情况以及事先预计的各种情况都可能出现各种变化，必须做好方案调整的预案。

三、汽车营销策划书的内容与结构

（一）汽车营销策划书的主要内容

一部完整的营销策划书包括的主要内容有以下方面。

1. 封面

汽车营销策划书的封面可提供以下信息：

（1）策划名称（主题）；

（2）策划者的姓名（策划机构或小组成员名单）；

（3）策划制作或完成的日期；

（4）策划适用的时间段；

（5）策划书的密级及编号。

此外，还可在策划书的封面附上一段对策划书内容作简要说明的文字，但不宜过长。策划书的封面就好比人的脸面，它给使用者带来很重要的第一印象，因此不可马虎对待，应该让封面给你的顾客传递出这样一个信息：我的策划是最好的。

2. 前言或序

前言的作用在于统领全书，因此其内容应当包括策划的宗旨、目的及背景，以及策划的必要性等问题的描述。前言一方面是对内容的高度概括性表述，另一方面在于引起读者的注意和兴趣。当读者看过前言后，要使其产生急于看正文的强烈欲望。

3. 目录

汽车营销策划书的目录涵盖了全方案的主体内容和要点，应能使人读过后对营销策划的全貌、营销策划人的思路、营销策划书的整体结构有一个大体的了解，并且为使用者查找相关内容提供方便。

4. 概要

概要主要是对策划的项目进行的概要说明，包括汽车策划的目的、意义，创意形成的过程，相关策划的介绍，以及策划书包括的内容等，相当于一般书籍的序。概要应简明扼要，篇幅不能过长，字数应控制在三四百字左右。

5. 界定问题

在这一部分中，需要明示策划所实现的目标或改善的重点。无论多么精美的策划方案，如果定位于错误的市场，把重点放在错误的方向上，最终必定偏离汽车企业所希望达到的目标，而导致失败。所以在进行汽车营销策划之前要找到一个最佳切入点，以及实现那些目标的战略直觉。这主要是通过界定问题来解决，即把问题简单化、明确化、重要化。

6. 环境分析

"知己知彼，方能百战不殆"，这一部分需要汽车策划者对环境比较了解。环境分析的内容包括市场状况、竞争状况、分销状况、宏观环境状况等。

（1）市场状况。包括：目前产品市场、规模、广告宣传、市场价格、利润空间等。列出近期目标市场的数据，通过年度相对指标对比，得出分析结果。

（2）竞争状况。对主要的竞争者进行辨认，并逐项描述他们的规模、目标、市场份额、产品质量、营销战略和其他特征，从而恰如其分地了解他们的意图和行为。

（3）分销状况。列出在各个分销渠道上的销售数量资料和重要程度。

（4）宏观环境状况。描述宏观环境的主要趋势（如人文的、经济的、技术的、政治法律的、社会文化的），阐述他们与本汽车企业产品的某种联系。

7. 机会分析

汽车营销策划方案，是对市场机会的把握和策略的运用，因此分析问题、寻找市场机会，就成了汽车营销策划的关键。找准了市场机会，可以极大地提高策划成功率。通常采取SWOT分析法，即对企业内部环境的优势（strengths）、劣势（weakness）、外部环境的机会（opportunities）和威胁（threats）的全面评估。

（1）优势/劣势：销售、经济、技术、管理、政策（如行业管制等政策限制）等方面的优势力和劣势。

（2）机会/威胁：分析市场机会与把握情况，市场竞争的最大威胁力与风险因素。

（3）SWOT综合分析：综合分析市场机会、环境威胁、企业优势与劣势等战略要素，明

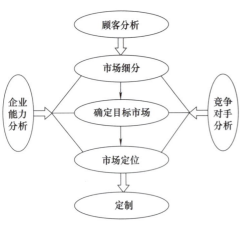

图 2-2　目标市场营销战略

确能够为我有效利用的市场机会，即尽可能将良好的市场机会与企业优势有机结合；同时要努力防范和化解因环境威胁和企业劣势可能带来的市场风险。

（4）问题分析：在 SWOT 分析的基础上，明确在制定和实施市场营销战略计划过程中还必须妥善解决好的主要问题。

8. 营销目标

汽车营销策划书中的营销目标，如市场占有率、销售增长率、分销网点数、营业额及利润目标等，要具体明确。

9. 战略及行动方案

首先，要清楚地表述企业所要实行的营销战略。主要包括市场细分、确定目标市场和市场定位三方面的内容，如图 2-2 所示。

其次，确定相关的营销组合策略。现代市场营销组合应该是 4P+4C。

最后，制定具体行动方案。在行动方案中，需确定以下内容：要做什么工作或活动，何时开始、何时完成，其中的个别工作或活动为多少天，个别工作或活动的关联性怎样，在何地，需要何种方式的协助，需要什么样的布置，要建立什么样的组织机构，由谁来负责，实施怎样的奖酬制度，需要哪些资源，各项工作或活动收支预算为多少等。

10. 财务分析

财务分析主要是对策划方案各项活动所需费用的预算，包括营销过程中的总费用、阶段费用、项目费用等，其原则是以较少的投入获得最优效果。预算费用是汽车策划书必不可少的部分。预算应尽可能详尽周密，各费用项目应尽可能细化。预算费用应尽可能准确，能真实反映该策划方案实施的投入大小。同时，应尽可能将各项花费控制在最小规模上，以求获得最大的经济效益。

11. 行动方案控制

营销/销售活动的行动方案控制包括：风险控制，即风险来源与控制方法；方案调整，即在方案执行中都可能出现与现实情况不相适应的地方，因此必须随时根据市场的回馈及时对方案进行调整。

12. 附录

附录是汽车营销策划书的附件。附录的内容对营销策划方案起着补充说明作用，便于策划方案的实施者了解有关问题的来龙去脉。作为附录也要标明顺序，以便查找。

13. 结束语

与前言呼应，使汽车营销策划书有一个圆满的结束，主要是再重复一下主要观点，并突出要点。

（二）汽车营销策划书的一般格式

一般情况下，汽车营销策划书的结构应与营销策划的构成要素（内容）保持一致，这样可以提高汽车营销策划书的制作效率。结构框架比较合理的汽车营销策划书，其格式如表 2-1 所示。

表 2-1 汽车营销策划书的结构框架

构成	特点
1. 封面	脸面形象
2. 前言或序	前景交代
3. 目录	一目了然
4. 概要	思路与要点
5. 界定问题	确定目标
6. 环境分析	依据和基础
7. 机会分析	提出问题
8. 营销目标	明确任务
9. 战略及行动方案	对症下药
10. 财务分析	计算准确
11. 行动方案控制	容易实施
12. 附录	提高可信度
13. 结束语	前后呼应

四、汽车营销策划书的撰写技巧

汽车营销策划书和一般的报告文章有所不同，可信性和可操作性以及说服力是汽车营销策划书的生命，也是汽车营销策划书追求的目标。因此，在撰写汽车营销策划书时应引起注意。其撰写技巧有以下几点。

1. 合理使用理论依据

要提高汽车营销策划内容的可信性，并使阅读者接受，就要为策划者的观点寻找理论依据。这是一个事半功倍的有效办法。

2. 适当举例说明

在汽车营销策划书中，加入适当的国内外成功与失败的例子，既能起调节结构的作用，又能增强说服力，效果非常明显。

3. 利用数字说明问题

在汽车营销策划书中，利用各种绝对数和相对数来进行比较对照是必不可少的，而且要使各种数字都有可靠的出处，以证明其可靠性。

4. 运用图表，使内容视觉化

以图表的形式来描述，能简洁说明有关的问题，有助于阅读者理解策划的内容，有非常好的视觉效果。如图 2-3 为示例。

5. 突出重点，切勿面面俱到

在策划过程中，过分贪求是要不得的。贪得无厌往往使一个策划里面包含太多的构想，目标变得过多。因此，一个优秀的汽车策划人员一定不会贪心，他们会把构想浓缩，即使有很好的方案，只要与主题无关，就要舍得删除。要记住：适当的舍弃是重要的策划技巧。

6. 准备若干方案，未雨绸缪

当拟订策划书时，并没有硬性规定一次只能做一个策划方案。对于同一个主题，同时做

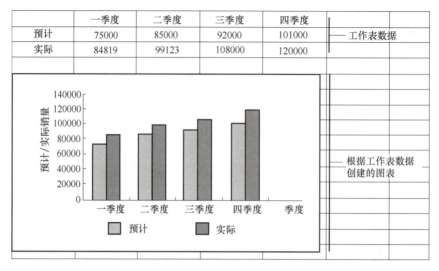

图2-3 营销策划书数据分析图表示例

出两个或三个策划方案也是可以的。当然,有时策划者会过于自信,认为自己的工作是完美无缺的,但从汽车企业的实践而言,在对策划进行审查时,一定会有种种的意见出现,所以事先准备替代方案是明智的。

7. 合理设计版面

设计版面包括打印的字体、字号大小、字与字的空隙、行与行的间隔、黑体字的采用以及插图和颜色等。通过合理设计版面,使营销策划书整体重点突出、层次分明、严谨而不失活泼。

8. 注意细节,消灭差错

对汽车营销策划书要反复仔细检查,不允许有任何差错出现,特别是对汽车企业的名称、专业术语、英文单词等更应仔细检查。

丰田公司营销策划书

前　　言

随着经济全球化的深入发展,世界汽车产业的格局面临深刻的变革与调整,而2008年以美国次贷危机为代表的全球性金融危机的发生使全球汽车产业进入寒冬,包括日本丰田汽车公司在内的全球各主要汽车生产商面临新一轮汽车生产方式和营销模式的变革与创新的机遇和挑战。2008年丰田汽车"召回门"事件无疑给丰田汽车公司的发展带来新的挑战,但尽管如此,2008年丰田汽车公司一度取代美国通用汽车公司成为全球产销量第一的汽车生产集团。

在这辉煌背后,得益于丰田汽车公司独特的精益生产管理方式和完善的市场营销管理模式。为了充分了解丰田汽车公司独特的市场营销模式及丰田汽车公司在产品策划、产品定价策划、产品推广策划、产品渠道策划等方面的独特性,组织开展一次关于丰田品牌汽车营销模式策划,从中汲取丰田汽车公司发展的成功经验,探索中国自主汽车品牌发展的新模式,实现中国自主品牌汽车的迅猛发展，便具有重要的现实和战略意义。

一、丰田汽车品牌简介

丰田公司目前是日本最大的汽车公司，也是世界最大的汽车工业公司之一。于1937年成立于日本爱知县丰田市。2008年日本丰田汽车公司一度取代美国通用汽车公司成为世界最大的汽车制造商，丰田汽车公司的新事业立足于汽车开发、生产、销售、服务等各个阶段所积累的技术与经验。"从汽车出发"，在这个坚强的理念指引下，丰田提出"确立继汽车之后、面向21世纪的新兴产业的目标"并正在为创造更丰富多彩的未来，积极开拓新的业务领域和系统产品。丰田公司的经营理念是：开放公平、努力成为有信于社会的汽车企业，提供安全、环保的产品，创造更加富裕的社会，发挥个人创造力和强有力的团队精神的企业作风，以开放型的业务关系为基础实现稳定成长和共同繁荣。

二、丰田品牌策划背景

丰田汽车作为国际著名的汽车品牌，在全球汽车市场占有重要的市场份额，然而2008年丰田汽车公司汽车"召回门"事件的发生使丰田品牌汽车市场的发展前景面临巨大的现实挑战。丰田品牌汽车策划方案将立足于全球汽车市场这一大的市场背景和丰田汽车公司汽车"召回门"事件的现实背景，对丰田汽车的品牌市场营销模式进行探索和策划，重新树立丰田汽车品牌的社会影响力和形象。

三、丰田品牌汽市场前景调查

（一）调查问卷概况

为了充分了解丰田汽车"召回门"事件对丰田汽车品牌的认知度影响和了解广大青年汽车消费者的汽车消费习惯，我们小组以武汉软件工程职业学院全体师生为主要调查对象，采用随机发放问卷调查的方式，随机发放调查问卷60份，有效回收调查问卷60份，回收率达100%，经过对调查数据的分析整理，我们得出如下重要结论：

（1）丰田汽车在中国汽车消费市场前景最广，消费群体结构呈现年经化趋势；

（2）汽车售后服务的质量水平已经成为影响人们购车的关键因素，建立完善的汽车售后服务体系已经成为丰田汽车提升竞争力的关键一环。

（3）丰田汽车"召回门"事件的社会影响较大，重新塑造丰田汽车的社会品牌形象已经成为丰田汽车公司扩大市场份额的必要手段。

（二）丰田汽车营销环境分析

（1）2012年是中国"十二五"规划的关键之年，同时也是包括丰田在内的世界各主要汽车生产制造商扩大在华汽车市场份额的机遇之年。随着国家宏观经济政策的总基调和支持汽车产业发展的政策总基调保持不变，与此同时汽车三包政策、新能源汽车发展新政策等一系列汽车新政的推出必将给中国汽车市场发展带来新的发展条件，丰田汽车应充分把握这新的历史发展机遇，实现丰田汽车公司在中国市场的快速发展。

（2）市场消费潜力：从市场消费潜力层面看，维持我国汽车消费快速发展的基本因素没有改变，人们生活水平的提高使得中国汽车消费市场的增幅在空间上将呈现二、三线城市乃至四、五线城市的增幅超过一线城市的汽车消费增幅，汽车消费市场前景广阔。

（3）人口环境：中国作为世界性人口大国，同时随着中国国民生活水平的不断提高，人们对家庭轿车的需求量巨大，另外丰田汽车进入中国汽车市场的时间比较晚，因此汽车市场前景广阔。

（4）国际环境：2008年国际金融危机使全球汽车市场萎缩，世界各主要汽车制造商纷纷扩大在中国汽车市场的份额,丰田汽车公司应把握难得的机遇,加快自身发展。

四、丰田品牌SWOT分析

丰田汽车市场在各个领域都有自己的市场份额,对于现在不同的人的不同消费能力,丰田汽车都可满足低、中、高市场的不同选择。

1. 品牌优势

丰田汽车的优势很多,因为日系车是公认的人性化汽车,日系车在人性化、舒适性、安全性等方面都做得十分出色,特别是外观的设计,非常符合国人的审美观念,深得消费者的认可。

2. 品牌劣势

丰田汽车在国人心中一直都有较好的形象,从卡罗拉、佳美等车型进入中国市场时就受到消费者的喜爱和一致好评。但最近这几年随着日本车质量的下降,再加上德系四剑客奥迪、大众、奔驰、宝马抢占中国市场份额,以及国产汽车的崛起,使得丰田汽车中国市场的整体市场份额逐渐下降。

3. 品牌机会

丰田汽车品牌虽然比不上奔驰、宝马。但它以其出色的性能、人性化、价格优势,在竞争激烈的中国汽车市场占有一席之地。

4. 品牌

人们想起丰田这一日系汽车品牌就会联想到日系车的质量相对于德系车有所劣势,影响到汽车消费者的消费行为。同时,随着德系车在中国汽车市场份额的增加,也增加丰田汽车的竞争压力。

五、品牌技术优势

1. 用双VVT-i发动机

采用双VVT-i发动机,可以根据汽车发动机转速等汽车行驶状况信号,通过计算机对汽车燃油喷射量和喷射时间的准确控制,以实现汽车大扭矩输出和低燃油排放。

2. 采用GOA车身

独有的GOA车身,可以在汽车发生碰撞时有效吸收车身碰撞能量,有效分散车身碰撞能量,实现对驾乘人员的安全保护,实现汽车高水准的安全性能。

六、竞争对手营销状况分析

丰田汽车进入中国市场的时间比较晚,在中国汽车市场主要的竞争汽车品牌有本田、通用等,下面就广州本田的汽车营销策略进行分析。

广州本田以"超期望值服务"为市场营销理念,以"4S"营销模式为基础,以"4P服务策略"为主要内容,这是它在中高档汽车取得竞争优势的关键。但随着广州本田产能的扩大和汽车市场竞争的加剧,广州本田公司及时调整汽车营销策略,采取差异化的营销策略,加强营销成本控制,加速营销创新,更加注重汽车后市场的开发与管理。

广州本田的营销模式可以按"三个要素"进行概述。营销理念:广州本田主要营销理念是以用户满意为中心,好的产品加上好的服务实现客户满意。营销组织:广州本田选择专营店模式,这是一种以"四位一体"为核心的汽车特许经营模式。营销策略:4P策略+服务策略。

七、丰田品牌汽车组合营销策略分析

丰田汽车公司的营销组合策略是以消费者的需求为导向,以提高顾客满意度为产品营销

策略选择的根本立足点和出发点，时刻与顾客保持关联，开发出顾客需要的产品。丰田汽车公司的营销组合策略的内容包含产品组合策略、产品定价策略、产品推广策略和产品销售渠道策略。丰田汽车公司经过长期的发展，在中国形成了以一汽丰田、广州丰田和雷克萨斯三大产品销售体系。下面将以广汽车丰田凯美瑞为例子分析丰田汽车公司的组合营销策略。

八、丰田凯美瑞汽车品牌简介

广汽丰田凯美瑞是丰田汽车公司为进一步应对以本田雅阁为代表的全球各主要汽车制造商在中高级轿车市场的强势竞争，扩大在中高级轿车市场份额而推出的一款中高级轿车。丰田凯美瑞自2006年推出以来，一直成为中高级轿车市场的佼佼者，成为全球中高级轿车市场的热销车型，市场前景广阔。

（一）丰田凯美瑞市场前景分析

经济因素：2012年是中国"十二五"规划的关键之年，也是全球经济复苏的机遇之年，随着汽车新政的推出，必将带来中国中高级轿车市场新一轮的发展机遇。广汽丰田凯美瑞作为中高级轿车市场中的佼佼者，应把握难得的市场机遇，努力实现自身发展。

人口因素：中国作为世界性的人口大国，汽车市场需求潜力巨大。同时随着人们生活水平的提高，汽车消费观念的改变，人们购车的主要出发点已经由生活代步型逐渐变为生活享受型和身份象征型等多元汽车消费观。作为中高级轿车市场的代表，丰田凯美瑞的市场消费潜力巨大。

技术因素：作为丰田汽车公司旗下中高级轿车的品牌车型，丰田凯美瑞是丰田汽车技术的结晶品牌，凭借其独特的丰田品牌血统和全面领先的技术优势，必将成为中高级轿车市场中的佼佼者。

（二）凯美瑞汽车SWOT分析

广汽丰田凯美瑞自2006年上市以来，一直成为丰田汽车中高级轿车市场的热销车型。其凭借稳重大气的外观、宽敞的车内空间、做工精致的内饰、丰富的汽车配置和乘坐的舒适性、运行的平稳性等诸多亮点，成为同级轿车市场竞争的佼佼者。

1. 优势分析

（1）技术优势

丰田凯美瑞作为中高级轿车市场的佼佼者，凭借其技术优势抢占市场。丰田凯美瑞采用双VVT-i发动机，在提供强劲动力的同时兼顾燃油经济性，充分实现高动力输出、低燃油排放的双重目标。

（2）成本优势

丰田凯美瑞作为丰田汽车旗下的品牌，其生产研发的平台建立在丰田汽车公司的精益化生产方式的基础之上，充分做到了产品开发成本的最小化和产品利益的最大化。

（3）服务网络优势

丰田凯美瑞具有独立而又完善的产品销售服务网络，以实现顾客购买服务便利化为根本出发点，形成凯美瑞汽车独特的服务网络优势。

2. 劣势分析

丰田凯美瑞汽车在具有技术、成本、服务等多重竞争优势的同时，在外观、乘坐空间等方面有待完善，这也使丰田凯美瑞汽车在竞争中处于不利地位。

3. 机遇分析

丰田凯美瑞作为中高级轿车的杰出代表，在激烈的中高级轿车市场的竞争中具有产品成长空间大、汽车节能技术成熟、中高端汽车市场经验丰富、品牌客户忠诚度高等难得的发展机遇和自身优势，应把握机遇，促进发展。

4. 挑战分析

丰田汽车公司进入中国中高端汽车市场的时间较晚，以东风日产、广州本田雅阁为主要竞争对手的强势进驻，使得丰田凯美瑞汽车在中高端汽车市场的地位受到一定的挑战。

（三）一汽丰田凯美瑞的产品市场定位

一汽丰田凯美瑞 2006 年 6 月上市后，取得了辉煌的成绩，如今凯美瑞已经成为丰田中国中级轿车市场的热销车型。凯美瑞的成功不仅仅依靠产品、价格的优势，而是建立在丰田中国战略整体成功的基础之上，建立于凯美瑞准确的产品市场定位。

1. 以共性带动个性的产品定位

以"创造中高级轿车全新标准"为理念开发的凯美瑞，拥有高贵、优雅和动感的外形，舒适的内部空间，充沛的动力，同级别轿车中最高的环保和安全标准，以及人性化的高科技配置。驾驶室内有足够的空间，设计上在兼顾乘坐舒适性的同时，在内饰材料选用、设计上尽可能体现高档。在动力方面，凯美瑞采用直列四缸 16 气门 VVT-i 发动机，在中低速时能提供充足的转矩，在高速时又可提供强劲的动力，同时保证了燃油经济性。在安全性方面，作为中高级轿车 ABS+EBD 是凯美瑞所有款式的标准配置，并采用丰田碰撞吸能 GOA 车身。综上分析，凯美瑞具有所有中高级轿车的特质。凯美瑞与同级轿车相比，在产品层面最大的优势就是产品生产设计的全面均衡，既要达到稳定的质量、性能，又安静、舒适、油耗低、空间大的设计目标。凯美瑞的定位是一款公私兼顾、综合性能好、适合各种场合的车型。

2. 凯美瑞汽车的目标消费群体分析

丰田凯美瑞汽车作为一款公私兼用的中高端轿车，其主要的目标消费群体定位于具有稳定的事业基础和稳定的收入水平，具有中高端汽车消费能力和欲望的都市白领和成功的商务人士。

3. 凯美瑞汽车的定价策略

汽车产品定价应主要考虑三个方面的因素：第一，要根据产品的市场定位来定价，确保完成预期的销售目标；第二，在确保企业可获利的前提下合理定价；第三，要充分考虑市场消费者的价格预期。丰田凯美瑞的主要竞争车型有日产天籁和本田雅阁。据有关资料显示，日产天籁和本田雅阁在同级别、同排量车型中定价的区间都比丰田凯美瑞偏高。在综合各方面的因素后，我们小组决定丰田凯美瑞汽车采用尾数定价策略，这个定价策略充分考虑了广大消费者的心理承受能力，同时又确保凯美瑞汽车在同级轿车市场竞争中具有价格优势。

4. 凯美瑞汽车的品牌推广策划

策划目标：通过综合运用多种品牌推广手段，大力宣传丰田凯美瑞汽车高贵、优雅的产品形象，树立其品牌知名度，增强其市场竞争力，扩大其在中高级汽车市场的份额。

推广策划：综合运用电视、广播、报纸、杂志、户外广告、专业汽车网站等媒体，定时定期地发布丰田凯美瑞的相关信息。

充分发挥汽车嘉年华和北京、上海、广州三地定期举行的国际汽车展这一社会公共平台，扩大丰田凯美瑞汽车的影响力。

定期开展多种形式的营业推广活动，如降价促销、汽车经销商销售激励等，努力拓宽凯美瑞汽车的销售渠道，增加汽车销量。

5.凯美瑞汽车的销售渠道策划

凯美瑞汽车实行扁平化的汽车销售渠道,实现其销售渠道的独立性。为此,应在北京、上海、广州等一线城市建立完善的丰田凯美瑞销售渠道,实行汽车特许经销商的汽车销售渠道模式。

整合汽车销售渠道,集中管理,提高销售渠道运行速度。在国内主要城市设立分支机构,统一管理丰田凯美瑞汽车的地区销售渠道,减少地区销售渠道冲突,扩大凯美瑞汽车销量。

结 束 语

丰田汽车品牌作为国际性的汽车品牌,在中国汽车市场占有重要的市场地位,汽车消费市场广阔,丰田汽车在中国低、中、高汽车市场都具有一定的市场份额。广汽丰田凯美瑞作为中高级轿车市场中的热点车型,其汽车销量的提升得益于其精准的产品市场定位、合理的产品定价策略、完善的产品推广策略和产品渠道策划,我们以丰田汽车品牌调查为策划依据,以广汽丰田凯美瑞为策划对象,从凯美瑞汽车的产品市场定位、产品定价,产品推广、产品销售渠道等方面进行策划,期望能够实现凯美瑞汽车市场份额的最大化。

本章小结

广义的汽车营销策划即汽车市场营销规划,是指策划人员根据汽车企业现有的资源状况,在充分调查、分析市场营销环境的基础上,激发创意,为整个汽车企业制定出一套营销战略、策略规划,并组织实施的全部过程。汽车营销策划具备前瞻性、预测性,不确定性、风险性,科学性,创意性,可操作性等特征。

汽车营销策划的基本原则主要有:创新原则、整体原则、信息原则、时机原则、经济性原则、借势原则、慎重性原则、可行原则。

一般来说,汽车企业市场营销策划包括了解现状界定问题、分析情况产生创意、制定目标、选择营销对策、明确行动方案、预测效益、设计控制和应急措施、撰写市场营销策划书等8个步骤。

汽车营销策划书是汽车企业策划者根据营销策划项目的内容、特点,为实现营销策划目标而进行行动的实战方案。汽车营销策划书的基本要素,可以概括为"5W2H1E"。编写汽车营销策划书要遵循的原则包括:逻辑思维原则、简洁朴实原则、可操作原则、创意新颖原则。汽车营销策划书的基本内容包括:封面、前言或序、目录、概要、界定问题、环境分析、机会分析、营销目标、战略及行动方案、财务分析、行动方案控制、附录、结束语。

课后练习

1.什么是汽车市场营销策划?汽车市场营销策划的基本特征有哪些?
2.汽车营销策划的基本原则有哪些?
3.汽车营销策划的基本步骤有哪些?
4.简述汽车营销策划书的内容和结构。
5.简述汽车营销策划书的撰写技巧和编制的原则。
6.请你试举一或两个中外古代精典策划案例或世界著名策划机构的名称。

实训操作

任务：

1. 选取一个认为比较优秀的汽车营销策划案例，分析其特征、运用的关键原则。
2. 探讨本单元优秀营销策划案例是否易于理解，主要步骤是什么。
3. 解析本单元经典营销策划案例是否具有创新性，其创新之处体现在哪些地方。
4. 分析成功的营销策划书编写的内容要求。

要求：

通过优秀营销策划案例的分析，进一步深入理解一个成功营销策划应具有哪些特征、原则和步骤以及如何编写营销策划书。

1. 先进行独立思考，然后再以小组为单位讨论分析。
2. 对照案例内容，用文字的形式逐条进行叙述。
3. 每个人交一份分析报告，不少于 500 字。
4. 在收集的营销策划案例中选取一个自己认为比较优秀的营销策划个案，先从感性上列举本营销策划案例的特点和优点，再对照教材学习内容逐条进行理性的分析，最后将自己的理解和体会以书面形式归纳出来。在班内将各自对优秀营销策划个案的理解进行交流。

汽车营销
调研策划

第三章 汽车营销调研策划

  学习目标

1. 掌握汽车营销调研策划的内容与方法。
2. 掌握汽车营销调查策划的程序或步骤。

  情境导入

汽车市场营销调查计划书——东风汽车市场调研方案

营销 2020 级张×、刘×和聂×参加了东风汽车市场营销策划方案的市场调研。汽车营销策划从营销诊断与市场调研开始。策划工作组在确定问题和调研目标后，制订汽车营销调研计划书，并交给客户审理和进一步确认。

东风汽车公司始建于 1969 年，是中央直管企业之一。公司有着"立足湖北，辐射全国，面向世界"的事业布局。该企业的汽车销售位列于国内汽车业第二位，在世界 500 强之列，公司规模庞大。公司具有良好的产品研发能力、生产制造能力和市场营销能力。现在，东风汽车已经成为家喻户晓的品牌。

近年来，东风公司提出了建设"永续发展的百年东风，面向世界的国际东风，在开放中自主发展的东风"的发展愿景。同时，确立了做强做优、建设国内最强、国际一流汽车制造商的奋斗目标。

公司为了能尽快地实现建设国内最强、国际一流汽车制造商的奋斗目标，计划加大新产品的开发力度，为此，公司委任我小组进行一次针对汽车市场的消费者偏好和消费购买能力方面的市场调研方案。此次调研方案主要内容有：调研目的、调研对象、调研内容、调研项目、调研方法、调研进程、调研经费、调研组织及人员等。

一、调研目的

公司为了能尽快地实现建设国内最强、国际一流汽车制造商的奋斗目标，计划加大新产品的开发力度，成为永续发展的百年东风，面向世界的国际东风，在开放中自主发展的东风。

二、调研对象

目标顾客群以及潜在消费者等。

三、调研内容

（1）消费者对汽车的偏好。

（2）消费者的收入水平及购买能力。

（3）消费者东风汽车的品牌认知度及满意度。

（4）消费者购车意向的原因。

（5）消费者对汽车价格及售后服务的要求。

四、调研项目

不同的消费者对东风汽车产品、对市面上类似产品的认知度、满意度、消费习惯、购买途径、价格范围、对本产品的评价、促销方式、广告宣传效果以及对本产品意见与建议等，这就是本次调研的主要项目。

五、调研方法

（一）问卷设计思路

我们采用问卷法和访问法相结合的调研方法，问卷发放由经过我们专业培训的人员进行实施，在问卷的发放过程中同时进行访问。我们将在湖南长沙地区分别发放1000份问卷，共计1000份问卷。会在不同时段与地区进行填写，选择不同年龄阶段、不同收入水平的人群，力求问卷的广泛性。

（二）样本设计

问卷如下：

东风公司对湖南长沙地区汽车市场调查问卷

您好！我们正在进行关于消费者对东风汽车满意度以及认可度等的调查，希望您能配合并给予我们最公平的客观的建议，谢谢您在百忙之中抽空配合我们的调查，谢谢！

（请在选项上画"√"）

（略）

六、调研进程

1. 前期准备

（1）经小组讨论拟定调研方向，确定此次调研的意义、目的，明确调研主题。

（2）明确调研内容方法，确定调研人群经费预算。

（3）准备问卷确定访谈内容。

2. 中期调研

（1）拟定实地调研计划，分派人员进行调研。

（2）进行实地4S店企事业单位调研，发放调研问卷。

（3）完成调研，了解消费者对汽车手动挡或自动挡的偏好。

3. 后期总结

（1）统计资料，撰写调研报告。

（2）制作PPT完成调研。

七、调研经费

营销环境调研经费：××××××元。

市场现状及竞争对象调研经费：××××××元。

营销策划书及调研报告经费：××××××元。
总计费用：××××××元。
八、调研组织及人员
（1）问卷设计——3人。
（2）资料整理——5人。
（3）问卷的发放与回收——10人。

第一节 汽车营销调研策划概述

一、汽车营销调研策划的概念及作用

1. 汽车营销调研策划含义

汽车营销调研策划是指策划者为某一个特定的营销决策问题而进行的收集、记录、整理、分析、研究市场的各种状况及其影响因素，并由此得出结论的系统活动过程。

汽车营销调研策划可以采用两种方式：一是委托专业市场调查公司来做；二是汽车企业自己来做，企业可以设立市场研究部门，负责此项工作。

2. 汽车营销调研策划作用

（1）有利于汽车企业制定科学的营销规划。
（2）有利于汽车企业优化营销组合。
（3）有利于汽车企业开拓新的市场。

二、汽车营销调研策划的对象与类型

1. 营销调研策划的对象

汽车营销调研策划的对象十分广泛，既包括与汽车企业有关的利益相关者，也包括与企业无直接关系的对象。其中消费者的意见至关重要，是汽车营销调研策划的主要对象。

2. 汽车营销调研策划的类型

按照汽车营销调研策划的目的，可以将汽车营销调研策划划分为探测性调研策划、描述性调研策划与因果性调研策划三类。

（1）探测性调研是最不正式的研究，经常在项目的开始阶段进行。当研究人员不太了解所要研究的问题，需要更多的额外信息，或是需要了解最新信息时，通常会进行探索性研究，其目的往往是用于获取背景资料、定义关键术语、更精确地定义研究的问题和帮助提出假设。但在一项想要了解消费者对某汽车满意程度的调研上，就没有必要涉及探测性调研。

（2）描述性调研是指描述一些事物，通常指描述市场的功能或特征。描述性调研可以满足一系列的调研目标，如描述某类群体的特点；决定不同消费者群体之间在需要、态度、行为、意见等方面的差异；识别行业的市场份额和市场潜力等。例如某汽车经销商从描述性调研中了解到该店的顾客57%是年龄35～45岁的妇女，并带着家人、朋友一起来。这种描述性调研提供了一个重要信息，它使该经销商直接向妇女开展促销活动。

（3）因果性调研的目的在于确定关联现象或变量之间的因果关系，了解原因与结果之间的数量关系。在因果性调研过程中，实验法是一种主要的方法。例如，某汽车厂销售厂商想要测量销售人员的态度和表现对汽车销售的影响，他设计了一个因果调研：在某地区经销店中选出两组不同的汽车经销商进行比较。在其中一个经销商中安排了经过培训的销售人员，而另一个经销商的销售人员没有经过培训。半年以后，通过两个经销商销售量的比较，就大体能判断出销售人员对汽车销售的影响。这三类营销调研方法的比较如表3-1所示。

表3-1 三类营销调研策划比较

项目	探测性调研策划	描述性调研策划	因果性调研策划
调研目的	发现存在的问题是什么	明确存在的问题是什么状况	发现问题产生的原因
适用方法	观察法	询问法	实验法
适用阶段	初步调查	正式调查	追踪调查与深入调查

按汽车营销调研策划的范围划分，可以将汽车营销调研划分为专题性营销调研策划和综合性营销调研策划。

专题性营销调研策划，是指汽车企业为解决某个具体问题而进行的调查研究。综合性营销调研策划，是指汽车企业为全面了解市场营销的状况而对市场营销的各个方面进行的调研。

三、汽车营销调研策划的内容

（一）外部环境因素的调研

外部环境因素的调研主要包括如下几个方面。

1. 消费者调研

消费者调研包括：消费者购买动机、购买方式以及购买习惯的调查；消费者对汽车企业营销策略的回馈情况、对汽车企业产品与价格的满意度、对营销服务的要求等情况的调查等。

2. 市场需求调研

市场需求调研包括：市场需求总量的调查、市场需求构成的调查等。

3. 市场竞争调研

市场竞争调研包括：汽车产品性能、配置、外观等的调查；销售价格状况、变动趋势及影响因素的调查；销售渠道及中间商的调查；汽车产品寿命周期、销售增长、市场普及率的调查；广告诉求、广告媒体、广告效果的调查；各种促销活动效果的调查；汽车产品使用和新产品试投效果的调查。

4. 宏观环境调研

宏观环境调研包括：国内外政治形势、外交关系、体制改革状况的调查；国家经济、环保、外贸等相关法律、行政法规动态及其影响的调查；宏观经济景气情况及产业、行业、市场供求关系的调查；社会文化、消费习俗和传统的调查；当代科技最新动态和与汽车企业有关的技术、产品发展动向的调查；与目标市场相关的地理、气候、自然环境状况的调查。

（二）汽车营销组合因素的调研

汽车营销组合因素的调研主要包括：汽车产品调研、汽车价格调研、汽车渠道调研和汽车促销调研。

汽车营销调研策划的内容如图 3-1 所示。

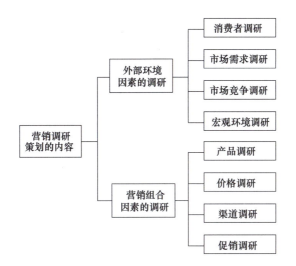

图 3-1　汽车营销调研策划的内容

案例

　　丰田公司经过市场调查，发现全世界有大量的消费者希望得到和承担一辆昂贵的汽车。在这群人中，许多消费者愿意买奔驰，但又认为价格过高了。他们希望购买像奔驰同样性能的车，并且价格要合理。于是，这给了丰田一个想法，开发一辆能与奔驰竞争，甚至定位于更高价值的轿车，一个"聪明"的购买者欲获得身价但不会浪费钱。

　　丰田的设计者和工程师开发了雷克萨斯汽车并开展多方位的进攻。新汽车像雕塑品，安装精良，内部装饰豪华丰田的广告画面旁边显示的是奔驰，并写上标语："这也许是历史上第一次，只需花 36000 美元就能买到值 73000 美元的高级轿车"。丰田努力挑选能高度胜任的经销商并精心设计陈列室，并且把销售作为汽车设计的工作之一。陈列室有宽敞的空间，布置了鲜花和观赏植物，免费提供咖啡，备有专业的销售员。经销商开列了潜在客户的名单，向他们寄发手册，内含 12 分钟戏剧性体现雷克萨斯绩效功能的录像带。例如，录像带显示工程师把一杯水放在发动机上，当奔驰发动机发动时，水发生抖动，而雷克萨斯却没有，这说明雷克萨斯有更平稳的发动机和提供更稳定的驾驶。录像带更戏剧性地展示，把一杯水放在操纵盘旁，当雷克萨斯急转弯时，水不溢出来——这令人兴奋。购买者向他们的朋友到处介绍，成了新雷克萨斯的最好的销售员。

第二节　汽车营销调研策划的流程

　　汽车营销调研策划的程序或步骤，由若干相关联并互相制约的营销调研活动所构成，前一环节往往是后一环节的基础与前提，因此掌握汽车营销调研策划的程序，有利于整个策划调查工作的顺利进行。汽车营销调研策划的一般流程由以下几个环节组成，如图3-2所示。

图3-2 营销调研策划流程

一、确定调研目标

调研问题确定过程的最终结果就是形成调研目标，所有为调研项目投入的时间及成本都是为了实现既定的调研目标，它是调研项目进展的指导方针，是评价调研质量的尺度。因此，调研目标必须尽可能准确、具体并切实可行。为了保证调研结果的实用性和正确性，进行汽车营销调研策划，首先必须要确定问题与调研目标。按照汽车企业的不同需要，汽车营销调研的目标有所不同。其主要步骤及工作是：明确问题；情况分析；初步调研。

上海××汽车配件营销调研计划书

赵老师在汽车营销策划工作室与客户进行相关的商务谈判，确认了"上海××汽车配件市场营销策划"项目合约。甲同学、乙同学和丙同学参加了该营销策划方案的市场调研。

汽车营销策划从营销诊断与市场调研开始。策划工作室在确定问题和调研目标后，制订汽车营销调研计划书，并交给客户审理和进一步确认。

1. 调研目的

本调研旨在为上海××汽配市场有限公司的营销决策，即发现市场机会、确定市场营销战略及目标、制定营销策略，提供客观依据。

2. 调研内容

（1）上海汽车汽配市场的营销环境调研

① 宏观环境调研，即经济、政治、社会文化、人口等因素调研。主要包括：经济形势及WTO对我国汽车工业的影响；我国对汽车市场的政策；社会文化及人口因素；基础设施状况。

② 微观环境调研，即××汽车公司周边环境调研。主要包括：区政府规划的八大市场等；莘庄立交桥、南北干道等周边公路的汽车流量；中高档花园及别墅群的汽车用户情况；南方商城停车场的停车现状，如车型、车源、收费；龙门汽配市场、黎安汽配城、虹桥汽配中心等周边汽配市场。

（2）上海汽车汽配市场的现状及内容调研

总体情况：数量、方式、历史、优劣势。面积：占地面积、建筑面积、营业面积。投资：投资总额、场地日租金、付款方式。招商进驻情况：客商及分类、出租率等。经营内容：整车、配件（轿车、货车、微型车、客车、摩托车等）、维修。优惠政策及条件：工商、行政、税务等。服务配套系统：银行、贷款等。

（3）上海汽车汽配市场的主要竞争对手典型调研

例如，梅川路汽配市场、上海由由汽配市场、上海东方汽配城、北外滩汽配市场。

3. 调研方法

调研方法主要包括：业内人士访问调查；专家访问调查；用户访问调查；问卷调查；电话调查；典型调查（典型市场）。

4. 调研日程

第一阶段：9月1日—9月10日。查阅有关资料；拜访相关部门、企业；初步走访汽车、汽配市场；制订调查计划书。

第二阶段：9月11日—9月30日。运用多种调查方法，对有关的专家、业内人士、用户等进行访问调查；对典型汽车市场进行明察暗访，收集第一手数据。

第三阶段：10月1日—10月20日。统计、分析前一阶段所收集的资料，得出一般性结论；组织专家论证，及时回馈业内人士、用户的意见。

第四阶段：10月21日—10月31日。将所掌握的资料进行汇总，撰写市场调查报告；制定××汽车汽配市场有限公司营销策划书。

5. 经费预算

营销环境调研经费　××××元。

市场现状及竞争对象调研经费　××××元。

营销策划书及调研报告经费　××××元。

总计费用　××××××元。

实时互动

1. 上海××汽车配件市场营销公司在汽配市场营销的过程中要制定营销决策及营销策略，委托××研究所展开调查。为什么？有哪些好处？
2. 策划人员应进一步深入，明确调查课题：为什么要进行该项调查？
3. 调查需要了解哪些方面的情况？
4. 采用什么样的方法更经济、有效？

二、制订调研计划

在对汽车营销调研初步分析、明确课题的基础上，调研策划人员应设计调研方案。它是汽车营销调研的基本框架，在实际操作中一般以汽车营销调研计划书的形式出现，是营销调研实施的指导方针。一个完善的汽车营销调研方案一般包括："6W2H"八个方面的内容，如表3-2所示。

表3-2　调研计划的框架

项目	含义	内容
what	调研什么	明确调研主题
why	调研目的（原因）	明确调研目的、意义与目标
which	调研对象	随机抽样、非随机抽样
who	调研主体	委托外部机构调研、自己独立调研、内外协作调研
when	调研时间	调研日程、信息时限
where	调研地点	明确调研总体与总体单位
how to do	调研方法	询问法、观察法、实验法；原始资料、二手资料
how much	调研预算	人、财、物消耗预算

三、收集调研信息

1. 资料来源

汽车营销调研的资料来源与收集方法,如表 3-3 所示,主要分为原始资料与二手资料收集两类。

表 3-3 营销调研的资料来源

项目方法		具体方法	优点	缺点
资料来源	二手资料 案头调研	内部资料查询 外部资料收集	费用成本低、快捷方便	缺乏针对性,可靠性、准确性、客观性需进一步验证
	原始资料 询问法	问卷调研 访谈调研 电话调研 会议调研	信息资料准确可靠,针对性、有效性强	费用成本高、快捷方便
	观察法	人工观察		
	实验法	无控制实验 有控制实验		

原始资料是指汽车营销调研所需的信息没有被别人收集或别人已经收集但调研单位无法获取的资料,需要调研人员通过现场实地调查直接收集的资料。

二手资料是指经过他人收集、记录、整理所积累的各种数据和资料的总称。二手信息资料主要来源于汽车企业内部各部门,如档案部门、资料室等;汽车企业外部,如图书馆、档案馆、政府机构、国际组织、新闻出版部门等;行业组织与其他汽车企业等。

目前,网络已经成为一种重要的信息检索途径。在网络上检索信息,主要是通过搜索引擎(见表 3-4)、门户网站和专业数据库来收集。

表 3-4 主要搜索引擎一览

新浪	http://search.sina.com.cn	搜狐	http://dir.sohu.com
网易	http://search.163.com	百度	http://www.baidu.com
Sogua	http://www.sogua.com	excite	http://www.excite.com
ask	http://www.ask.com	google	http://www.google.com

2. 调研方法

汽车营销调研收集原始资料的方法主要有询问法、观察法与实验法三大类,这三大类方法的优缺点比较如表 3-5 所示。

表 3-5 三类调研方法比较

项目	询问法	观察法	实验法
优点	调研方法灵活方便 调研问题全面、深入	调研方法直接有效 调研结果客观、准确、实用	验证因果关系 发现内在规律
缺点	周期长、组织难度大	重于表象、缺乏深度	时间长、费用大

询问法。询问法是调研人员将拟定的调研问题通过询问的办法向调研对象获得回馈资料信息的方法。询问法主要有留置问卷法、邮寄问卷法、访问法、小组讨论法、电话询问法、

网站发布调查问卷等方法。

观察法。观察法是最直观的一种调研方法,即通过调研人员直接到现场观察调研对象,收集信息;也可以借助摄像、录像等工具获取所需资料。观察法能够排除调研者和被调研者主观因素的影响,客观地得到某些场合下很难捕捉得到的需求信息。但是,观察法不适合判断被调研者内心的需求动态,故不适合因果型需求调研,只适合描述性需求调研。

实验法。实验法是最科学的一种调研方法,即挑选被调研者组成若干相互对照的小组,给予不同的条件,同时对其他变量加以控制,然后观察不同条件下所得结果的差异是否具有统计学上的意义,以找出因果之间的逻辑关系。实验法适合因果型的需求调研,如研究汽车广告或价格对汽车产品销售量的影响。然而实验法操作具有一定的难度,对外部环境当中的其他变量加以控制是一种耗费高且不易办到的事。

随着互联网的发展,通过电子邮件向被调研者发送调研问卷成为一种时尚方式,它比向全国发送传统邮件快得多,反馈率也高得多。

四、分析调研信息

实地调查结束后,即进入调查资料的整理和分析阶段,收集好已填写的调查表后,由调查人员对调查表进行逐份检查,剔除不合格的调查表,然后将合格的调查表统一编号,以便于调查数据的统计。调查数据的统计可利用 Excel 电子表格软件完成;将调查数据输入计算机后,经 Excel 软件运行后,即可获得已列成表格的大量的统计数据。利用上述统计结果,就可以按照调查目的的要求,针对调查内容进行全面的分析工作。

五、提交调研报告

此阶段的主要工作是撰写营销调研报告,提出结论和意见。调研人员向营销主管提出与进行决策有关的主要调查结果。营销调查报告要按规范的格式撰写,一个完整的营销调查报告格式由题目、目录、概要、正文、结论和建议、附件等组成。在撰写营销调查报告时,必须时刻考虑报告提交的对象,对调查结果进行概括和表达,做到清楚、准确、简明、易懂。

宝马市场调研报告

一、宝马主销车型

(1) 5 系:52i 典雅,525Li 领先,525Li 豪华。

(2) 3 系:320i 时尚,320i 进取,316i 进取。

(3) X5:X5 Xdrive30d 柴油版,X5 Xdrive35i 领先型。

(4) X1:Xisdrive18i 时尚型。

(5) X3:X3 Xdrive20i 设计套装(New),X3 xdrive20i 领先型(New)。

(6) 7 系:730Li 领先型。

(7) 1 系:116i 领先型。

二、宝马各车系的客户群体特征

(1) 5 系:年龄群为 30~50 岁,多为中小企业主,或者正在创业中的人。此系列车型外观比较大气,内部空间大,而且宝马在中国市场是个比较强势的品牌,很适合商务接待使用或者家用。此类客户一般对价格比较敏感，喜欢比较价格，希望用最低的价格买到看起来比较高端大气上档次的车，比较爱面子。

(2) 3系：年龄群在20～35岁，多为企业高管，高级白领，富二代爱好玩车的男性，或者年轻时尚的女性。其中男性客户一般比较喜欢3系操控性，或者是汽车发烧友喜欢改装车，女性客户一般会比较喜欢3系的时尚外观和宝马这个品牌的文化。此类客户也会比较价格，但是相对于5系的客户来讲，更加注重车本身的外观和性能。

(3) X5：年龄群在30～50岁，此系列客户以男性为主，多为有一定的经济实力，但是文化素质和品位相对比较一般的客户，觉得宝马X5比较显示他的身份和地位，而且越野车的视线和空间比较好。他们也会受宝马品牌文化的影响以及官方市场定位的影响，感觉X5是一款越野性能、外观、空间以及价位在同级别车系中性价比比较高的一款车。

(4) X1：年龄群在20～35岁，多为女性客户，喜欢它的外形、品牌、小巧的车身，停车方便，而且价位也比较低，可以用不到三十万买到一部宝马的越野车。

(5) X3：年龄群为25～40岁，此类客户有一定的品位和经济基础，喜欢中型SUV。X3无论从价位、外形、内饰以及大小尺寸，都令人满意。而且在同级别车也只有X3是原装进口的，而奔驰GLK和奥迪Q5均已国产化，客户花五十万买这个车觉得很有面子，且觉得原装进口的品质和做工都远远超过国产的。

(6) 7系：年龄群在40～55岁，此类客户一般为企业主，确切来讲，一般为暴发户。此类客户有一定的经济基础，但是文化层次较低，喜欢讲排场，爱面子，认为7系足以有档次，显示他的身份，喜欢高调。而且7系相对于奔驰S来讲价位要低，同时由于销量不好，所以促销的力度比较大，基本可以打八折，可以只用不到一百万就买到和奔驰S差不多档次的车，而且7系也算是宝马的高端。

(7) 1系：年龄群在20～30岁，此类客户一般为白领、富二代或者是年轻女性，首先是看重宝马这个品牌，二十多万也直接步入宝马车主的行列，其次车身比较小巧，操作起来比较灵活，停车方便。

三、决定客户购车的因素

(1) 价格：无论是一次性付款还是分期付款，价格一定是在预算内，而且客户尽量希望买到市场最优惠的价格。

(2) 车型及配置：一般会选择动力适中的标准配置，多数客户一般会从经济实用的角度来选择同样动力的低配车。

(3) 颜色及内饰：宝马轿车外观比较畅销的颜色有白色、开士米银和黑色，内饰有米色和黑色，或者高配车有棕色内饰的也比较畅销，越野车比较畅销的颜色有棕色、白色、开士米银和黑色，内饰有米色、黑色和棕色。

案例分析

丰田进军美国

1958年，丰田车首次进入美国市场，当年销量仅为288辆。丰田进入美国的第一种试验型客车是一场灾难，这种车存在着严重的缺陷：发动机的轰鸣声像载重卡车，车内装饰粗糙，车灯太暗不符合标准，块状的外形极为难看。与其竞争对手"大众牌甲壳虫"车1600美元的价格相比，它的2300美元的定价吸引不了顾客。结果，只有5位代理商愿意经销其

第三章 汽车营销调研策划

产品,并且在第一个销售年度只售出288辆。

面对困境,丰田公司不得不重新考虑怎样才能成功地打进美国市场。它们制定了一系列的营销战略。其中最重要的一步就是进行大规模的市场调研工作,以把握美国的市场机会。

调研工作在两条战线上展开:①丰田公司对美国的代理商及顾客需要什么、无法得到什么等问题进行彻底的研究;②研究外国汽车制造商在美国的业务活动,以便找到缺口,从而制定出更好的销售和服务战略。

丰田公司通过多种渠道搜集信息。除日本政府提供的信息外,丰田公司还利用商社、外国人以及本公司职员来收集信息。该公司委托一家美国调研公司去访问"大众"汽车的用户,以了解顾客对"大众"车的不满之处。这家调研公司调查了美国轿车风格的特性、道路条件和顾客对生活用品的兴趣等几个方面。从调查中,丰田公司发现了美国市场由于需求趋势变化而出现的产销差距。

调查表明,美国人对汽车的观念已由地位象征变为交通工具。美国人喜欢空间大、易于驾驶和行驶平稳的美国汽车,但希望购车、养车的成本大大降低。丰田公司还发现顾客对日益严重的交通堵塞状况很反感,对便于停放和比较灵活的小型汽车有需求。

调查还表明,"大众甲壳车"的成功归因于它所建立的提供优良服务的机构。由于向购车者提供了可以信赖的维修服务,大众汽车公司得以消除顾客所存有的对买外国车花费大,而且一旦需要时却经常买不到零配件的忧虑。

根据调查结果,丰田公司的工程师开发了一种新产品——皇冠牌汽车,一种小型的、驾驶更方便和维修更经济的美国式汽车。

经过不懈努力,到1980年,丰田汽车在美国的销售量已达到58000辆,两倍于1975年的销售量,丰田汽车占美国所进口的汽车总量的25%。

想一想:

1. 丰田公司在营销调研中,他们做了哪些准备工作?
2. 你认为本案例成功之处分别在什么地方?

本章小结

汽车营销调研策划是指策划者为某一个特定的营销决策问题而进行的收集、记录、整理、分析、研究市场的各种状况及其影响因素,并由此得出结论的系统活动过程。

按照汽车营销调研策划的目的,可以将汽车营销调研策划划分为探测性调研策划、描述性调研策划与因果性调研策划三类。按汽车营销调研策划的范围,可以将营销调研划分为专题性营销调研策划和综合性营销调研策划。

汽车营销调研策划的内容,可以划分为外部环境因素的调研(消费者、市场需求、市场竞争、宏观环境)和营销组合因素的调研(产品、价格、渠道、促销)。

汽车营销调研策划的程序或步骤:确定调研目标,制订调研计划,收集调研信息,分析调研信息,提交调研报告。

课后练习

1. 什么是汽车营销调研策划?其类型有哪些?试对探测性调研、描述性调研与因果性调研进行比较分析。
2. 汽车营销调研策划的内容有哪些?市场需求调研和营销组合因素调研的内容有哪些?

3. 汽车营销调研策划的程序或步骤有哪些？如何设计调研计划的框架？如何收集调研信息？

4. 汽车营销调研策划有哪些方法？询问法、观察法、实验法的优缺点如何？

实训操作

任务：

通过实训，使学生了解汽车营销调研策划的全过程，并掌握撰写营销调研计划、调研报告等方法。

1. 让学生制订一个具有可操作性的营销调研计划。

2. 让学生归纳、分析，并撰写、制作调研报告。

要求：

通过实训，要求学生掌握具体项目的调研计划制订、调研活动实施和撰写调研报告。

1. 拟订营销调研计划。包括调研目的、主体、对象、方法、时间和预算等，收集调研信息。可采取市场搜索、拍摄、图书阅览、网上下载等手段。

2. 撰写调研信息。整理、分析所获取的资料。

3. 撰写调研报告，提出结论和意见。

汽车产品策划

汽车产品策划

学习目标

1. 了解汽车产品策略策划的步骤和内容。
2. 掌握营销定位策划的含义与内容。
3. 掌握营销定位策划的模式与流程。
4. 掌握营销定位策划的方法。
5. 掌握汽车产品市场生命周期策略策划的内容。
6. 掌握新产品上市策划的流程和方法。
7. 掌握新产品上市的策划策略。

情境导入

路虎揽胜极光成功上市营销策划

路虎为旗下最新车型揽胜极光 EVOQUE 的上市推出令人瞩目的营销战略，使这款车型在有市无车、消费者无法试驾和体验的情况下，收集到数量可观的预购订单。

背　　景

鉴于路虎揽胜极光的全球发布战略，这款车型 2010 年 12 月在国内一次大型车展中正式亮相，但真正开始到店销售却是 11 个月之后。路虎面临的挑战是，如何在消费者无法试驾和体验的情况下，使他们保持对这款产品的热度，同时收集到数量可观预购用户作为广告代理商，希望能够通过营销方案吸引 30 岁左右热衷数字媒体、而非传统媒体的年轻受众的关注。

路虎揽胜极光 EVOQUE 的目标受众为热爱户外生活、对时尚比较敏感的都市人群，他们追求充满自信、有现代感、有一定越野性能的车型设计。这些人热衷数字媒体，社交网络人脉丰富，回避传统广告。

策　　略

路虎携手伟门为揽胜极光打造了 8 集连载式动漫微电影——《极光之城》，采用集漫画和微电影为一体的新概念，讲述了一个年轻建筑设计师在一次汽车设计中克服重重挑战的故事,引起了都市新贵消费群体广泛的情感共鸣。故事融入动作、冒险、悬疑等元素,在为期8周的时间内,通过路虎中国官网以及各大视频网站、社交媒体平台陆续推出。每集故事都涵盖产品信息,要求消费者提供个人信息以接收后续更新。作为媒介代理商,传立媒体通过各主流社交网络平台与消费者展开沟通,鼓励消费者对剧情进行投票猜想、设计动漫形象、在豆瓣网上传照片、在新浪微博制作微海报等。

效　果

自2011年7月6日震撼首映以来,《极光之城》通过主流宣传网站和视频平台的传播,产生了超过800万的访问量。据百度有机搜索评测,消费者对路虎揽胜极光保持的兴趣度与其2010年亮相上海车展之时不相上下。

据统计,约60000名用户下载《极光之城》iPhone和Android应用。活动通过六大主流平台收集到55388名用户"和我保持联系"(keep me informed)的有效身份注册,有购买意向的用户达3000多人,实际销量中有802辆来自这3000多位有购买意向的注册用户——获得了四倍的投资回报。

长安轿车:长安奔奔mini成功上市

一、上市背景

1. 自长安奔奔2006年上市成功后,竞品不断地拉低价格和推出新品,长安奔奔的市场竞争力在逐步减弱,市场占有率在逐步降低,长安轿车必须推出新产品,以提升和稳固长安在微型轿车市场的地位。

2. 2009年长安轿车成功推出经济型轿车悦翔,并在经济型轿车市场取得领先地位。随着国家政策引导,汽车行业在不断整合重组,竞争日趋激烈的大背景下,长安要在乘用车市场取得一席之地,还必须在微型轿车和中级轿车市场分别推出一款战略性产品。

二、上市方式

长安轿车经过几年的摸索,寻找到一套适合自己的新品上市方式——"分站式"上市方式。即先从重庆、四川等长安轿车品牌影响力相对较大的地区着手,将市场一个个做透,并引爆全国。奔奔mini正式将上市分成了三个阶段开展:第一阶段在重庆上市;第二阶段在四川、山东、云南、江苏、浙江、广东、北京等大市场或影响力较大的市场上市;第三阶段才在全国上市。

长安奔奔mini每个区域上市又分成三步走,即预热、预售和上市。预热活动提前两个月开始,在此阶段,开始造势,提高客户关注度,并对经销商销售顾问和服务技师进行销售话术和维修技术培训。预售阶段是提前一个月将样车发运到店,进行展厅展示和开展外展活动,收取订单。上市阶段重点是在终端组织上市交车活动,进一步提升新品上市影响力。

例子:重庆地区奔奔mini预热阶段,长安轿车通过五大步行街现场彩绘和大渝网上彩绘图案比赛形式营造气氛,引起关注。预售阶段在主城区开展特色外展,定期在区县步行街、广场等人气较旺的地区开展外展活动,收取订单,并全方位地投放广告(公交站牌、车身)。上市时要求全国的媒体、重点经销商集中在重庆开展上市活动,同时在各服务中心店内开展上市交车活动。

上市后,长安轿车策划了一系列产品品牌和卖点宣传广告,通过加强广告宣传进一步提高消费者对产品的认知度。

三、取得的成绩

重庆地区通过预热和预售，共获得订单 500 余张，四川地区通过预热和预售获取订单 1200 余张，山东地区通过预热、预售活动获取订单 1500 余张，全国 5 月份上市的区域，通过预热、预售获得订单 8000 余张。目前奔奔 mini 全国的月销量已经突破 8000 辆，奔奔 mini 上市半年来，仍然处于供不应求的状态。可以肯定地说，长安奔奔 mini 在微型轿车领域又创造了一个奇迹，为长安轿车在乘用车市场立足打下了坚实的基础。

第一节 汽车产品策略策划

一、汽车产品策略策划的步骤

汽车产品策略策划的流程及步骤主要有以下几方面。

（一）分析产品整体概念

产品策略最终来自产品，应从产品的整体概念去挖掘，因此，明确产品的概念很关键。所谓产品，是指能提供给市场，用于满足人们某种欲望和需要的任何事物，包括实物、服务、场所、组织、思想、计策等。可见，产品概念已经远远超越了传统的有形实物的范围，思想、策划、主意作为产品的重要形式也能卖钱。正确把握产品的整体概念，对于汽车企业为市场设计适销对路的产品，取得预期收益，至关重要。因此，必须不断增强对产品整体概念的认识。

产品的整体概念包括以下三个层次的含义（见图 4-1）。

1. 实质产品

实质产品也称核心产品，是指产品提供给消费者的基本效用或利益，是消费者要真正购买的东西。例如，电风扇的基本效用是为人们带来凉爽和舒适；电冰箱的效用是制冷和保鲜；化妆品的效用是给人们带来美丽、漂亮；而汽车的效用是能载人、载物行驶。如果产品没有使用价值或效用，不能够给人们带来某种利益和满足，人们就会拒绝购买。实际

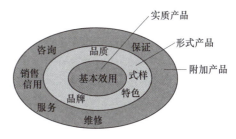

图 4-1 产品的整体概念

上，实质产品是整体产品概念中最基本、最核心的部分。它是消费者购买的目的所在，是消费者追求的效用和利益。消费者购买一种产品，不仅是为了占有一件有形的、可触摸的物体，而是为了满足自身特定的需要和欲望。因此，在汽车产品策划中必须以汽车产品的核心为出发点和归宿，设计出真正满足消费者需要的产品。

2. 形式产品

形式产品是指产品呈现在市场上的具体形态，也是产品的核心部分借以实现的形式，包括品质、特色、形式、品牌等。汽车产品的效用或利益都必须通过某种具体形式表现出来。

在汽车产品策划中，应对形式产品进行精心的设计，在体现产品核心与实体的基础上展

现产品具有个性魅力的物质形态。产品实体一般体现在以下几个侧面。

（1）产品品质。主要是指汽车产品功能、性能、适用性，这是满足消费者实际需要的最基本依据。

（2）产品特色。主要是指汽车产品中有别于同类竞争产品的优势，这是产品立足于市场、参与竞争的主要手段。

（3）产品形式。主要是指汽车产品的造型、式样、风格、类型，这也是汽车产品吸引消费者的重要方面。

（4）产品品牌。汽车品牌进入市场的开始阶段仅仅是作为一种商品交换中的识别符号。但是随着商品交换的实现，随着产品品质对于品牌的象征意义上的积累和升华，品牌逐渐具有了独立的商品化的"人格"，凝结其上的价值已经被人们普遍认识和接受。品牌战略已经成为市场竞争的锐利武器。

3. 附加产品

附加产品是指消费者在购买产品时所获得的各种附加服务或利益的总和。它能满足消费者更多的需要。它包括提供产品说明书、产品保证、维修、售前与售后服务等。如现在的4S店不仅出售汽车，而且还提供汽车上牌、保险、维修保养等一系列服务项目。可以预见，未来市场竞争的关键，在于产品所提供的附加值。因此，汽车企业期望在激烈的市场竞争中获胜，必须极为重视服务，注重售前、售中和售后服务的策划。

汽车附加产品设计应注意以下原则。

（1）适度原则。任何汽车附加产品都将增加汽车企业的成本，因此设计人员在设计汽车附加产品时并不是越多越好，应考虑汽车消费者是否愿意承担因此而产生的额外费用。

（2）改进原则。汽车附加产品给予汽车消费者的利益将很快转变为汽车消费者的期望利益。因为竞争者为了吸引消费者需要不断增加汽车附加产品，所以汽车附加产品的设计不是一劳永逸的事情，而应根据消费者的需要和竞争者的动向不断改进。

（3）细分原则。由于汽车附加产品提高了汽车产品的价格，这会促使某些竞争者采取剥除汽车附加产品从而降低价格的办法，来吸引其他细分市场的汽车消费者。为此，在设计汽车附加产品时必须采取市场细分原则，让竞争对手无计可施。

案例

奔驰汽车公司提供给消费者的产品不只是汽车本身，还包括汽车的质量、造型、功能、维修服务等。该公司全面贯彻产品整体概念，保证消费者买得舒心，用得放心。

（二）找出核心消费者

核心消费者就是相对来说最迫切需要该产品的人群，这完全是从需求的角度来判断的。在寻找核心消费者的过程中，一个要注意的问题就是一定要把握住产品的主要诉求，找出那些对该产品主要诉求反应最强烈的人作为核心消费者，只有这样才能使产品切入市场的要害。

（三）市场定位

通过市场定位，一是把本汽车企业产品与竞争者区别开来，排除干扰；二是触动顾客的心灵，在消费者的心目中留下深刻的印象。

（四）提炼卖点

要把消费者购买本产品的理由进行提炼，找到最容易被消费者接受的差异化的概念，并准确地以一种丰满有力的、能够迅速抓住消费者注意力的形式告知消费者，以引起消费者的关注、接受，直至忠诚。

二、汽车产品组合策略策划

汽车企业为了满足目标市场的需求，扩大销售，分散风险，往往生产或经营多种产品。那么，究竟生产经营多少种产品才算合理，这些产品应当如何搭配，才能做到既能满足不同消费者的需求，又能使企业获得稳定的经济效益。这就需要对产品结构进行认真的研究和选择，根据汽车企业自身能力条件，确定最佳的产品组合。

产品组合策略是指汽车企业根据自己的目标和市场的需要，对产品组合的宽度、长度和关联度进行最佳组合的决策。汽车企业在确定、调整和优化产品组合时，应根据市场需求、企业资源、技术条件、竞争态势等因素，经过科学分析和综合权衡，确定合理的产品结构。同时，随着市场因素的变化，适时地调整产品组合，尽可能使其达到最佳效果，为汽车企业带来更多的利润。可供选择的产品组合策略一般有以下几种。

（一）扩大产品组合策略

这种策略包括拓展产品组合的广度和加强产品组合的深度。拓展产品组合的广度是指在原产品组合中增加一条或几条产品线，扩大生产经营范围。当企业预测现有产品线的销售额和利润率在未来一到两年内可能下降时，就应考虑在现有产品组合中增加新的产品线，或加强其中有发展潜力的产品线，以弥补原有产品线的不足。例如，上海大众在扩大汽车产品线广度上的思路是：普桑—桑塔纳2000—帕萨特—经济型轿车。加强产品组合的深度，是指在原有的产品线内增加新的产品项目，增加企业经营的品种。随着消费者需求的变化，汽车企业及时发展新的产品项目，是增强产品竞争力的有效手段。例如，2011年新上市的豪华型的帕萨特就是上海大众在帕萨特基础车型上研制开发的车型，这就是加深汽车产品组合深度的例子。

因此，扩大产品组合策略可提高设备和原材料的利用率，减少经营风险，从而满足消费者各种各样的需求。

（二）缩减产品组合策略

缩减产品组合策略，即缩短产品线，减小经营范围，实现产品专业化。市场繁荣时，扩大产品组合可能为汽车企业带来更多的盈利机会。但当市场不景气或原料、能源供应紧张时，缩减产品组合反而会使总利润上升。这是因为从产品组合中剔除了获利很少甚至亏损的产品线或产品项目，使企业可以集中力量发展那些获利多、竞争力强的产品线或产品项目。

因此，缩减产品组合可提高生产效率和产品质量，降低成本，获得稳固的利润。

（三）产品线延伸策略

产品线延伸策略是指部分或全部地改变汽车企业原有产品线的市场定位。每一个企业生产经营的产品都有其特定的市场定位。例如，生产经营高级豪华的产品定位在高档市场，生产经营大众化的产品定位在低档市场，介于两者之间的产品定位在中档市场。产品线延伸策略可以分为以下三种。

1. 向下延伸

向下延伸，指汽车企业原来生产高档产品，后决定在高档产品线中增加中低档产品项目。实施这种策略有一定的风险，如处理不慎，会影响企业原有产品特别是豪华产品的市场形象，而且也有可能激发更激烈的竞争对抗。

案例

目前在汽车市场上，豪华品牌纷纷放低了身价，更有豪华品牌车打起了价格牌并向B级车市场挺进。

如新宝马318i、沃尔沃S402.0车身长度分别为4531mm和4476mm，新奥迪A4L2.0 TFSI标准型车身长度则为4763mm，这些车型长度与凯美瑞、帕萨特等B级车型相比相差不大。在价格上，众多豪华车品牌向B级市场挺进时，最低售价多数在30万元左右，如奔驰、宝马、奥迪，其中沃尔沃低端车型售价不到24万元，创豪华品牌车型价格新低。

豪华品牌产品线向下延伸是否会对豪华品牌产生影响？

原因分析：抢占B级车市场是为弥补空白，发展这个市场是众多豪华品牌延伸产品线的需要。同时，通过品牌效应和低价诱惑，豪华品牌抢占更多市场的份额会对传统的B级车市场格局产生一定的影响。

2. 向上延伸

向上延伸，指原定位于低档产品市场的企业，在原有的产品线内增加高档产品项目。采用这一策略也要承担一定的风险，要改变产品在顾客心目中的地位是相当困难的，处理不慎，还会影响原有产品的市场声誉。

案例

吉利公司向上延伸战略

2008年吉利汽车的战略转型将产品组合从中低档次转向较高档次以及售价较稳定的轿车上来，为其2008年业绩的大幅度增长做出了贡献。据了解，到目前为止，吉利汽车的"战略转型"成果较为理想。其中2008年11月份推出针对中青年市场的"吉利熊猫"销售情况向好，而整体上该集团的产品在顾客满意程度、产品质量和可靠性以及品牌形象方面也得到持续提升。吉利熊猫上市，吉利推出了全新子品牌全球鹰，吉利汽车的分品牌战略逐渐清晰，这可算是吉利汽车在品牌突破上的战略举措。随着上海车展的临近以及FE系列两款车型的发展成熟，吉利第二全新子品牌"帝豪"已经隆重登场。目前，吉利帝豪渠道建设已经启动，帝豪品牌及其产品全面推向市场，作为吉利主打中高端的车型品牌。

3. 双向延伸

双向延伸，指原定位于中档产品市场的汽车企业在掌握了市场优势之后，决定向产品线的上下两个方向延伸，一方面增加高档产品，另一方面增加低档产品，扩大市场阵容。

案例

丰田汽车公司双向延伸的成功案例

丰田汽车公司对其产品线采取了双向延伸的策略，在中档产品卡罗拉牌的基础上增加了佳美牌，为低档市场增加了小明星牌，还为豪华汽车市场推出了雷克萨斯牌。这样，雷克萨斯的目标是吸引高层管理者；佳美的目标是吸引中层经理；卡罗拉的目标是吸引基础经理；小明星牌的目标是吸引手里钱不多的首次购买者。此种策略的主要风险是有些买主认为在两种型号之间（如佳美和雷克萨斯之间）差别不大，因而会选择较低档的品种。但对于丰田汽车公司来说，顾客选择了低档品牌总比转向竞争者好。另外，为了减少与丰田的联系，降低自相残杀的风险，雷克萨斯并没有在丰田的名下推出，它也有与其他型号不同的分销方式。

（四）产品线现代化策略

在某些情况下，虽然产品组合的宽度、长度都很恰当，但产品线的生产形式却可能已经过时，这就必须对产品线实施现代化改造，以跟上市场前进的步伐。如果企业决定对现有产品线进行改造，首先要解决这样一个问题，即是逐步实现技术改造，还是以最快的速度用全新设备更换原有产品线。逐步现代化可使企业先调查顾客与经销商的反应，了解市场动向后逐步确定新产品线，并且可减少资金耗费，但缺点是竞争者很快就会察觉，并有充足的时间重新设计它们的产品线；而快速现代化策略虽然在短期内耗费资金较多，却可以避免上述缺点，出其不意，击败竞争对手。

市场是不断变化的，汽车企业要经常对产品组合进行分析、评估和调整，通过产品组合策略力求使产品组合最优化。

三、汽车产品定位策划

奇瑞 A3 B00 策略导入

1. A3 的品牌使命

（1）2007 年 8 月 22 日，奇瑞 A3 的下线，宣告了奇瑞成为首个跨越百万辆级自主品牌汽车生产企业。

（2）2008 年 9 月 26 日，奇瑞 A3 的上市，开启了奇瑞汽车企业发展第二阶段，即打造自主国际名牌的新时代。

（3）对于奇瑞汽车而言，A3 肩负着打造国际化、高品质奇瑞品牌的重任。

鉴于此品牌使命，奇瑞 A3 选择级别化的品牌定位。

2. 目标消费群体

奇瑞 A3 的目标人群是 25～40 岁的社会精英人士。

(1) 年龄：主要集中在 25～40 岁之间，总体上要年轻化一些；

(2) 性别：以男性为主，女性用户较一般车型的比例略大；

(3) 学历：以大学为主，较整体情况略高；经济发达地区的学历要低一些；

(4) 性格：开朗，略带张扬，充满活力，追求时尚，易接受新事物；

(5) 家庭状况：以已婚三口之家为主。

3. 奇瑞 A3 的市场定位

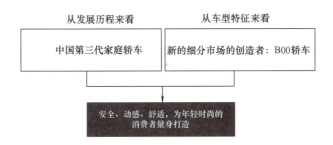

（1）以理性为主诉求点，通过对中国家轿发展历程和车型特征两个方面的深入研究：奇瑞A3是第三代、B00级、安全、动感、舒适，为年轻时尚的消费者量身打造的一款精致家庭轿车。

（2）一部能真正打动25～40岁的社会精英人士的车应该是安全、动感、舒适的第三代家轿。

（3）在第三代家轿中，奇瑞A3以B00这种B级车的细分标准，树立了中级车的全新标杆。

级别	B00	B0	B
描述	入门级B级车	紧凑型B级车	全尺寸B级车
代表车型	福克斯、奇瑞A3、标致307、明锐、荣威550	迈腾、马自达6、荣威750、MG7	雅阁、凯美瑞、君越、领驭、锐志、新天籁、CTS、致胜
轴距	2.45～2.65m	2.65～2.75m	2.75～2.9m
车长	4.2～4.6m	4.6～4.75m	4.75～5.0m
用途	家用	家商兼用、个性化	偏商用
排量	以1.6L、1.8L低排量为销售主力	以1.8L、2.0L为销售主力	以>2.0L的排量为主
价格区间	10万～15万元	15万～20万元	>20万元
整体风格	运动	运动+商务	商务
产品品质	开始出现ESP、胎压检测等智能化配置	ESP等智能化配置成为标配，也开始运用缸内直喷、四驱等先进的动力总成及传动技术	各项智能化配置可与豪华车比肩
安全标准	4星	5星	5星+
服务体系	完备、尝试提供更高级别的体验	象征身份、品位的品牌感受	尊贵的品牌感受

4. B00产品定位展示

（1）B00家轿的产品定位含义：集A、B两级优点于一体的奇瑞A3，与A级车相比，更动感、更安全、更舒适，与B级车相比更超值、省油、省空间。

（2）开创了B00新时代的市场意义：开创了B00新时代的传播定位，带来了一种全新轿车细分市场的划分方式，宣告了第三代轿车时代的来临！

想一想：

1. 奇瑞A3的目标市场是什么？
2. 奇瑞A3的定位属于哪种定位方法？

市场定位是指针对消费者对企业或产品属性的重视程度，确定企业相对于竞争者在目标市场上所处的市场位置，通过一定的信息传播途径，在消费者心目中树立企业与众不同的市场形象的过程。所以，市场定位的依据一是消费者的需求特征，二是该产品的主要竞争者的产品主要特征。市场定位是目标市场营销重要的组成部分。它关系到企业及产品在激烈的市场竞争中，占领消费者心理，树立企业及产品形象，实现企业市场营销战略目标等一系列至关重要的问题。

（一）汽车产品定位策划含义

所谓汽车产品定位，就是指汽车企业的产品要针对当前的和潜在的顾客需求，开展适当的营销活动，以使其在顾客心目中得到一个独特的有价值的位置。

汽车产品定位策划是针对汽车产品开展的，其核心是要指向汽车产品为其服务，实质就是做汽车产品的差异化。汽车产品定位是基于卓越的产品质量和独特的产品个性而形成的。其内容主要包括：①汽车产品的质量定位；②汽车产品的功能定位；③汽车产品的造型定位；④汽车产品的体积定位；⑤汽车产品的色彩定位；⑥汽车产品的价格定位；等等。

斯巴鲁的定位点

斯巴鲁的消费群体是一些懂车、爱车，个性强、有自己的见解、不喜欢随大流的人群。他们对产品内在的品质要求很高，注重汽车的技术含量，喜爱运动，追求安全，享受卓越的驾驶感受，并且拥有稳固的经济基础但又不喜欢张扬。

斯巴鲁的目标客户群体最关注的是汽车的安全性和操控性。目前市场上销售的车型大多为两驱车，发生意外时驾驶者比较难于控制车辆，安全方面也主要以安全气囊、车架结构及一些电子配置为保障安全的方法，但这些措施基本上都是发生意外后对人体产生的安全保护，属于被动驾驶和安全方面的保护。斯巴鲁的核心技术为水平对置发动机与左右对称的全时四轮驱动相结合的系统，操控上比两驱更有优势，更容易达到"人车合一"的效果，安全方面突出车辆与驾驶者的配合、主动驾驶避免意外的发生。

所以，针对目标市场，斯巴鲁的定位是"主动安全、主动驾驶"。

长 城 哈 弗

哈弗是长城汽车定位为CUV的一个车型，其中文意思是城市多功能车，也被称为"混型车"，而哈弗的英文为HOVER，即自由翱翔的意思，它是长城第一款自主研发的车型。它在上市两个月时，就取得了一定的市场认可，是长城汽车品牌知名度的垫脚石。

长 丰 猎 豹

长丰猎豹汽车是于2005年7月26日生产的车型，是长丰抢占经济型SUV市场份额的主打车型，主要竞争对手是陆风、哈弗CUV等增长型车，主攻乡镇一级政府、派出所、乡镇企业等公务采购市场，同时凭借性价比优势拓展个人消费市场。

不同的保时捷系列车型都拥有它不同的市场定位

保时捷·卡曼系列的定位：入门级跑车和入门级敞篷车。主要目标客户是那些年轻、"时尚"，同时又不需要它有过高的性能的消费人群。所以，对于一般驾驶者而言，保时捷·卡曼就已经足够了。

保时捷911卡雷拉的定位：一些想拥有保时捷911跑车纯粹、极致、驾驶乐趣的消费人群。

保时捷卡宴SUV的定位：追求"高速性能"和"越野性能"的人群。

保时捷四门轿跑车的定位：非年轻时尚的成功人士和商务人士莫属！

（二）汽车产品定位策划的最佳途径

汽车产品定位策划的根本出发点就是确定汽车产品的特色，让本企业的汽车产品与市场上的其他竞争者有明显区别，从而形成企业的竞争优势。要做到这一点就必须进行创新策划，即强化产品的差异化。

一般来说，汽车产品差异化策划可以从以下几个方面进行。

1. 创新核心产品与形式产品，体现产品的差异化

即汽车产品在功能、质量、构造、外观等方面与其他汽车企业生产的同类产品的差异。同一产业内不同汽车企业所生产的汽车产品，虽然其用途基本相同，但各企业的汽车产品在设计构造、功能、材质、造型等方面，却可以通过不同的创新形式形成产品的差别化，从而赢得购买者的偏好。比如，改进质量、完善产品的使用性能；改进特性，在产品大小、重量、材料或附加设备等方面改变或增加某些属性，改进汽车产品的外观，增加汽车产品的时尚感。一个引人注目的个性化的外观总会吸引一定的顾客，例如甲壳虫上市后，新的外观式样引发一个新的潮流。

2. 创新附加产品，实现产品差异化

即企业除了向购买者提供产品外，还可向其提供诸如服务、维修乃至提供信用资助等，在服务上形成产品差异化，使购买者产生对本企业产品的信赖与偏好，从而提高企业汽车产品的市场占有率。

3. 通过传媒渠道传递产品信息，实现产品差异化

即汽车企业通过各种媒体，利用各种传播手段，将与企业产品有关的特征等信息传递到目标市场，让顾客感受到本企业的产品与同类产品的差异，从而在顾客心目中树立该产品与众不同的形象。

（三）汽车产品定位策划方法

1. 特色定位法

产品特色定位法也称差异定位法，是使所销售的产品、服务与竞争者产生差异性，使产品与服务成为消费者"想要的产品"。产品特色定位始于差异性，而且必须对目标市场有意义才行。

有效的定位首先必须把公司的营销贡献差异化，使其为消费者提供的价值能比竞争者更大，从而有更大的竞争优势。公司可实行有形产品差异化、服务差异化、品牌差异化、贡献差异化等，但选择的差异化要对消费者最重要、最有用，让消费者最喜爱，并且容易识别而又对其信任。例如，宝马的定位是"纯粹驾驶乐趣"，以此吸引顾客开宝马；奔驰的定位是"领导时代，驾驭未来"，以此吸引顾客坐奔驰；奥迪的定位是"突破科技，启迪未来"，强调它的科技含量；沃尔沃的定位是"关爱生命，享受生活"，强调它的安全性；索纳塔的定位是"中国新动力，衡量价值新典范"，突出它的性价比。

任何产品都不可能十全十美。在产品不能凸显整体优势的情况下，可以用成分优势法凸显部分优势，以此彰显产品与竞争对手的差异性。许多优质品牌的汽车有时并不全面阐述自己的优势，往往利用某一部分强烈地反映差异和特色，效果十分显著。

产品特色定位非常容易被模仿，但这些特征如果确实是产品本来就有的特征，就不容易被模仿。为此，产品特色定位不能虚构差异、炒作差异，必须是产品、服务确有特色。

2. 利益定位法

利益定位法也称主要属性定位法。利益定位的前提是深刻了解客户的真实需求，产品所提供的利益能够让目标市场认为很重要才能起到作用。不能发现消费者认为非常重要的利益点，便无法进行正确定位。

在消费者心目中，汽车的特征莫过于品质优秀、选择性大、价格合理、服务到位、维修方便等，在为产品与服务定位时，必须牢记这些特征。特别需要注意的是，必须强调汽车的品质和价值，避免过分强调价格。

案例 >>>

一汽丰田倡导的"四高""两低"能在市场上得到广大消费者的认可，关键是强调了汽车的价值，利益定位十分明确。所谓"四高"指的是高性价比、高安全性、高二手车残值、高品质服务，追求物超所值；"二低"是指低故障率、低使用成本，实现省钱省心。

3. 用途定位法

不同消费者购买汽车的理由各不相同，其购车后的用途也大不相同，找出产品的正确使用者和购买者，会使用途定位在目标市场上显得更突出，这种方法也称使用者定位法。用途定位法还可以从消费者何时使用及怎样使用产品的角度对产品进行定位，这种方法也称使用定位法。

例如，在广大的农村市场，一直以来低速汽车依靠价格优势占据了主流市场，但随着农民收入水平的不断提高以及汽车下乡等利好政策的出台，轻型货车和微型客车成为低速汽车升级的重要替代产品。近几年，轻型货车企业纷纷看中广阔的农村市场，不仅积极开发经济型产品，下沉销售网络，更是千方百计地拿到低速汽车的公告资质，来满足消费者购车后上农牌的需求。

案例 >>>

北汽福田汽车股份有限公司（简称"北汽福田"）、沈阳金杯车辆制造有限公司（简称"沈阳金杯"）、安徽江淮汽车股份有限公司（简称"江淮汽车"）等企业正是采用了用途定位法，在轻型货车和低速汽车这一商用车领域夺得了自己的市场份额。

4. 竞争定位法

竞争定位法是直接针对竞争者，而不是针对某一产品类别，隐指竞争者潜在弱点，为自己寻求更有利地位的定位方法。挑战特定竞争者的定位法，虽然可以在短期内获得成功，但就长期而言，必须具有充足的条件。因为竞争者，特别是对手属于强有力的市场领袖时，对手不但不会松懈，而且会更加清醒地采取对应措施，使自己的地位更巩固。挑战强有力的竞争对手，必须考虑管理者的态度、公司的资源、可能投入的资金，以及自己可以提供使用者认为具有明显差异性产品的能力。一家竞争力处在下游的公司很难正面挑战竞争力强大的公司。

5. 类别定位法

类别定位法是一种非常普遍的定位方法。当自己的产品在市场上属于新产品时，这种方法特别有效，包括在开发新市场或为既有产品进行市场深耕的时候，效果都非常理想。两厢车与三厢车的竞争，SUV、MPV 在市场中的异军突起，都是这种定位的典型例子。

6. 关系定位法

当产品没有明显差异，或竞争者的定位和公司产品有关时，关系定位法就非常有效。利用形象及感性广告手法，可以成功地为这种产品定位。关系定位的核心是将交易与责任挂钩，以此建立与消费者的牢固关系。

案例 ▶▶

2004 年上海大众推出"特选二手车"，上海通用推出"诚新二手车"，一汽－大众推出"认证二手车"；2005 年一汽丰田推出"安心二手车"；2006 年东风悦达起亚推出"至诚二手车"；2007 年东风标致推出"诚狮二手车"，广汽本田推出"喜悦二手车"等。这些都把建立牢固的客户关系放到重要位置上加以定位，大大推动了这些品牌的销售，增进了这些品牌与消费者的关系。

7. 问题定位法

采用问题定位法时，产品的差异性显得并不重要，但需要关注目标市场，关注客户的特殊需求，针对某一特定问题加以定位。

案例 ▶▶

路虎针对目标市场客户的特殊需求建立了路虎长城体验中心，帮助车主充分开发自己爱车的潜力。体验中心提供的特色服务包括：24 小时全地形救援，售后预约服务，尽兴体验各级别项目。路虎的展车不甘心被规规矩矩地摆在地面上陈列，而是用一个倾斜的半圆坡把所有车型最漂亮的姿态呈现出来。但是在路虎体验中心进行试乘体验、接受培训需要收费，最高达到每位客户 300 元，这在整个汽车市场是不多见的。

8. 文化定位法

汽车已是人类精彩生活的一部分，具有不同文化和历史背景的各类汽车厂商实际上都有自己的产品文化。这些文化经过沉淀，就会有自己的血统及历史文化，承载这些文化的产品当然就会成为经典产品。我国自主品牌开发的历史最早可以追溯到解放、红旗等产品，但那时我们对品牌的思考并不像现在这样强烈，改革开放以后开发的新产品又大都历史不长，还需要时间的磨砺和历史的沉淀。

目前，我国还不是一个汽车品牌的富国，必须执行强有力的品牌战略，去打造我国汽车的优秀品牌。它的核心是深刻的文化内涵、丰富的品牌联想、可以体验的品牌故事、特殊的品牌价值，以及随潮流而动的历史性角色。

可以相信，随着我国汽车厂商对品牌文化的日趋重视，以及中国汽车在世界范围内的影响越来越大，中国汽车自主品牌一定能够走向世界，并被更多的消费者认可。

（四）产品定位案例

汽车厂家每推出一款新品，总会对产品进行创造性定位，力图最大化地显示产品的个性，赋予产品独特的身份或代号，以赢得产品的细分市场。

奇瑞首创 B00 级车

按照汽车分级标准，汽车一般可以分为 A 级（包括 A0 和 A00）、B 级、C 级、D 级车。奇瑞 A3 是奇瑞公司用 B 级车标准打造的与 A 级车争锋的战略车型，它脚踏 A 级和 B 级车"两只船"，定位为既有 B 级车的宽体、技术含量和舒适性，又有 A 级车的节油、经济和灵活性。奇瑞 A3 打破 B 级车的概念，将其定位为 B00 级车，比 B0 还多个 0。奇瑞 B00 级车的出现，俨然向传统的分级标准提出了挑战，不禁让人猜想，B00 来了，C00、D00 还会远吗？

"睿翼"定名二代马 6

马自达借二代马 6 定名"睿翼"之机，抛出"新手""老手"全新市场划分模式，提出"驾驶零难度，停车零难度"，试图让二代马 6"新老通吃"，使其成为新车主的心中偶像，优异的操控性和安全性也使其成为老车主的"梦中情人"。

荣威 550 开启数字化轿车新时代

荣威 550 的最大卖点就是开启了数字化轿车时代，被誉为代表了本土品牌 A 级轿车的最高水平。它凭借"可扩展 RMI 数字多媒体交互系统""Dual-Bus 数字智能行车管家系统""Syn-Tech 数字个性升级模块""Silver Stone 一体化数字仪表显示"等数字化配置，迎合了现代消费者的娱乐需求。

第八代雅阁定位为"B++"级

第八代雅阁一上市就将自己定位为"B++"级轿车，它以 4945mm 的超长车身、2800mm 的轴距，造就了超越同级车的豪华舒适空间，这一卖点成为雅阁与老对手凯美瑞抗衡的砝码。其中，特别是两个"+"用得很好，在性能上既区别了 B 级车，价格上又不夸张地往 C 级车上凑，使广本的个性在此一览无余。

（五）产品市场定位分析的主要内容及具体步骤

产品市场定位是一个综合策划的过程，必须遵循基本步骤进行具体分析。

1. 内容概要

描述产品市场定位的分析背景，包括分析产品市场的总体情况，本企业的主要营销目标，说明本企业产品策划的主要工作措施。

2. 当前市场营销情况

（1）行业市场状况分析。包括行业发展趋势分析、宏观经济发展趋势分析、政策趋势分析、分车型销售趋势分析、分区域销售趋势分析等。

（2）宏观环境状况分析。包括人口环境、经济环境、技术环境、政治法律环境、社会文化环境的分析。

（3）区域市场状况分析。包括区域市场趋势分析、区域经济趋势分析、区域分车型销售趋势分析、区域竞争趋势分析、区域价格趋势分析、区域消费者特征分析等。

（4）竞争品牌与相应产品状况分析。包括竞争者规模分析、竞争者市场份额分析、竞争者产品质量分析、竞争者产品价格分析、竞争者营销战略分析、竞争者竞争意图分析等。

（5）产品分销状况分析。包括价格分析、市场占有率分析、产品成本分析、营销费用分析、利润分析等。

3. 风险与机会分析

风险与机会分析包括品牌的总体 SWOT（优势、劣势、机会、风险）分析和产品、价格、渠道、促销的复合 SWOT 分析。

4. 营销目标分析

（1）财务目标分析。包括利润最大化分析、股权收益最大化分析、股东权益最大化分析、股东财富最大化分析、股东价值最大化分析等。

（2）营销目标分析。包括销售目标分析、目标市场分析和问题风险分析。

（3）客户满意度目标分析。包括产品满意度、客户满意度、服务满意度等指标的各项分析。

5. 目标市场选择分析

（1）战略选择。分析本企业应采用何种市场战略。可供选择的市场战略一般有市场集中化战略、产品专门化战略、市场专门化战略、有选择的专门化战略、完全市场覆盖战略等。

（2）营销策略。分析说明本企业采用的是差异化市场策略，还是无差异化市场策略或集中化市场策略等。

（3）影响因素。明确指出企业战略和市场策略的影响因素，包括产品特点、市场特点、产品的生命周期和竞争者策略等。

6. 产品市场定位战略

（1）产品定位方法。产品定位可采用的方法有避强定位、迎头定位、创新定位和重新定位等。

（2）市场定位形象。市场定位必须遵循与客户价格定位一致的原则、易于传播的原则和与项目实体定位一致的原则。

7. 营销战略制定

（1）STP 分析。在市场细分方面，包括确定市场细分原则和描绘细分市场特征；在目标市场选择方面，包括评价各细分市场和选择目标细分市场；在市场定位方面，包括明确各细分市场定位和如何向市场传播和送达市场定位信息。

（2）4Ps 分析

① 产品分析。产品分析包括产品定位分析、产品生命周期分析和产品组合策略分析。产品定位分析主要是明确产品在特色定位、利益定位、用途定位、竞争定位、关系定位、问题定位、类别定位、文化定位等诸多定位方法中选择哪种定位方法。产品生命周期分析包括对产品种类生命周期、产品形式生命周期以及产品品牌生命周期的分析。产品组合策略分析的重点是明确在扩大汽车产品组合策略、缩减汽车产品组合策略、高档与低档产品策略、产品异样化和细分化策略等诸多策略中选择哪种策略。

② 品牌策略。品牌策略包括产品品牌策略、产品品牌命名策略、品牌数量策略和品牌延伸策略。产品品牌策略主要是明确在品牌化决策、无品牌商品化决策和品牌归属决策中采用何种策略。产品品牌命名策略是明确在众多产品品牌命名的方法中采用何种方法。品牌数量策略是明确在统一品牌策略、个别品牌策略、扩展品牌策略、同一品牌与个别品牌共同策略和多品牌策略中选用哪种策略。品牌延伸策略的重点是明确产品在品牌纵向延伸、品牌横向延伸和品牌升级等策略中选择何种策略。

③ 价格策略。明确在以利润为导向、以销量为导向、以竞争为导向、以质量为导向、以销售渠道为导向,以及以生存为导向的众多价格策略中选取何种策略。

④ 渠道策略。明确在渠道长度策略中选用直接渠道还是间接渠道;在渠道宽度策略中采用独家分销渠道策略,还是密集型渠道策略,或是选择性分销渠道。

⑤ 促销策略。明确如何综合运用公共关系、营销推广、广告传播、人员推广等促销手段,保证销售目标的实现。

8. 行动方案

行动方案中要明确做什么、何时开始做、何时完成、谁来做以及成本需要多少等问题。

9. 营销预算

营销预算要明确固定费用和变动费用,开列一张实质性的预算损益表。

四、汽车产品生命周期策略策划

产品生命周期是汽车企业研究产品策略的重要根据。研究产品生命周期的发展变化,可以使汽车企业掌握各个产品的市场地位和竞争动态,为企业制定战略计划、营销策略提供依据,对增强汽车企业的竞争能力和应变能力有重要意义。

产品生命周期是指产品从完成试制、投放市场开始,到最终退出市场为止所经历的全部时间。产品退出市场,并非是其本身质量或其他方面的原因,而是由于市场上出现了同种类型、同种用途的新产品,使老产品逐渐失去魅力,最终被市场淘汰。

产品生命周期可分为四个阶段,即投入期(或导入期)、成长期、成熟期和衰退期(见图4-2)。一般以企业的销售量(额)和利润额来衡量。

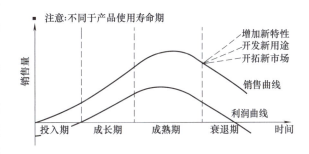

图4-2 产品生命周期

其策划的基本思路如下。

(一)产品投入期的策划思路

投入期是指新产品试制成功,首次正式上市的最初销售阶段。这一阶段的主要特征是:消费者对新产品缺乏了解,分销渠道少,销售量增长缓慢;需做大量广告宣传,推销费用大;产品尚未定型,性能和质量不够稳定;企业生产批量小,试制费用大,产品成本高;产品获利较少或无利可图,甚至亏损;只有少数企业生产,市场上竞争者较少。在这个阶段企业所承担的市场风险最大。

因此,在产品投入期,策划重点突出一个"快"字,使产品尽快地为消费者所接受,缩短市场投放时间,扩大产品销售量,迅速占领市场,促使其向成长期过渡。具体策略有:高格调策略,即高价格高促销费用进入市场;选择性渗透策略,即高价格低促销费用进入市场;密集式渗透策略,即低价格高促销费用进入市场;低格调策略,即低价格低促销费用进入市场。产品投入期的策划策略如表4-1所示。

表4-1 产品投入期的策划策略

产品价格	促销费用	
	高	低
高	高格调策略	选择性渗透策略
低	密集式渗透策略	低格调策略

(二)产品成长期的策划思路

成长期是指产品经过试销取得成功后,转入批量生产和扩大销售量的阶段。

因此,在产品成长期,策划重点突出一个"好"字,强化产品的市场地位,尽可能提高销售增长率和扩大市场占有率。具体策略有:提高产品质量,扩充目标市场;适当降价,吸引更多顾客购买;加强分销渠道建设;突出产品宣传重点。

(三)产品成熟期的策划思路

成熟期是指产品经过成长期,销售量增长速度明显减缓,到达峰点后转入缓慢下降的阶段。这一阶段的主要特征是:产品的工艺、性能较为完善,质量相对稳定,产品被大多数消费者接受;市场需求趋于饱和,销售量增幅缓慢,并呈下降趋势;汽车企业利润达到最高点,随着销售量的下降,利润也开始逐渐减少;市场上同类产品和替代品不断出现,竞争加剧。

因此,在产品成熟期,策划重点突出一个"改"字,要采取各种措施,千方百计延长产品生命周期。具体策略有:开发新的目标市场;改革产品,扩大产品销量;加强产品促销的力度。产品成熟期的策划策略如图4-3所示。

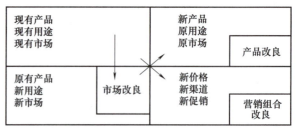

图4-3 产品成熟期的策划策略

(四)产品衰退期的策划思路

衰退期是指产品经过成熟期,逐渐被同类新产品替代,销售量出现急剧下降趋势的阶段。产品一旦进入衰退期,从战略上看已经没有留恋的余地。因此,在产品衰退期,策划重点突出一个"转"字,应积极开发新产品取代老产品。同时,还要根据市场的需求情况,保持适当的生产量以维持一部分市场占有率,并做好撤退的准备。具体可采取以下策略。

(1)维持策略。即继续沿用过去的营销策略,仍保持原有的细分市场,使用相同的分销渠道、定价及促销方式,将销售量维持在一定水平上,待到时机合适,再退出市场。这种策略适用于市场上对此产品还有一定需求量,生产成本较低和竞争力较强的汽车企业。

(2)收缩策略。即大幅度缩减促销费用,把汽车企业的资源集中使用在最有利的细分市场和最易销售的品种、款式上,以求获取尽可能多的利润。

(3)放弃策略。对于大多数汽车企业来说,当产品进入衰退期已无利可图时,应当果断地停止生产,致力于新产品的开发。但企业在淘汰疲软产品时,采取立即放弃、完全放弃还是转让放弃,应慎重抉择,妥善处理,力争将企业损失降到最低限度。

第二节　汽车新产品开发策划

一、汽车新产品的概念

产品生命周期理论告诉我们，在科学技术迅速发展的今天，消费需求变化快，市场竞争激烈，企业要持续不断地发展变化，关键在于不断地创新新产品和改造旧产品，创新是企业永葆青春的唯一途径。从短期看，新产品的开发和研制纯粹是一项耗费资金的活动，但从长远看，新产品的推出和企业的总销售量及利润的增加成正相关关系。因此，有远见的汽车企业把新产品的开发看作是一项必不可少的投资。持续的新产品开发，使汽车企业在某些产品销售衰退以前，另一些新产品已进入快速成长期；而当某些产品处在成熟期时，一些产品已开始向市场推出。这样，就可使企业的总利润始终保持上升的势头。企业应该把开发新产品作为企业生死存亡的战略重点。

市场营销学中所讲的新产品是从市场和企业两个角度认识的。对市场而言，第一次出现的产品即为新产品；对企业而言，第一次生产销售的产品也叫新产品。

因此，在汽车市场营销学中的新产品的含义与科技开发中的新产品的含义并不完全相同。所谓汽车新产品，是指在结构、功能、材料或形态等任何一部分发生了创新、改进或提高，并推向了市场的汽车产品。根据这一理解，汽车新产品可以分为以下几种。

1. 全新产品

全新产品，是指采用新原理、新技术及新材料研制成功的崭新汽车产品，也是首创汽车产品。这种新产品一般需要经历很长的开发时间才会出现。例如，比亚迪电动汽车就属于科技上的全新产品。

2. 换代新产品

换代新产品，是指在原有产品的基础上，部分采用新材料、新技术而制成的性能有显著提高的汽车新产品，又叫革新产品。例如，将普通型桑塔纳轿车改进为LPG双燃料轿车。

3. 改进新产品

改进新产品，是指对原有产品在品质、性能、结构、材料、造型等方面做出改进而形成的汽车产品。这种新产品与原有产品差别不大，往往是在原有产品的基础上派生出来的变型产品。例如，在汽车上安装ABS系统或全球定位系统等。这类汽车新产品与原有的汽车产品差别不大，是汽车企业较容易开发的新产品，易为市场接受，但竞争者易模仿，因此，这类产品竞争也相对激烈。

4. 仿制新产品

仿制新产品，又称本企业新产品。是指企业对市场上已有产品进行模仿或稍作改变，而使用一种新牌号的产品。如神龙公司将富康二厢外形变为三厢后取名为富康988，这种产品对较大范围的市场而言，已不是新产品，但对本地区或本汽车企业来说，则可能是新产品。

以上四种新产品尽管"新"的角度和程度不同，科技含量悬殊，但都有一个共同特点，就是消费者在使用时，认为它与同类产品相比更加具有特色，能带来新的利益和获得更多的满足。这种汽车就是"新产品"。

二、汽车新产品开发的必要性

汽车企业之所以要开发新产品，主要是由于：

（1）产品生命周期理论要求不断开发汽车新产品；
（2）消费需求的变化需要不断开发汽车新产品；
（3）市场竞争的加剧迫使汽车企业不断开发汽车新产品；
（4）科学技术的发展推动着汽车企业不断开发汽车新产品；
（5）新产品开发有利于充分利用汽车企业的资源和生产能力。

三、汽车新产品开发的主要障碍

新产品开发对于汽车企业的发展有极其重要的意义，但在实际中，汽车新产品的开发却并不容易。不少汽车新产品开发速度较慢，往往是由于存在以下一些障碍：
（1）缺乏大量有效的汽车新产品构思；
（2）资金短缺；
（3）市场细分而导致市场难以达到必要的市场规模；
（4）激烈的市场竞争使汽车新产品开发的风险增大；
（5）仿制和假冒产品的迅速出现，会给汽车新产品的开发效益带来很大损失。

新产品的开发对于汽车企业至关重要，但又充满风险。所以，汽车企业在开发汽车新产品方面必须积极谨慎，既要注意不断开发汽车新产品，又要对所准备开发的汽车新产品进行认真研究反复论证，不能知难而不为，更不能盲目投资、草率从事，应严格按照科学的方法去进行汽车新产品的开发。

四、汽车新产品开发的流程

汽车新产品开发的一般流程如下。

1. 新产品概念构思

这一步要提出新产品概念的设想方案。一个成功的汽车新产品，首先来自一个有创见性的概念构思。策划人及汽车企业应该集思广益，从多方面寻找和收集好的产品构思。

2. 新产品概念构思方案筛选

这是对所用汽车新产品构思方案按一定评价标准进行审核分析、去粗取精的过程。汽车企业需通过筛选，淘汰那些不可行或可行性较低的构思，使汽车企业有限的力量集中用于少数几个成功率较高的汽车新产品开发。

3. 新产品概念的形成

新产品概念是指已经成型的产品构思。要将汽车产品构思以文字、图案或模型描绘出明确的设计方案，对各方面条件进行综合分析，并听取顾客对有关方案的意见，获得一个较为清晰的产品概念。

4. 新产品设计试制

这是把选定的汽车产品构思付诸实施，使之转变为物质性产品的过程，即设计试制阶段，包括汽车产品设计、样品试制、汽车产品鉴定等步骤。

5. 拟定新产品营销规划

这一阶段的工作包括：①确定将来汽车新产品目标市场的规模、特点、市场定位、销售量、市场占有率和利润率等；②确定汽车新产品的市场价格、分销渠道和市场营销费用；③汽车新产品中、长期的销售额和目标利润，以及产品不同生命周期的市场营销组合策略。

6. 商业分析

这一阶段的工作主要包括：①预测汽车新产品的市场销售额和生命周期；②预测汽车新产品可能的市场价格，开发汽车新产品总的投资费用及其风险程度；③对汽车新产品预期的经济效益做出综合分析和评价。

7. 新产品试销

汽车新产品基本定型后，需投放到经过挑选的有代表性的一定市场范围内进行销售试验，以检验在正式销售条件下，市场对汽车新产品的反应，以便具体了解消费者的喜爱程度、购买力状况和不同的意见要求，为日后批量生产提供参考依据。

8. 新产品正式上市

经过试销获得成功的汽车新产品，就可进行大批量生产和销售。这是汽车新产品开发的最后一个程序。至此，汽车新产品也就进入了商业化阶段。

汽车新产品开发这一流程提示我们，新产品开发的创意与策划过程应该从汽车产品构思开始，经评价筛选变成初步的方案，再经过不断检测，最后变成正式的方案。至于是否成功，汽车企业还需在上市时间、上市地点、上市目标等方面做出精心的营销策划。

广州本田：两厢飞度再现市场神话

2003年，广州本田在推出三厢飞度之前，举办了规模宏大的"飞度小姐（FITLADY）评选活动"，使得三厢飞度的知名度直线上升，自2003年9月份上市以来，一直雄踞经济型轿车销量排行榜榜首。2004年广州本田又要推出两厢飞度，该如何推广两厢飞度呢？广州本田开展了一系列有效的前期传播工作。

首先，在6月份的北京车展上，两厢飞度闪亮登场。由于事先广州本田对此事守口如瓶，所以两厢飞度一亮相，就成为全场最受关注的车型。在车展现场，广州本田执行副总经理曾庆洪还给媒体留了一个悬念，他说："两厢飞度将在下半年上市。"但究竟在什么时候，媒体对此展开了猜测，有的说11月份，有的说10月份。所以从6月份开始，关于两厢飞度何时上市、定价如何的猜测性新闻就没有停止，客观上也起到了宣传造势的作用。

8月中旬，在媒体对两厢飞度的关注度下降的时候，广州本田又组织了全国主流汽车杂志的记者进行大规模的试车，此时关于试车的照片开始在许多汽车网站的论坛上流传。9月，几乎所有汽车杂志的封面都是两厢飞度的照片。

9月上旬，广州本田开始通知全国主要媒体记者参加两厢飞度的上市仪式。一些媒体按捺不住，抢先发布了两厢飞度将上市的新闻，此时两厢飞度只剩下价格这个悬念了。

9月12日，广州本田在广州新体育馆举行隆重的两厢飞度下线庆典晚会，邀请了广东地区的数位刚刚获得奥运会奖牌的著名运动员助兴，广州市委、市政府高层悉数出席，气氛相当热烈。

在晚会上，广州本田执行副总经理曾庆洪宣布了两厢飞度的价格。由于这一价格出乎大多数媒体预料，所以成为媒体广泛关注的话题。曾庆洪还接受了部分媒体的采访，全面阐述了两厢飞度的定价策略，他的观点在互联网上传播之后，客观上起到了消除媒体误解、打消消费者疑虑的作用，为两厢飞度的正式上市创造了良好的舆论环境。更巧的是，当时日本乘用车协会刚好公布了8月份的销量数据，两厢飞度的销量超过丰田花冠而雄踞日本小型车销量榜首，这在客观上又帮了国产两厢飞度一把。

9月22日，广州本田同时在北京、广州、上海、成都等城市举办声势浩大的两厢飞度上市仪式，公司高层也频频接受媒体采访，反复阐述两厢飞度的定价策略和广州本田的未来发展战略，使得消费者对两厢飞度的价格接受程度大为提高。据统计，两厢飞度在上市之前，各地经销商就收到了近万辆订单，正式上市之后，订单数继续大幅上升，个别地区还出现了加价现象。

五、汽车新产品上市的策略

1. 定位准确

成功的营销策划必须根据消费者的实际需求和竞争状况，为汽车新产品创造全新的独特卖点，构造消费者非买不可的理由。合乎消费者的需求，合乎市场竞争实际的定位，才能打动顾客的心，才能在竞争中制胜。如：一汽 - 大众为新产品迈腾开发定位的路线是"科技至上"，为新宝来开发定位的路线是"品质至上"。

2. 上市步骤

因市而动，找准切入点，全面部署，以求汽车新产品的成功营销。具体来说，可以分三步走：第一步，卖给谁；第二步，卖什么；第三步，怎么卖。

3. 事件营销

善于运用事件营销，可以创造销售时机及消费者立即购买的理由，创造出一波又一波的消费热潮。例如，美国福特汽车公司举行的 75 周年庆典，使当年营业额比往常提高四倍。

捷豹 XFL 经典事件营销——新车预热上市

每逢新车上市前夕，厂家的宣传套路无非邀请媒体试驾发布新车试驾新闻，结合产品属性及细分市场现状在微博微信来一波公关宣传造势。司空见惯的套路早已麻痹了越来越挑剔的消费者。只有跳出套路，迈开大胆创新的步伐，才能从茫茫车海中脱颖而出，而捷豹首款国产豪华轿车——捷豹 XFL 做到了！

作为捷豹品牌旗下在国内销量最好的车型，国产 XFL 在加长后不仅拥有了媲美 BBA 同级车的驾乘储物空间，还保持着华丽的英伦奢华设计，竞争力之强可见一斑。

作为捷豹品牌杀入国内豪华汽车品牌第一阵营的开路先锋，捷豹 XFL 当之无愧！

上市前两日，在上海新天地和嘉里中心，捷豹品牌展示了一只机械巨豹。随着夜幕降临，白天沉睡的巨豹走出帷幕，凶悍的造型设计，精湛的工艺，迅速吸引了周边的民众，一时欢呼声四起！

当然，在潮人聚集的新天地和嘉里中心，如此劲爆的事件也在第一时间被转发到微信朋友圈、微信群和微博，瞬间引爆了"豹动申城"事件，引起了广泛的社交互动！

如果说，捷豹通过线下事件营销引爆社交媒体已经是一件足够成功的事情，那么选择上海新天地和嘉里中心作为活动现场，更是将此次"豹动申城"捷豹上市预热活动打造成行业经典案例！

上海作为时尚之都，新天地和嘉里中心这种规格偏高的地界，聚集着上海的时尚群体，他们拥有较高的审美和消费能力，也正是捷豹 XFL 的目标消费群体。通过"豹走申城"事件，抓住目标消费者眼球，通过现场互动，促使其主动转发现场的震撼画面至自己的社交圈，将捷豹XFL上市预热信息精准引爆，辐射更为广泛的目标消费群体，创造难以估计的广告价值！

4. 公关新闻

制造真正的新闻，可以达到事半功倍的宣传效果。例如，2004年8月初，华泰汽车联合全国31家经销商启动了"圆你大学梦，捐助贫困大学生活动"，大大提高了华泰汽车的知名度和美誉度，就是一个典型的新闻策划活动。

5. 创新广告

从定位到媒体组合、广告文案策划全套，均需要精心设计，力求创新。例如，一汽-大众全新一代迈腾一则创新电视广告亮相后，使得迈腾品牌提升到了一个新高度。

6. 销售促进

销售促进具有迅速提高销售额的效果。

7. 渠道建设

根据汽车产品和市场的实际设计出最佳渠道，才能花费最低的成本到达消费者的手中。

8. 销售管理

如何提升销售人员的推销能力，如何激励销售人员的积极性，如何提供售后服务等，都关系着汽车新产品销售的成败得失。

9. 口碑营销

通过口碑营销，可以有效克服广告回避现象，实现"以一当十"的广告效果。当我们听到一位好友或者亲人推荐某个汽车产品时，一般会十分感兴趣，且有可能改变想法，这就是商业上经常被人忽视、又是最好的广告形式"口碑营销"。口碑营销实施容易、成本低廉、效果显著，具有把顾客变成推销员的奇效。

10. 整合传播

现代企业的发展经历了产品力、销售力、形象力的阶段。为此，汽车营销策划必须突破产品本身的局限性，整合产品力、销售力、形象力，进行创新推广，才能将新产品变成消费者注意的焦点，形成一枝独秀的热销氛围。

第三节 汽车品牌策划

一、品牌的含义

在品牌策略策划之前，需要了解一些品牌的基础理论。

品牌（brand），源出古挪威文brandr，意思是"烧灼"或"烙印"。人们用这种方式来标记家畜等需要与其他人相区别的私有财产。

菲利普·科特勒博士认为："品牌是一种名称、术语、标记、符号或图案，或是它们的相互组合，用以识别某个消费者或者某群消费者的产品或服务，并使之与竞争对手的产品或服务相区别。"

这一定义说明品牌是一个复合概念,它是由多种要素组合而成的。它通常包括品牌名称(如红旗、解放、东风、奔驰、沃尔沃等)、品牌标志(如红旗的红旗造型,丰田的三椭圆"T"造型等)、可注册的商标和品牌化等四部分。

商标是指品牌(包括品牌名称、品牌标志)经向国家有关部门注册登记后,获得专用权,受国家的保护,就称之为商标。

品牌化是企业为其产品规定品牌名称、品牌标志,并向有关部门登记注册的一切活动叫品牌化。

一个品牌最持久的含义是它的价值、文化和个性,它们确定了品牌的基础。品牌是企业的一种无形资产,对企业有重要意义:有助于企业将自己的产品与竞争者的产品区分开来;有助于产品的销售和占领市场;有助于培养消费者对品牌的忠诚;有助于开发新产品,节约新产品投入市场的成本。

实时互动 ▶▶▶

什么是牌子?什么是名牌?什么是自主品牌?

相关链接 ▶▶▶

1. 什么是牌子?"牌子"是品牌的俗称,也称为商品或服务的脸谱。"牌子"是人们对品牌、商标、名牌等的通俗称谓。其基本含义与品牌相通。

2. 什么是名牌(famous brand)?对于名牌最通俗的理解就是知名品牌,或在市场竞争中的强势品牌。"名牌"一词是我国特定环境下的产物。

3. 什么是自主品牌(self-owned brand)?自主品牌是指由企业自主开发,拥有自主知识产权的品牌。它有三个主要衡量因素:市场保有量、生产研发的历史及其在整个行业中的地位。

案例 ▶▶▶

"2020全球最有价值的100个汽车品牌"排行榜(前十)

排名	变化	名称	国家	所属集团	2020年	同比	2020年	2019年
1	-	梅赛德斯-奔驰(Mercedes-Bent)	德国	戴姆勒集团	$650.41	7.8%	AAA-	AAA-
2	-	丰田(Toyota)	日本	丰田集团	$580.76	11.1%	AAA	AAA
3	-	大众(Volkswagen)	德国	大众汽车集团	$448.97	7.6%	AA+	AA+
4	-	宝马(BMW)	德国	宝马集团	$404.83	0.0%	AAA-	AAA
5	-	保时捷(Porsche)	德国	大众汽车集团	$339.11	15.6%	AAA-	AAA
6	-	本田(Honda)	日本	本田集团	$331.02	28.6%	AAA-	AA+
7	1	福特(Ford)	美国	福特汽车公司	$185.15	-1.4%	AA+	AA+
8	1	日产(Nissan)	日本	雷诺日产三菱联盟	$179.16	-4.5%	AA+	AA
9	-2	奥迪(Audi)	德国	大众汽车集团	$169.73	-13.6%	AAA-	AAA-
10	-	沃尔沃(Volvo)	瑞典	沃尔沃集团/吉利控股集团	$169.14	20.3%	AA	AA+

资料来源:Brand Finance、中商产业研究院整理。

2020年全球最有价值的100个汽车品牌排行榜

中商情报网讯：近日，英国品牌评估机构"品牌金融"（Brand Finance）发布"2020全球最有价值的100个汽车品牌"排行榜（Automobiles 100 2020）。据榜单显示：奔驰、丰田、大众、宝马、保时捷、本田、福特、日产、奥迪以及沃尔沃位居榜单前十。电动车领军者特斯拉前进到第12名，中国的电动车品牌蔚来首次上榜名列第65位。

100强汽车品牌既包括了轿车品牌，也有商用车和摩托车品牌。共有22个中国（含台湾）汽车品牌进入百强榜，排名最高的吉利在第20位。

100个品牌中，德国大众汽车集团占了9个，在前十大品牌中占了3个。菲亚特克莱斯勒集团的品牌有7个，雷诺日产三菱联盟的品牌有6个，丰田集团的品牌有5个，通用汽车公司、标致雪铁龙集团、上汽集团和帕卡集团各有4个品牌，宝马集团、沃尔沃集团、塔塔汽车集团和长城各有3个品牌，戴姆勒集团、本田公司、福特汽车公司、现代起亚集团、铃木公司、吉利控股集团、比亚迪集团、北汽集团各有2个品牌。以下是榜单详细情况：

2020全球最有价值汽车品牌100强榜单

排名	品牌名称	所属国家
1	梅赛德斯-奔驰（Mercedes-Benz）	德国
2	丰田（Toyota）	日本
3	大众（Volkswagen）	德国
4	宝马（BMW）	德国
5	保时捷（Porsche）	德国
6	本田（Honda）	日本
7	福特（Ford）	美国
8	日产（Nissan）	日本
9	奥迪（Audi）	德国
10	沃尔沃（Volvo）	瑞典
11	雪佛兰（Chevrolet）	美国
12	特斯拉（Tesla）	美国
13	雷诺（Renault）	法国
14	现代（Hyundai）	韩国
15	雷克萨斯（Lexus）	日本
16	法拉利（Ferrari）	意大利
17	斯巴鲁（Subaru）	日本
18	路虎（Land Rover）	英国
19	铃木（Suzuki）	日本
20	吉利（Geely）	中国
21	别克（BUICK）	美国
22	起亚（KIA）	韩国
23	凯迪拉克（Cadillac）	美国
24	吉普（Jeep）	美国
25	标致（Peugeot）	法国
26	马恒达（Mahindra）	印度
27	哈弗（Haval）	中国
28	马自达（Mazda）	日本

续表

排名	品牌名称	所属国家
29	北极星（Polaris）	美国
30	比亚迪（BYD）	中国
31	五十铃（Isuzu）	日本
32	斯柯达（Skoda）	捷克
33	迷你（Mini）	英国
34	马鲁蒂铃木（Maruti Suzuki）	印度
35	斯堪尼亚（Scania）	瑞典
36	捷豹（Jaguar）	英国
37	三菱汽车（Mitsubishi）	日本
38	大发（Daihatsu）	日本
39	吉姆西（GMC）	美国
40	塔塔汽车（Tata Motors）	印度
41	曼恩（MAN）	德国
42	日野（Hino）	日本
43	菲亚特（Fiat）	意大利
44	雅马哈（YAMAHA）	日本
45	劳斯莱斯（Rolls Royce）	英国
46	欧宝（Opel）	德国
47	哈雷戴维森（Harley-Davidson）	美国
48	巴贾吉汽车（BajajAuto）	印度
49	公羊（RAMTrucks）	美国
50	阿斯顿马丁（AstonMartin）	英国
51	雪铁龙（Citroen）	法国
52	宾利（Bentley）	英国
53	兰博基尼（Lamborghini）	意大利
54	依维柯（Iveco）	意大利
55	Hero	印度
56	玛莎拉蒂（Maserati）	意大利
57	达契亚（Dacia）	罗马尼亚
58	迈凯伦（McLaren）	英国
59	江淮汽车（JACMotors）	中国
60	英菲尼迪（Infiniti）	日本
61	荣威（Roewe）	中国
62	讴歌（Acura）	日本
63	福田（Foton）	中国
64	西雅特（Seat）	西班牙
65	蔚来（NIO）	中国
66	道奇（Dodge）	美国
67	林肯（Lincoln）	美国
68	东风（Dongfeng）	中国
69	宋（Song）	中国
70	肯沃斯（Kenworth）	美国
71	中国重汽（Sinotruk）	中国

续表

排名	品牌名称	所属国家
72	长安（Changan）	中国
73	长城（GreatWall）	中国
74	宝骏（BaoJun）	中国
75	宇通（Yutong）	中国
76	五菱（Wuling）	中国
77	彼得比尔特（Peterbilt）	美国
78	阿斯霍克雷兰德（AshokLeyland）	印度
79	豪士科（oshkosh）	美国
80	克莱斯勒（Chrysler）	美国
81	达夫（DAF）	荷兰
82	TVS	印度
83	沃克斯豪尔（Vauxhall）	英国
84	广汽（GAC）	中国
85	KTM	奥地利
86	北汽（BAIC）	中国
87	皇家恩菲尔德（RoyalEnfield）	印度
88	马克（Mack）	美国
89	名爵（MG）	上汽集团
90	裕隆（Yulon）	中国台湾
91	小康（Sokon）	中国
92	拉达（Lada）	俄罗斯
93	魏（WEY）	中国
94	比亚乔（Piaggio）	意大利
95	UD Trucks	日本
96	帕卡（Paccar）	美国
97	中国一汽（FAW）	中国
98	托发斯（Tofas）	土耳其
99	New Flyer	加拿大
100	Smart	德国

资料来源：Brand Finance、中商产业研究院整理。

二、汽车品牌的特征

品牌的一般特征有如下几个方面。

1. 品牌的专有性

品牌拥有者经过法律程序的认定，享有品牌的专有权，有权要求其他企业或个人不能仿冒、伪造。

2. 品牌的价值性

由于品牌拥有者可以凭借品牌的优势不断获取利益，可以利用品牌的市场开拓力形成扩张力，因此品牌具有价值性。

3. 品牌发展的不确定性

品牌在其成长的过程中，由于市场的不断变化、需求的不断提高，企业的品牌资本可能壮大,也可能缩小,甚至在竞争中退出市场。

4. 品牌的表象性

品牌需要通过一系列的物质载体来表现自己。品牌的直接载体主要是文字、图案和符号,间接载体主要有产品质量、产品服务、知名度、美誉度、市场占有率。优秀的品牌在载体方面表现较为突出。

三、汽车品牌的作用

拥有市场比拥有工厂更为重要,而拥有市场的唯一途径就是拥有占统治地位的品牌。在当代,品牌已成为市场竞争的核心内容。因此,汽车品牌的重要性表现在如下几点。

1. 品牌对汽车消费者的作用

(1) 有利于汽车消费者购买。有了汽车产品品牌,使汽车消费者易于辨认所需的汽车产品与劳务。同时,同一品牌的汽车产品原则上具有相同的品质,便于汽车消费者选择购买。由于科技的发展,许多汽车产品的品质差异不大,汽车消费者对不同汽车产品的偏爱感主要是建立在品牌上的。采用不同的品牌,能满足汽车消费者的不同需求。

(2) 有利于保护汽车消费者的利益。品牌能表明汽车产品所达到的质量水平以及其他各项标准。如劳斯莱斯公司强调不会因车辆故障而发生事故,它所标榜的"无故障性",即使是因自己使用不当而使汽车发生故障的车,也能得到公司的免费修复。同时,汽车消费者利用品牌能方便地找到汽车制造商,或进行汽车产品的维修及零配件的更换。

(3) 有利于促进汽车产品质量的提高。优良的品牌是汽车企业在激烈的市场竞争中取胜的重要手段,汽车企业产品一旦在汽车消费者心目中树立了良好的声誉,汽车企业就会设法提高汽车产品质量,保住名牌。

2. 品牌对汽车企业的作用

(1) 有利于汽车企业的产品扩大市场占有率。品牌可引起汽车消费者的重复购买,并保证该汽车产品不被其他同类产品所替代。优良品牌的汽车产品,易于获得较好的市场信誉。

(2) 有助于汽车企业广告促销活动。品牌有助于人们建立对汽车企业的印象,汽车企业宣传品牌远比介绍企业名称或生产制造技术方便。事实上,许多产品,消费者仅知其品牌,而不知其生产厂家。好品牌可以培养一批偏爱该产品的汽车消费者。

(3) 有利于对汽车企业产品质量的监督管理。由于注册商标要报送质量标准,可以起到保证产品的质量的作用。由于消费者按牌认货,使生产者注重商标声誉,关心汽车产品质量,从而使全社会产品质量普遍提高。而且,各种商标之间的竞争也促使生产者不断创新,丰富市场。

四、汽车品牌策略策划

汽车品牌不仅是汽车商品的重要组成部分,而且是一个有效的竞争手段,正确地运用品牌策略可以取得出奇制胜的效果。汽车品牌策略主要是指汽车企业如何合理、有效地使用品牌,以达到一定的营销目标。通常有以下方面。

(一) 汽车品牌归属策略

如果企业采用品牌化策略,紧接着就应决定品牌归谁所有,由谁负责。在这方面主要有以下策略可供选择。

1. 制造商品牌策略

这是指汽车生产企业使用自己的品牌。采取这种策略是为了获得自立品牌所带来的利益。同时,许多销售者比较愿意经销汽车生产企业已经确立了品牌的汽车商品。

2. 中间商品牌策略

这又包括汽车制造商采用中间商的品牌策略和中间商自己建立和发展自己的品牌策略。当汽车制造商进入一个自己不熟悉的新市场销售自己的汽车产品或汽车制造商的商誉远不及中间商的商誉时,就应采用中间商的品牌,目的在于利用中间商的良好信誉使汽车产品尽快进入目标市场。

3. 制造商品牌和中间商品牌混合使用策略

有些商业汽车企业,想建立自己的品牌,以便能更有效地控制价格,控制汽车生产者企业。但为了获得汽车消费者的信任,维持高水平的品质,不得不使用汽车生产企业的品牌。例如:上海大众 VW 品牌就和上汽集团的 SAISC 品牌连用。

(二)汽车家族品牌策略

1. 统一品牌

统一品牌指一个汽车企业的各种产品都以同一品牌推入市场,形成一个品牌系列。采取这种策略不仅可以大大节约推销费用,而且可以利用统一的品牌建立广告传播体系,声势浩大地将汽车企业精神和汽车产品特点传播给用户,使用户具有强烈和深刻的印象。此外,可以借助已成功的品牌推出汽车新产品,使汽车产品较快地打开销路。只有在汽车家族品牌已在市场上享有盛誉,而且各种汽车产品有相同的质量水平时,该策略才能行之有效,否则,某一汽车产品的问题会危及整个汽车企业的信誉。奔驰车很少采用副品牌,对于有重大革新的汽车也只是以不同系列来区分。而上海大众至今为止推出的产品使用的都是 VW 这个品牌,而这个品牌也确实在中国市场上得到好评。

2. 个别品牌

个别品牌指一个汽车企业的不同产品采用不同的品牌。如德国大众有 VW、奥迪、斯柯达等多个品牌的轿车。这种策略的主要优点在于不致将汽车企业声誉过于紧密地与个别产品相联系,如该汽车产品失败,亦不致对汽车企业整体造成不良后果。同时,个别品牌策略还便于为汽车新产品寻求一个最好的名称,新的名称也有助于建立新的信心。

 案例

吉利多品牌战略终于清晰,吉利新能源独立发布新车 GE11

在品牌发展的道路上,在经历过彷徨和迷茫之后,吉利终于理清了自己的多品牌战略。2019 年 2 月,吉利集团公布了最新旗下品牌架构,拥有吉利汽车、吉利新能源、领克汽车、宝腾汽车与路斯特汽车五个子品牌。

引人关注的是,吉利新能源已拆分出来成为独立的子品牌,并且拥有独立的新车标。一直以来,吉利汽车的新能源汽车大部分是吉利品牌燃油车型的衍生,也就是俗称的"油改电",比如帝豪系列新能源汽车基本上都是直接从传统燃油车改过来的。在新能源业务独立之后,吉利新能源产品研发制造将更加专业,走上正向研发的康庄大道。

3. 个别或统一品牌

按产品系列或产品大类划分，同一产品系列的产品采用统一品牌，不同系列的产品采用不同品牌，因为不同产品系列之间关联性较低，而同一产品系列之内的产品项目关联程度较高。对德国大众来说，VW 品牌的产品基本上是中档汽车；而 Audi 是高档轿车；Polo 是经济型车。这种品牌策略下，消费者很容易接受每种品牌所带有的意义。

4. 将企业名称与个别品牌相结合

这是汽车行业中常见的一种品牌策略，且在企业各种产品的个别品牌名称之前冠以汽车企业名称，可以使汽车产品正统化，享受汽车企业已有的信誉；而个别品牌又可使汽车产品各具特色。如通用汽车公司生产的各种轿车分别使用凯迪拉克、雪佛兰、庞蒂克等品牌，而每个品牌前都另加"GE"字样，以表明是通用汽车公司的产品。

（三）汽车多重品牌策略

汽车多重品牌策略是指一种汽车产品使用两个或两个以上的品牌，使不同品牌的同一汽车产品在市场上开展竞争，有时会导致两者销售量之和大于原先单一品牌的先期产品总销售量。不同质量等级的同一产品也可采用不同品牌或商标，以示两者区别。采用多重品牌的主要目的在于扩大市场份额。但也要注意其可行性，如果不能扩大销量，则徒然增加费用，导致适得其反的后果。

多重品牌策略一直是世界汽车市场竞争采用的重要策略。无论是居世界销量前列的通用汽车公司、老牌的大众汽车公司，还是后来居上的日本汽车公司，都无一例外地采取了多种品牌策略以抵御竞争对手，并扩大自己的市场占有率。例如，日产、丰田、本田等日系品牌都开设高端分支，如日产高端品牌英菲尼迪、丰田高端品牌雷克萨斯和本田高端品牌讴歌。尤其是丰田，低端车型有我们熟知的家用代步车，也有凯美瑞、亚洲龙、皇冠等中端车型，更有其高端品牌雷克萨斯的 ES、LS、RX 等豪华车型。再往近的说，哈弗汽车也开创了高端分支品牌 WEY（魏派），同样是品牌发展战略，效果也是十分明显。

吉利集团品牌战略解读，三大品牌：吉利、领克、沃尔沃

吉利集团旗下目前主要有三个品牌：中低端的吉利，中高端的领克和高端的沃尔沃。三个品牌分工明确，吉利有像博瑞、缤瑞的家用车型，领克有 01、02、03 等中高端个性化车型，沃尔沃有如 XC60、S90 的中高端车型。价格也是在 6 万~60 万不等，三个品牌的价格链无缝对接。

以吉利目前的体量和实力，总销量已经排名国内第四，吉利旗下三大品牌是最有可能达成总销量第一的自主品牌企业。其实每个企业要越做越大，都更要精确地了解各个细分市场的需求，并通过不同的品牌定位精准打击，同一集团下实行不同的品牌战略势在必行。而吉利目前也是采取这一手段，像吉利品牌的中低端车型其实已经非常成熟且车型非常广泛，从当年的帝豪到号称国产最美轿车和 SUV 的博瑞和博越，再到现在的缤瑞，几乎覆盖完比较受欢迎的 6 万到 16 万级别的家用车型，而且从外观内饰设计到发动机技术和配置，都做到了同级别领先的水准。

吉利收购沃尔沃后，保持了沃尔沃的独立发展，如果单从消费者层面，吉利和沃尔沃的购买人群并没有多少关系，毕竟价格差距明显。但是领克的出现就让吉利和沃尔沃挂钩了：

吉利汽车集团发布领克，基于由沃尔沃汽车主导、吉利汽车与沃尔沃汽车联合开发的基础模块架构CMA。而领克这个品牌属于吉利，这标志着吉利汽车与沃尔沃汽车在设计、研发、制造、采购与管理整个造车体系上连接在一起，也就让领克的技术和市场竞争力更强。

其实简单理解吉利、领克和沃尔沃的关系，就是沃尔沃汽车集团和吉利汽车集团都是浙江吉利控股集团旗下企业，沃尔沃品牌隶属于沃尔沃汽车集团，吉利和领克隶属于吉利汽车集团。

吉利的三品牌战略对于企业本身、对于消费者、对于市场都是有益的，吉利、领克和沃尔沃三大品牌投放的不同车型均在同级车型中起到良性竞争且都有自身优势，肯定可以发挥出吉利的最大效能。

案例分析

奥迪A8新产品上市策划——时、空、安、静

一、项目背景

1. 实施项目单位

奥迪中国

奥迪中国是大众集团奥迪公司在中国的子公司，建立于1988年，负责奥迪品牌进口车在中国的整车及零部件的市场营销及售后服务。自建立以来，奥迪中国成功地在中国销售了10万辆进口奥迪轿车。目前为止，中国市场已经成为奥迪公司在亚洲最大的市场。

罗德公共关系顾问有限公司

罗德公共关系顾问有限公司（以下简称"罗德公关公司"）是全球性公关公司，总部设于纽约。该公司拥有50多年历史，是世界第二大独立经营的公关公司。营业额超过5000万美元，在世界各地拥有800多名员工。其全球范围经营的业务涉及消费产品的营销、企业形象管理、危机管理等。罗德亚洲公司创建于1989年，在中国业务发展已12年时间，在北京、上海和香港设有办事处，代表诸多行业的著名跨国公司开展公关活动，具有在全国各地管理公关项目的丰富经验。12年来罗德公关公司与全国各地的媒体建立了密切关系，具有非常强的媒体控制力。该公司聘用中国雇员作为主要业务骨干。2000年，盖洛普中国咨询公司所做的调查与评选中，罗德公关公司被评为中国汽车行业内实力最强、影响最大的公关公司。目前在汽车行业内主要汽车客户是奥迪中国、一汽-大众奥迪。

2. 面临的挑战和机遇

奥迪A8轿车是奥迪公司计划2001年向中国市场推出的三款产品之一。在国内的销售对象是政府高级官员、外交官、商界领袖及社会名流等一批上层人物。

奥迪A8轿车是奥迪豪华轿车系列中价格最昂贵、技术最先进的最高档旗舰产品，也是奥迪与奔驰S级轿车和宝马7系列轿车相抗衡的法宝。在中国，豪华轿车市场还在成长中，与经济型轿车和中档轿车相比，市场规模还较小。尽管如此，竞争却非常激烈。奥迪、奔驰、宝马、沃尔沃等国际知名品牌分割豪华车市场。值得注意的是，在豪华轿车市场，品牌知名度是这几大厂商主要竞争手段。

尽管奥迪公司制订的A8轿车的销售指标并不大（第一年为500辆），但却有很高的宣传效应，因为购买者都是高级官员和社会知名人士等公众人物。因此，奥迪中国所确定的公关目标是利用A8轿车在豪华轿车领域的特殊地位来增强奥迪品牌在中国的总体形象。为实现这个目标，奥迪公司特地聘请罗德公关公司策划并实施一项强有力的媒体报道计划。

更严峻的挑战来自于，虽然中国消费者对奥迪 A8 并不熟悉，但奥迪 A8 在国际市场上并不是一款刚推出的新车型。如何把这款车型重新包装、重新定位，并把它的特性介绍给中国消费者，这无疑对罗德公关公司的策划能力提出了极高的要求。

在欧美国家，汽车业界的媒体记者往往具有很深厚的汽车专业知识；中国的专业记者对汽车技术仍需要一个学习过程，而且刚刚开始接触试驾驶活动。因此，公关活动所面临的一个主要课题，是如何根据中国媒体的专业水平，采取别开生面的方式向他们说明 A8 轿车的诸多技术优势和车主可以享受到的种种利益。由于时间紧迫、预算有限，开展这项活动的难度就显得更大。

3. 执行项目的地域

针对中国豪华车消费状况，此项目选定三个城市实施：北京、上海、广州。这三个城市也是中国豪华轿车消费最集中的城市。选定这三个城市，目的是通过公关活动分别影响华北、华东、华南市场。

二、项目调查

1. 媒体调研

中国汽车专业媒体记者对试车活动还没有很专业的知识和了解。如何针对中国媒体现状，实施一次别开生面、令人难忘的公关活动，同时又能准确地把奥迪 A8 的特性传达给媒体？公关活动实施前，罗德公关公司对国内 20 家主要的汽车和生活时尚杂志进行了电话采访。具体了解以下问题：记者对搞一次新款豪华轿车的试驾驶活动在形式上有些什么需求？记者希望选择什么样地点？时间是一天还是半天或安排在晚间为宜？他们希望自己有多长时间进行试驾驶？调查结果表明，大多数记者希望活动时间为一整天，活动地点应选在各个举办城市附近开车约 1 至 2 小时就可抵达的地方。通过调研，充分了解了媒体记者的需求，这对罗德公关公司更有的放矢地实施活动非常有帮助。

2. 市场调研

活动实施前，罗德公关公司对中国豪华轿车市场进行了充分调研。调研发现，在中国豪华轿车市场，奥迪 A8 的主要竞争对手是奔驰 S 级轿车和宝马 7 系列轿车。通过调研还发现，在此之前，奔驰 S 级轿车和宝马 7 系列轿车虽然在中国市场有一定的销量，但从来没有在中国国内市场实施过某一具体车型的投放市场公关活动和试驾活动。另据了解，宝马中国区计划在中国市场实施"体验完美"巡回试车活动，但并非针对某一具体车型投放公关活动。因此，罗德公关公司将要实施的此次公关活动，将是中国高端豪华轿车市场第一次车型投放和媒体公关活动，意义非比寻常。奥迪品牌在全球的核心价值是"技术领先"。罗德公关公司为奥迪中国策划的此次公关活动为其实现了"公关领先"——在公关活动和策划上已经领先于其竞争对手。

三、项目策划

1. 具体公关目标

利用奥迪 A8 轿车的优秀品质增强奥迪轿车在中国的总体品牌形象，使之成为豪华配置和领先技术的代表。

创造消费需求，协助奥迪销售人员实现当年的销售指标（500 辆）。

充分宣传奥迪 A8 的领先科技所带来的突出卖点，如全铝车身结构、全时四驱系统等领先技术以及这些技术优势为消费者带来的全新感受。

在整个项目实施期间，敦促媒体进行广泛而持续的报道。

奥迪A8主要面向公务用车，因此要加强与政府部门之间的公关联系。

2. 具体公关策划

组织新闻媒体代表参加奥迪A8轿车的试驾驶和试乘坐活动，让他们亲身体验拥有A8轿车一族所享受到的生活风格。

根据奥迪A8轿车正式上市活动中所宣扬的主题设计四次演示活动，这些活动的宗旨是诠释A8轿车在"时间、空间、安全和创造宁静氛围"诸方面所具有的优势，并采取非常直观和饶有兴趣的互动方式显示A8轿车给消费者带来的独特享受。

聘请奥迪的技术人员和专业试车员讲授A8轿车的各项技术和行驶特征。

通过高雅的艺术表演烘托出奥迪A8豪华至尊的地位。

3. 目标公众

政府高级官员、商界领袖、外交官、社会名流等上层社会人士，他们具有很高的社会知名度。

4. 主要传播信息

奥迪品牌理念的内涵——人性、激情、领先、远见。

奥迪A8的特性被概括为"时·空·安·静"：

时间魅力——奥迪A8的强劲发动机为旅途节省了大量时间；该车配备了豪华的车载一体化办公系统，使车主可以充分利用旅途时间。

空间魅力——奥迪A8轿车为乘员提供充裕的内部空间。内部除宽敞外，还具有极高的舒适性和最豪华的装备。因此许多国家元首和国宾车队都选用奥迪A8。

安全魅力——全铝空间框架结构、全时四驱系统等先进技术使奥迪A8可提供超豪华轿车所能提供的最大限度的安全性能。

宁静魅力——奥迪A8的优秀隔音特性营造了车内非常宁静的氛围。

5. 媒体选择

在汽车业界对公众舆论起主导作用的各家报刊和电子媒体；

宣扬高档生活风格的实力派刊物和电视节目；

部分面向大众的文字媒体。

6. 具体传播手段

互动式专家讲解——来自德国的奥迪技术专家以专业的知识背景向记者详细介绍了奥迪A8的各种高科技装备。在介绍奥迪A8的全铝车身结构时，德国专家让记者们手持一个带磁铁的铁质小壁虎玩具，在奥迪A8车身上实验能否吸附上。结果可想而知，奥迪A8采用了先进的全铝车身结构，铁质玩具当然吸附不上。现场非常活跃，记者们啧啧称奇。罗德公关公司就是用这种巧妙而又富有趣味的传播手段，把奥迪A8"技术领先"的理念以令人难忘的手段传播给媒体记者。

紧扣主题的艺术表演——怎样让广大媒体记者对奥迪A8的"宁静"特性留下深刻的印象？让每个记者坐在车内体验宁静似乎很难。罗德公关公司在向媒体记者传播所要传播的信息时，并没有采取生硬的灌输手段。而是采用了由感性认识产生联想，再深入到理性认识的方法。罗德公关公司特意邀请到中央音乐学院著名古琴演奏大师李祥霆教授，为媒体记者们上了一堂别开生面的"宁静课"。以在北京的活动为例，在天下第一城古色古香的庭院中，微风轻送，李教授即兴演奏，要么让记者点题演奏。只听古音铮铮，一首清雅的古风《高山流水》，窗外蝉声稀疏，再浮躁的人也能立刻心灵澄净下来。而李教授身后设计独特的奥迪A8画板，则又突现出一个鲜明的具象。所听、所见被渲染，记者们就是这样高雅地体验到了奥迪A8的宁静。

大开眼界的试车表演——如何把奥迪A8超凡的操纵特性展现给媒体记者呢？罗德公关

公司请来奥迪德国总部的专业试车专家,也曾是欧洲赛车手的克兰特先生,在试车场地为记者们表演了惊险试车。为了体现奥迪A8配备的ESP电子稳定程序在打滑或高速刹车等极端情况下所具有的卓越操控性能,克兰特在车速达到120千米/时的情况下,双手撒开转向盘,伸出车顶天窗,同时急踩刹车。奥迪A8在场地上720度急转弯,稳稳地停在记者面前。只有在电影特技表演中才能看见的一幕发生在眼前,媒体记者热烈鼓掌。试车员的精彩表演为记者留下了深刻的印象,但更重要的是奥迪A8的超凡操控性令记者们折服。

实时互动的网络传播——为了实现广大消费者与爱车者之间的互动交流,奥迪中国开通了一个小型奥迪A8网站,喜爱A8的消费者可通过这个专门网站,了解到更多A8的资讯,并可直接与奥迪中国进行交流。

记者亲身试驾奥迪A8——活动在记者亲身试驾奥迪A8中达到高潮。记者试驾在专业试车员的陪同下进行,试驾形式也别有趣味。记者在驾车加速到80千米/时时,急踩刹车,体验奥迪A8ABS防抱死刹车系统的卓越性能。通过试驾,媒体记者们对奥迪A8的卓越安全性能留下了深刻的印象。而奥迪A8的这一卓越性能并没有经过刻意传播,而是通过记者的亲身体验,自己得出的结论。

7. 与管理层的协调及获得的支持

在公关活动中需要十几辆奥迪A8轿车,用来接送记者前往试车活动地点。

虽然奥迪A8是非常昂贵的豪华轿车,但奥迪中国特地协调其在中国经销商,最后调集10辆奥迪A8用于试车活动。

10辆奥迪A8及其养护车辆形成一个庞大的车队。经过与当地交通管理部门协调,最后由当地交管部门派出警车开道,车辆行驶问题得到非常圆满的解决。

四、项目实施

1. 项目实施中遇到的困难

项目实施场地的选择是实施中遇到的最大的困难。项目实施的场地必须符合下列条件:该场地必须符合奥迪品牌高档豪华车的形象,高档、豪华;要有足够的试车空间;交通要方便,离市中心开车行程不超过2小时。寻找同时符合三个条件的场地非常困难。以寻找北京的场地为例,罗德公关公司花费了近百个小时,走访了北京市区以及周边郊区所有可能适合以上条件的场地。可以说,在寻找场地的过程中,罗德公关公司花费了巨大精力。尽管如此,最后寻找到的场地客户表示非常满意。

在每座活动举办城市,罗德公关公司所选定的地点都是以高档和豪华著称的名胜:

北京:天下第一城,这是一座仿照紫禁城而设计的酒店/娱乐综合性设施,有城墙、瞭望塔、湖泊、佛塔、庭园和茶馆等景观,离市中心仅50千米。

上海:西郊宾馆,这是一座五星级宾馆,用来接待访华的国家元首和其他贵宾。

广州:海滨度假村,过去是广东省人民政府接待贵宾的宾馆。

准备时间异常紧迫。当客户最终确认策划方案时,离项目实施时间只有两个星期。罗德公关公司在如此短的时间里完成各个实施细节,面临着巨大的挑战。罗德公关公司所有员工加班加点,最终在短时间里完成了所有活动实施的准备工作。

2. 项目实施细节

(以北京活动为例,上海、广州两地实施细节相同)

活动实施分为两站:在北京古老的皇史宬,参加试驾驶活动的记者都受到奥迪主要负责人的迎候,并应邀观看一部有关A8轿车的录像带,由奥迪负责人向他们简要介绍为该款轿车而提出的在中国的行销计划以及奥迪最新的市场销售情况。接着,记者们分别乘坐十辆配备专职司机的崭新奥迪A8轿车奔赴天下第一城。在行驶期间,车内播放由罗德公关公司事先录制的一组原创诗歌，这些诗歌在古典音乐的烘托下描述了A8轿车的各项主要特征。

抵达活动地点后，先让记者们享受一顿精美的午餐。然后引导他们去参观四个互动式演示区。奥迪A8的特性被概括为"时·空·安·静"。大幅中文标题说明所要表达的各个主题：

空间优胜：由一位来自德国奥迪总部的产品工程师对A8轿车的主要特性进行全面而简要的介绍，包括该轿车所采用的全铝质车身结构、外观设计风格、内部配置特征、宽敞的座椅、最佳的人机工程设计等。记者可随意拍照和提问。

享受宁静：由一位琴师在古琴上演奏节奏柔美而幽婉的中国古典乐曲。记者们可一边品茗，一边赋诗，并由琴师当场为他们配曲演奏。在这种氛围下，记者由感性的古乐充分体验了"静"的境界；由感性的认识又联想到奥迪A8安静魅力。

时间概念：由一对舞蹈演员在奥迪A8轿车和钟楼的背景下表演现代舞，以诠释时间的本质及其稍纵即逝的特性。

安全性能：由来自德国的奥迪驾驶学校的一位教练讲述并表演A8轿车的各项安全设施及其操作过程，包括四轮驱动系统、防抱死刹车系统和电子稳定程序（ESP），后者可防止轿车在湿滑路面上行驶时因车轮打滑而失去控制。该教练还表演了极其惊险的驾驶技术：将车加速到120千米/时后立即刹车并转弯，原地旋转720度，以显示轿车在不使用ESP程序时的行为特征。然后他在使用ESP程序的情况下重复这个惊险动作，并且把两只手臂都伸到天窗外面，证明ESP程序如何有效地防止轿车失去控制。

试车活动的高潮是由记者们在教练的陪同下亲自驾驶A8轿车在试车线路上行驶。

五、项目实施结果和评估

1. 媒体覆盖率（定量和定性分析）

在北京、上海和广州三地，总计来自93个媒体单位的126名记者参加了针对A8轿车发布会的公关活动。截至当年8月20日，本项活动所产生的直接媒体报道文章共有144篇。

其中作了重点报道的媒体包括：中央电视台一台的"清风车影"栏目在6月1日对A8轿车的上市进行了为时九分钟的专题报道，该栏目乃是国内最重要、影响最广泛的汽车电视节目。广东有线电视台在8月17日的"车世界"栏目上作了为时5分钟的报道。中国最大汽车爱好者杂志《冠军赛车手》在7月1日出版的一期杂志中对A8轿车进行了详细介绍。8月8日出版的《南方城市新闻》刊登了一篇专题文章，题目为：《奥迪在中国推出A8型轿车后，再度与奔驰和宝马展开激烈竞争》，文章高度评价了A8轿车的优越性能。并对所有的报刊、电视台和在线媒体的报道都进行了全面跟踪。

有关A8轿车的报道中，97.78%的文章从正面角度报道了这次活动。至少92.24%的文章在标题中提到A8轿车的名称，并有82.76%的文章至少同时刊登一张参加这次活动的A8轿车的照片。在媒体报道中，绝大多数都介绍了A8轿车的主要特征，例如quattro全时四轮驱动系统、ESP程序和全铝质车身结构等。

2. 媒体反馈

"在所有国内外轿车试驾驶活动中，在北京举行的奥迪A8试驾驶活动是我所经历的最富创造性最新颖的一次活动。"——《车王》杂志

"从来没有参加过像奥迪A8媒体投放这样独特的试车活动。高雅的艺术表现方式，虚实结合地传达出奥迪A8的特性，而且给我们留下如此深刻的印象。我认为，奥迪A8媒体投放活动是我所参加的汽车媒体活动中最具特色的。"——《经济日报·汽车周刊》

"从空间、宁静、时间和安全等角度来展示轿车的优越性能给人印象深刻,是一个极富想象力的主意。这次试驾驶活动的安排非常独特;所选择的地点十分理想。"——《车王》杂志

这项活动所获得的投资回报率按照广告价值计算超过 400 万元人民币。在 5、6、7 三个月期间,由于对 A8 轿车的大量报道,奥迪在国内媒体报道中所占的份额比奔驰或宝马高出 134%。

3. 对销售工作产生的直接影响

自从奥迪中国于 6 月开展营销活动以来,各地经销商已经售出 50 辆 A8 轿车,相当于奥迪一年指标的 10%。奥迪经销商们反映,前去询问销售信息的顾客人数出现稳定增加。

4. 客户评价

奥迪中国区总监麦凯文对该次公关活动评价说:"我们对 A8 轿车媒体公关活动对我们的销售业务所产生的效果感到惊喜,这种积极作用不仅表现在 A8 轿车,而且也表现在奥迪的所有产品线上"。

资料来源:《公关世界》。

想一想:

请分析奥迪 A8 上市能成功的原因。

案例分析

宝马汽车的品牌定位与营销

百年来汽车市场竞争始终激烈,领先的汽车企业品牌也在长期的发展中、在产品和品牌规划过程中、通过先进的品牌定位模式与方法,以及品牌理性价值建设和感性价值建设,建立了各具特色的品牌价值定位和各自的优秀品牌资产。宝马(BMW)、奔驰(BENZ)、沃尔沃(Volvo),都是其中杰出的代表。

一、奔驰与沃尔沃的品牌定位

面向成功人士的奔驰,以其卓越的品质和大气的外形设计为基础,强调宽敞舒适的后排乘坐体验,建立了牢固的高端商务车品牌价值定位。沃尔沃以乘用安全为核心定位,数十年来投入巨资用于汽车安全领域的技术创新开发,拥有数百项创新的安全技术专利,为客户带来卓越的安全驾驶体验。

二、宝马的品牌定位

面对高端汽车市场激烈的竞争,宝马公司的客户定位,更多面向追求驾乘乐趣的成功人士、中青年社会精英,以及成功人士周围具有高消费能力的亲友人群。宝马的品牌定位,始终以"终极驾驶体验"为企业品牌策略的核心,并在产品设计中强化汽车操控功能与性能,在营销宣传中也突出驾乘体验和驾乘乐趣,树立了卓越的驾驶者之车的品牌价值定位。宝马以此成功地把"驾驶乐趣和潇洒的生活方式"的品牌精髓刻在了消费者的大脑深处,宝马车的购买者更多的是行业新锐、演艺界人士、富家亲友,以及有活力、有激情、心态比较年轻的喜欢自己开车的成功人士。

三、宝马的产品研发与技术创新

宝马的品牌核心价值是"驾驶乐趣和潇洒的生活方式",在这一品牌战略原则指导下,宝马的整个研发与技术创新战略都清晰地指向如何提升汽车的驾驶乐趣。宝马总是不遗余力地提升汽车的操控性能,使驾驶汽车成为一种乐趣、一种享受。

以宝马7系 Alpina B7 Biturbo Allrad 轿车为例,在发动机方面,宝马的发动机一向以动力强劲而著称,宝马 Alpina B7 Biturbo Allrad 所配备的双涡轮4.4升V8发动机的输出功率为373千瓦,转矩为700牛·米,采用全轮驱动的B7车型百公里加速耗时仅为4.7秒。在操控环节,该车通过创新设计,在手动模式下,取代自动排挡杆的是位于转向盘右上角的一个精巧的"变速柄"。换挡时,双手可不离转向盘,从而使驾驶更简便、更有乐趣。在驱动方面,该车采用 Alpina 全轮驱动技术,Alpina 独特的制动力分配技术让该车的驾驶动态性以及灵活性得到了显著提升,尤其是在转弯的时候,可将该车的运动操控性提升到超乎想象的水平,并且还可以在车辆加速状态下提供最大的牵引力。在外观方面,与其他豪华车强调庄重感不同,宝马7系采用全新造型设计理念,凭借其均衡的动感、古典式的优雅、跑车的轮廓和完美的线条组合,尽显豪华气派而不失流畅和动感。

四、宝马的品牌传播策略

宝马的品牌传播策略,也始终坚持突出宝马车优秀的操控性能、客户出色的操控体验,以及愉悦的驾乘情感体验。宝马的品牌传播主题包含但不限于下列内容:

(1)可驾驭的动力。
(2)驾驭脱缰野马般的激情和优越感。
(3)完美融合的感受。
(4)充满内在力量和激情的轿车。

宝马汽车宣传文稿范例:

宝马是超级驾驶机器。充满男子汉气概,没有丝毫的笨重和古板,驾驶宝马赋予驾驶者以控制感和力量感。

宝马的内涵是秩序与和谐。它是精密准确的汽车,它光亮的车身下,蕴藏着无限动力,一触即发。

能够拥有宝马是对车主的成功地位的肯定,因为并非人人都可以享受这份荣耀。

这一点从来不会公开宣扬,但宝马车主都知道这一点。

宝马是驾驶的乐趣,驾驶一辆精密工程设计的杰作。

想一想:

宝马公司选用了哪些品牌策略?

本章小结

汽车产品策略策划的步骤主要是:分析产品整体概念、找出核心消费者、市场定位、提炼卖点等。汽车产品组合策略策划主要有:扩大产品组合策略、缩减产品组合策略、产品线延伸策略(向上、向下、双向延伸)等。汽车产品定位策划是在市场细分的基础上确定目标市场,并通过各种途径、运用各种手段,为企业的产品及形象确定一个有利的竞争位置,而制订一套详细方案及其措施的过程。汽车产品市场生命周期策划的基本思路:投入期突出"快"字,成长期突出"好"字,成熟期突出"改"字,衰退期突出"转"字。

汽车新产品开发策划的一般流程:概念构思、方案筛选、概念形成、设计试制、拟定营销规划、商业分析、试销和正式上市。新产品上市策略策划主要是:定位准确、因市而动、事件营销、公关新闻、创新广告、销售促进、渠道建设、销售管理、口碑营销和整合传播等。

汽车品牌是一种名称、术语、标记、符号或图案，或是它们的相互组合，用以识别某个消费者或者某群消费者的汽车产品或服务，并使之与竞争对手的汽车产品或服务相区别。其特征有：品牌的专有性、品牌的价值性、品牌发展的不确定性和品牌的表象性。汽车品牌策略主要是指汽车企业如何合理、有效地使用品牌，以达到一定的营销目标。通常包括汽车品牌归属策略、汽车家族品牌策略、汽车多重品牌策略。

课后练习

1. 汽车产品策略策划的步骤有哪些？
2. 汽车产品组合策略策划有哪些？
3. 什么是汽车产品定位策划？汽车产品定位策划的基本流程如何？
4. 汽车产品市场生命周期策划的基本思路是什么？
5. 新产品开发策划的一般流程是什么？
6. 新产品上市策略策划有哪些？
7. 请你试举一或两个向上、向下或双向延伸汽车产品策划案例。
8. 什么是汽车品牌？其特征有哪些？汽车品牌有哪些作用？
9. 请你试举一或两个中外经典品牌命名策划案例。

实训操作

任务 1：

通过对餐饮业、现代服务业、制造业等典型商品，如饮料、服装、汽车等进行产品、品牌及形象定位分析，找出服务、品牌、形象、技术等因素在不同类型商品的市场定位，实训内容设计一份"××产品市场细分表"，或拟订市场定位策划书。

要求：

引导学生从不同类型的产品、品牌及企业形象中，发现其独特的市场定位，培养他们敏锐的洞察力，达到从平凡中见到不平凡的专项训练目的。

1. 对某一品牌或某一型号的饮料、服装、汽车进行深入的调查与分析。
2. 对某一家汽车经销商的服务、企业形象等进行深入的调查与分析。
3. 每位学生至少要确定一种汽车商品为训练对象项目，对其进行调查研究分析后，编写一份市场定位策划方案。

任务 2：

能够运用产品策划的思路、要求，针对产品组合、产品特定的生命周期、产品包装及产品品牌上市推广，选择相应的产品创意设计及品牌推广策划方案表现，使学生进一步掌握产品上市推广或品牌策划的内容、程序、方法和撰写产品上市推广或品牌策划文案的技巧，提高学生的实际操作运用能力。

要求：

1. 选择某一汽车产品组合或汽车产品处于生命周期的某一阶段，汽车产品上市推广作为策划课题。
2. 讨论现有的汽车品牌名称，分析其品牌策略。
3. 根据具体项目或汽车产品，要求学生在进行市场调研的基础上，进行全面的市场分析，让学生创意、策划汽车产品或品牌上市推广的具体策略、步骤，并撰写品牌推广策划方案。

汽车分销渠
道策划

第五章 汽车分销渠道策划

 学习目标

1. 掌握分销渠道策划的模式和策略。
2. 掌握直复营销策划的要素和方式。
3. 理解新商业业态策划的内容和类型。

 情境导入

宝马汽车的良好的分销渠道

同那些驰名世界的老牌汽车公司相比，宝马（BMW）公司不算大，然而，由于宝马公司在产品制造上坚持创新和个性多样化的方针，同时宝马公司拥有庞大的分销网络和对中间商的良好管理，使宝马在日新月异的汽车市场竞争中，总是别具一格，引导产品新潮流。

宝马公司在世界各地有16个大型销售网络和无数的销售商，宝马公司90%的新产品是通过这些网络和中间商推向市场的。有人估算过，全世界每天平均有数以万计的人就宝马牌汽车买卖同其销售网络的成员进行联系、洽谈。宝马公司通过它的这些销售渠道同客户建立起密切的联系，并随时掌握市场消费心理和需求变化。

宝马公司十分重视营销渠道的建设和管理。它的决策者们特别清醒地认识到，无论宝马车的质量多么优良、性能多么先进、造型多么优美，没有高效、得力的销售渠道，产品就不会打入国际市场，就不可能在强手如林的竞争中站稳脚跟。因此，宝马公司从来都不惜巨资在它认定的目标市场建立销售网点或代理机构，发展销售人员，并对销售商进行培训。

在宝马公司的经营战略中，"用户意识"这一概念贯穿始终。同样，在销售环节，宝马公司严格要求它的销售人员和中间商牢固地树立为用户服务的思想，因为他们直接同用户接触，代表着宝马公司的形象。所以，宝马公司对销售商的遴选十分严格，实行优胜劣汰的办法选择良好得力的贸易伙伴。

宝马公司遴选中间商的标准首先是了解背景、资金和信用情况。其次便是该中间商的经营水平和业务水平，具体包括以下几方面。

1. 中间商的市场经验和市场反馈能力

宝马公司要求它的中间商必须有很好的推销能力。它认为中间商只有通晓市场销售业务，具有丰富的市场经验，才能扩大宝马车的销售量。同时，中间商的市场信息搜集能力，对于宝马公司改进产品的设计和生产至关重要。例如，宝马公司根据中间商的信息反馈，特别制作和安装了保护汽车后座乘客的安全系统，受到消费者的欢迎。

2. 中间商提高服务的能力

宝马公司需要通过中间商向用户提供售前售后服务。如对汽车的性能、成本、保险、维修甚至车用移动电话等特殊装备等细节问题，中间商都必须能够进行内容广泛而细致的咨询和服务。为此，宝马公司在美洲、亚洲等地都有培训点，对中间商就用户的特殊服务和全面服务进行培训。

3. 中间商的经营设施

中间商所处的地点是否适中，是否拥有现代化的运输工具和储存设施，有无样品陈列设施等，均是宝马公司遴选中间商时要考虑的重要因素。

宝马公司在对营销渠道的管理上也极具特色。宝马公司设有专门负责中间商管理的机构，经常进行监督管理，要评估中间商的业绩好坏，涉及他们的推销方面的努力程度、市场信息的收集和反馈能力、对用户售前售后服务的态度和效果等。宝马公司还经常走访用户或问卷调查，以了解用户对销售商的评价。

在宝马公司进行的大规模问卷中，参加调查的商人和用户对宝马公司的销售商的评价普遍很好。因此，尽管宝马公司在与中间商签订的合同中已有奖励条款，但宝马公司对于受到用户赞扬的销售商仍然予以重奖。这样做的结果，使销售商更加积极地帮助宝马公司扩大影响，促进宝马车不断提高质量，真正起到宝马公司与用户间的桥梁作用。当然，对于受到用户不满和批评的宝马公司产品销售商，经过核查属实后，宝马公司坚决解除合同，另选销售商。宝马公司的这些做法，从一侧面说明了它对销售渠道管理的严格和对"用户意识"的重视程度。

此外，宝马公司还大力发展销售信息交换系统，这对于现代国际企业应付日趋激烈的市场竞争是不可缺少的。这可以使销售商之间、他们与销售网及生产厂家的信息交流快捷、方便，而用户的一些临时要求也能最大限度地得到满足。

宝马公司生产汽车的历史并不久远，但它的汽车同雍容华贵、硕大威武的奔驰、劳斯莱斯、凯迪拉克一样驰名世界，成为现代汽车家族中的佼佼者。而它的销售网络和广大销售商本着"用户第一"的宗旨提供的优质服务，更是得到用户的交口称赞，连宝马公司的竞争对手对此也是钦佩不已。

第一节　汽车分销渠道概述

一、汽车分销渠道的含义与特点

1. 汽车分销渠道的含义

汽车分销渠道，是指汽车商品从生产领域向消费领域转移过程中所经过的途径或通道，是联结生产和消费之间的"桥梁"和"纽带"。

2. 汽车分销渠道的特点

（1）每一条汽车分销渠道的起点是汽车生产企业，终点是个人消费者或用户，中间环节为中间商。

（2）汽车销售渠道主要包括：经销商（取得汽车产品的所有权）和代理商（帮助转移汽车所有权）。经销商、代理商都成为销售渠道的成员，共同构筑起汽车销售渠道。销售渠道通过其组织成员的协调运作，弥补产品或服务在生产与消费过程中，在消费形式、所有权转移、消费时间以及消费地点之间的差异，为最终使用者创造价值。

二、汽车分销渠道的作用

汽车分销渠道的作用主要表现为：

（1）汽车分销渠道是实现汽车产品销售的重要途径。汽车企业营销目的是满足消费者需求从而实现企业利润。这一目标能否实现，不仅取决于汽车企业能否生产出符合消费者需要的汽车产品，还取决于这些汽车产品能否及时到达消费者手中，这就需要选择合理的分销渠道。汽车分销渠道选择得当与否，将直接影响企业营销目标的实现程度。

（2）汽车分销渠道是汽车企业了解和掌握市场需求的重要来源。分销渠道既是产品转移的途径和通道，又是汽车企业收集市场信息的重要来源。渠道成员在销售产品过程中，能得到许多市场及汽车产品方面的信息。例如，消费者喜欢什么汽车产品，市场容量大致有多大，汽车产品需要做哪些改进等。汽车生产企业可通过他们得到有关信息，以便及时调整产品结构，不断满足市场需求。

（3）汽车分销渠道是加速汽车商品流转、节约销售费用、提高企业经济效益的重要手段。汽车分销渠道不畅通，将会造成资金和汽车产品的严重积压，导致汽车企业经济效益下降。反之，若能正确选择汽车分销渠道，合理安排购、销、运、存，则能加速汽车商品流通、加快资金周转，同时也能节省销售费用，从而提高企业经济效益。因此，汽车分销渠道策略同产品、价格、促销策略一样，也是汽车企业营销策略的重要组成部分。

不仅如此，汽车分销渠道还对其他三方面起着非常重要的影响作用。

首先，有了符合需要的汽车产品，如果没有适当的分销渠道，市场需求也得不到充分满足。

其次，汽车分销渠道又是影响汽车商品价格的重要因素。因为制定价格要以成本为基础，流通费用是其中一部分。分销渠道选择得当，就必然费用省、成本低，汽车价格就可相对便宜一些。反之，分销渠道若选择不当，就会增加费用、提高成本。这种情况下，提价会影响汽车商品竞争力，不提价又会发生亏损。

最后，汽车分销渠道与促销也有密切联系。各种促销方式的实施，都必须通过分销渠道，尤其是经销商和代理商的配合，否则就不能取得好的促销效果。

三、汽车产品中间商的类型和功能

汽车销售渠道中的中间商是指介于汽车生产企业与消费者之间，参与汽车流通、交易业务，促使汽车买卖行为发生和实现的经济组织和个人。中间商是汽车生产企业向消费者销售汽车时的中介环节，它一头连着汽车生产企业，另一头连着汽车的最终消费者，具有平衡市场需求、集中和扩散汽车产品的功能，在汽车销售渠道中起着十分重要的作用。

（一）汽车中间商的类型

就汽车整车销售而言，常见的中间商形式有以下几种。

1. 经销商

经销商是指从事货物交易，取得商品所有权的中间商。它属于"买断经营"性质，具体形式可能是批发商，也可能是零售商。经销商最明显的特征是将商品买进以后再卖出，由于拥有商品所有权，经销商往往制定自己的营销策略，以期获得更大的效益。在汽车销售渠道中，经销商的形式多样，通常分为普通经销商和特许经销商。

普通汽车经销商应具备的一般条件有：

（1）属于合法注册的企业法人，注册资金不低于一定数额（具体要求与其经营的汽车品种有关）；

（2）具有拟销售的车型的经营资格；

（3）有固定的和属于自己的经营场所，有一定的自有流动资金；

（4）有较好的银行资信和一定的融资能力。

2. 特约经销商

汽车特约经销商是指由汽车总经销商（或汽车生产企业）作为特许授予人（简称特许人，franchiser），按照汽车特许经营合同要求以及约束条件，授予其经营销售某种特定品牌汽车的汽车经销商（作为特许被授予人，简称受许人，franchisee）。对于汽车经销商，只有具备以下条件才可以成为汽车特约经销商。

（1）独立的企业法人，能自负盈亏地进行汽车营销活动；

（2）有一定的汽车营销经验和良好的汽车营销业绩；

（3）能拿出足够的资金来开设统一标识的特许经营场所，具备汽车营销所需的周转资金；

（4）达到特许入所要求的特约经销商硬、软件标准。

符合以上条件就可以通过履行经销商申请和受许人审核等手续，并经双方签署汽车特许经营合同（或协议），就可正式成为某品牌汽车的特约经销商。普通汽车经销商一旦成为某品牌汽车的特约经销商，将会使其在今后的汽车市场营销活动中带来以下几方面的优势。

第一，可以享受特许人的汽车品牌及该品牌所带来的商誉，使其在汽车营销活动中拥有良好的企业形象，给顾客以亲切感和信任感。

第二，可以借助特许人的商号、技术和服务等，提高竞争实力，避免单枪匹马进入激烈的市场所面临的高风险。

第三，可以加入特许经营的统一运营体系，即统一的企业识别系统、统一的服务设施、统一的服务标准，使其分享由采购销售规模化、广告宣传规模化、技术发展规模化等方面所带来的规模效益。

第四，可以从特许人处得到业务指导、人员培训、获得信息、融通资金等方面的支持和服务。

3. 销售代理商

销售代理商属于佣金代理形式，是指受汽车生产企业委托，在一定时期和在指定市场区域及授权业务范围内，以委托人的名义从事经营活动，但未取得商品所有权的中间商。代理商最明显的特征是寻找客户，按照生产企业规定的价格向用户推销产品，促成交易，以及代办交易前后的有关手续。若交易成功，便可以从委托人那里获得事先约定的佣金或手续费；

若汽车商品没有销售出去，也不承担风险。

在汽车销售中主要有两类。

一类是总代理商，即委托人的独家全权销售代理商。它是生产厂家的全权代理，负责推销厂家的全部汽车产品，不受地区限制，并且有一定的定价权。同时，生产厂家有销售代理商后，不得再委托他人代销产品或自销产品。这种类型多见于实行产销分离体制的企业集团。总代理商一般与生产企业同属一个企业集团，各自分别履行销售和生产两大职能。它除了为生产企业代理销售业务外，还为生产企业开展其他商务活动。

另一类是厂家代理商，即制造商的代理商。它们按照生产企业规定的销售价格或价格幅度和其他销售条件推销产品，安排储运，并向生产厂家提供市场信息、产品设计及定价建议等。这类代理商一般都与厂家签订长期代理合同，并受代理销售地区限制。不论是国内还是国外，厂家代理商这类中间商在汽车销售中都比较常见，如美国汽车制造商的国外汽车销售形式大都采用这种形式。

汽车企业对销售代理商条件的要求，一般高于特约经销商。销售代理商在理论上虽然不用买断产品，对资金的要求低，但实际上它需要投入较大的资金，按生产厂家的规范标准去建设专卖店和展厅。他还应具有很强的销售能力，有更高的信用和较强的融资能力，这些都需要经济实力做后盾。

综上所述，经销商赚取商品的购销差价，代理商赚取的是佣金。

（二）中间商的功能

汽车销售渠道中的中间商的基本功能有两个方面：第一是调节汽车生产企业与最终消费者之间在汽车供需数量上的差异。这种差异是指汽车生产企业所生产的汽车数量与最终消费者所需要的汽车数量之间的差别。第二是调整汽车生产企业和最终消费者之间在汽车品种、规格和等级方面的差异。

中间商的具体功能有以下几个方面。

（1）中间商沟通汽车生产企业与最终消费者中间供需双方在地域、时间、信息沟通、价值评估及对汽车所有权等方面存在的差距。供需双方自行完成汽车交易有一定的困难，而中间商的积极工作，可以消除上述差异，从而促成汽车交易，使汽车顺利地从生产领域转移到消费领域。

（2）中间商代替汽车生产企业完成市场营销职能，为汽车生产企业节省人力、物力和财力。中间商的价值就在于其能代替汽车生产企业执行所有的市场营销职能，如进行市场调查、刊登汽车广告、安排汽车储运、开展汽车销售以及做好售后服务工作。同时，中间商还能为生产企业提供商业信贷、催收债款，帮助汽车生产企业在消费者中树立信誉，拓宽产品市场。

（3）中间商的服务增加了汽车的价值。因为中间商进行汽车运输和存储，提供售前、售中和售后服务，所以增加了汽车的价值。

（4）中间商是汽车生产企业的信息来源。中间商最了解汽车市场情况，知道哪些汽车畅销，哪些汽车滞销。这样可以及时把信息反馈给汽车生产企业，使它能够根据汽车市场的情况组织生产，避免生产中的盲目性。

（5）中间商有利于汽车企业进入新市场。汽车企业在自行开发新市场时，往往由于缺乏经验和不了解新市场的情况，使开发工作进展缓慢。而中间商市场营销经验丰富，了解新市场行情，汽车企业依靠中间商开发新市场，可以减少风险，大大提高成功的可靠性。

（6）中间商有利于汽车企业销售新产品。当汽车生产企业向市场推出新产品时，依靠中间商，既可以节省在新产品营销工作中的大量资金，又可以利用中间商与消费者的多年联系，使新产品能够顺利销售，为企业占领市场赢得时间，使新产品的成功率大大提高。

第二节　汽车分销渠道模式

汽车企业的分销渠道，按不同标准可作不同分类。按是否使用中间商，可分为直接渠道和间接渠道；按分销过程中经历中间环节的多少，可分为长渠道和短渠道；按企业在销售中使用中间商的多少，可分为宽渠道和窄渠道。由此便有了直接渠道与间接渠道策略、长渠道与短渠道策略以及宽渠道与窄渠道策略。不同渠道策略各有其特点和要求，汽车企业应根据各自条件进行相应选择。

一、直接销售渠道与间接销售渠道

1. 直接销售渠道

直接销售渠道是企业采用产销合一的经营方式，即汽车生产企业不通过任何中间环节，直接将汽车销售给消费者或用户。这是最简单、最直接的销售渠道。

在汽车销售中直接销售渠道主要有两种方式：一是通过厂家的销售公司直接售车，没有其他经销商介入；二是通过厂家自己拥有的汽车专卖店售车。

采用直接渠道销售汽车有多方面的优点：一是产、需双方沟通信息，可以更好地满足目标顾客的需要。由于是面对面的销售，用户可更好地掌握汽车的性能、特点和使用方法。二是无中间环节，节省流通费用。由于少了中间环节，节省了销售费用，加快了汽车的流转，降低汽车在流通过程中的消耗。三是加强促销，便于提供服务。企业直接销售实际是直接促销，对汽车这种技术性较强的商品，汽车企业可专门培训推销人员，为客户服务，对扩大销售十分有利。四是使购销双方在营销上相对稳定。一般来说，直销渠道进行汽车交换都签订合同，购车的数量、交货的时间、价格、质量、服务等都按合同规定履行，购销双方的关系以法律的形式固定下来。五是便于了解市场需求。由于汽车企业和消费者直接接触，因而能及时、全面地了解消费者需求的变化，也能为其提供较好的售前、售中、售后服务，既加深了对市场的了解，又密切了产销关系，为不断改进产品、更好地满足用户需求创造了条件。六是加强控制，避免了矛盾冲突。直接渠道便于汽车企业控制产品营销的各个方面，可以避免渠道成员间协调不当而引起的矛盾冲突。

但采用直接销售渠道也有很多缺点：一是占用企业较多的资金和人力。生产者要设置庞大的分销机构，储运、分销设施要相应增加，销售人员和费用也会增多，企业营销管理事务也大大增加，对分销人员的素质要求也会提高。二是限制了商品流通范围，不利于尽快扩大市场。毕竟汽车制造企业自有的销售力量总是有限的。

一般来讲，在以下情况适合采取直接渠道策略：主要用于订单量不大、档次较高的高级轿车等；也用于订单量很大的团体用户，如政府机关、汽车租赁公司、出租汽车公司和物流公司等。

2. 间接销售渠道

间接销售渠道是在商品生产者和消费者之间有中间商介入，即汽车生产企业通过经销商将汽车销售给消费者或用户。汽车生产企业的绝大多数汽车是通过间接销售渠道售出的。

汽车销售中常见的间接渠道销售模式有：汽车生产企业经销商（特许经销商）+消费者或用户；或者汽车生产企业+批发经销商+经销商（特许经销商）+消费者或用户；或者汽车生产企业+代理商+经销商（特许经销商）+消费者或用户等多种模式。

采用间接销售渠道的优点：一是简化了交易过程。由于中间商的介入，汽车生产企业毋须与大量消费者直接打交道，从而减少了交易次数，减轻了汽车生产企业的销售工作量。二是促进了汽车产品销售。可借助中间商丰富的销售经验和市场知识、良好的信誉、完善的营销网络来扩大商品销售范围，提高市场占有率；同时也使汽车生产企业有更充沛的精力去研制、开发适销对路的新产品。三是满足了市场需求。不同市场上，顾客对汽车产品有不同的要求，汽车生产企业的汽车产品很难适应，中间商则可利用其集中、平衡、扩散的功能，有效调节产需关系，解决产需之间数量和品种方面的矛盾，从而更好地满足市场需求。

但是，采用间接渠道也有其缺点：一是增加了流通费用。由于中间商的介入，相应增加了销售环节。中间环节过多，必然会延长流通时间，增加流通费用。二是削弱了汽车生产企业的控制力。中间商的介入，削弱了汽车生产企业对渠道的影响力，弱化了与消费者的联系，从而可能影响分销计划的效率。

可见，两种策略各有利弊，各自适应不同的条件，汽车企业在决策时必须对市场特点、企业实力、产品性质等作综合考虑，选择适当的策略。

二、长销售渠道与短销售渠道

长销售渠道是指汽车产品分销过程中经过两个或两个以上的中间环节；短渠道策略是指汽车企业仅采用一个中间环节或直接销售产品。两种策略各有利弊，必须认真分析和选择。

长销售渠道由于渠道长、分布密，能有效覆盖市场，从而扩大汽车商品销售范围和规模。缺点则主要表现为：销售环节多，流通费用会相应增加，使汽车商品价格提高，价格策略选择余地变小；信息反馈慢，且失真率高，不利于汽车企业正确决策；需要更好地协调渠道成员间的关系。

短销售渠道可以减少流通环节，节约流通费用，缩短流通时间；使信息反馈迅速、准确；有利于开展销售服务工作，提高汽车企业信誉；有利于密切汽车生产企业与中间商及消费者的关系。缺点是难以向市场大范围扩张，市场覆盖面较小；渠道分担风险的能力下降，加大了汽车生产企业的风险。我国许多专用汽车生产企业、重型汽车生产企业采用这种销售策略。

三、宽销售渠道与窄销售渠道

1. 宽销售渠道

宽销售渠道是指在某一销售环节上，汽车生产企业同时选用两个以上的中间商销售商品。

其优点是：在汽车生产企业大批量生产某种汽车产品的情况下，可以使汽车产品迅速转入流通领域，使再生产得以顺利进行；并且可以通过多数中间商迅速地将汽车商品转到消费者手中，满足广大消费者的需要。另外，由于汽车生产企业同时用多家中间商为自己销售汽车产品，可以对这些中间商的工作效率进行综合评价，从中选择效率高的中间商继续为自己销售汽车产品，同时淘汰那些效率低的中间商，促使中间商之间开展竞争，不断提高商品销售效率。从而使商品价值迅速实现，消费者需求迅速得到满足。在市场经济发达的条件下，汽车生产企业一般都选用宽销售渠道销售自己的汽车产品。

但是宽销售渠道也有缺点：主要是由于选用的中间商多，就使得各个中间商推销某一种汽车商品不专一，不愿意花费更多的费用推销某一种汽车产品，也不愿负担广告费用、人员促销费用等。另外，在选用宽销售渠道的情况下，汽车生产企业与中间商之间的关系松散，极易在外部条件变化的情况下关系破裂。所以，汽车生产企业选用中间商时会不断地发生变更。

2. 窄销售渠道

窄销售渠道是指汽车生产企业在某一环节上只选用一个中间商为自己推销汽车商品。

其优点是：汽车生产企业与中间商的关系密切，互相之间有很强的依附关系。汽车生产企业可以全力支持中间商开展汽车商品销售业务。如向中间商传授技术，给予资金和人力支持等。中间商也随时把市场信息反馈给汽车生产企业，汽车生产企业和中间商都愿意承担商品销售费用。如，推销汽车商品的广告费用、汽车商品销售人员的培训费用、增添汽车商品的销售服务设施、增加服务项目的费用等。汽车生产企业和中间商通过合作可以防止被竞争者排斥，也可以排斥竞争者利用这一销售渠道，从而提高其销售竞争能力。汽车生产企业便于控制中间商，不仅可以控制销售方式，还可以控制销售价格和售后服务。这种控制对中间商有利而无害，不会引起中间商反感，因为这种控制的基础是支持和指导，有利于提高中间商的销售效率。

窄销售渠道的缺点是：汽车商品生产企业对中间商的依赖性太强，一旦汽车生产企业和中间商之间关系发生变化，中间商不再为汽车生产企业销售汽车产品，汽车生产企业就要失掉所占领的市场，或者在短时间内选择不出适当的新销售渠道，造成被动。对中间商来说，也有风险，万一汽车生产企业失败，他们也会受到影响。另外，在汽车生产企业产量增长的情况下，只限于在某一市场销售自己的汽车商品，容易因销售力量不足而失掉顾客，使汽车商品无法更快地推销出去，影响再生产的进行。

以上各种分销渠道策略，包括直接渠道、间接渠道、长渠道、短渠道、宽渠道、窄渠道等，在实际运用中是相互联系的。一般来说，长渠道必然是宽渠道，短渠道同时也是窄渠道。例如，汽车生产企业自销属于直接渠道，是最短、也是最窄的渠道；间接渠道中，最长的渠道也是最宽的，即经过几道中间环节再销售的汽车商品，在渠道宽度上必然是广泛性渠道。因此，汽车生产企业在选择分销渠道策略时，必须全面考虑，避免出现渠道间的矛盾而影响分销效果。

第三节　汽车分销渠道选择与策划

一、汽车分销渠道的选择

汽车分销渠道的选择和确定是企业营销活动中十分重要的决策，直接影响着企业的营销

第五章 汽车分销渠道策划

目标的实现。合理、适当的分销渠道,能把汽车产品有效地送到消费者手中,加快汽车商品的流通和资金周转;同时也能节约销售费用,降低产品销售价格,提高产品竞争力。而企业一旦选错了渠道,不仅要遭受经济上的巨大损失,而且纠正这一过失也是非常费时费力的。所以,现代汽车企业要十分重视分销渠道的研究和选择。

(一)影响分销渠道选择的因素

影响分销渠道选择的因素很多,汽车企业在选择分销渠道时,必须对下列几方面的因素进行综合的分析和判断,才能做出合理的选择。

1. 产品因素

(1)产品价格。一般来说,产品价格越低,其销售渠道越长;产品单价越高,销售渠道越短。汽车是价格昂贵的工业品、耐用消费品、享受品,不宜经过较多的中间商,应减少流通环节,采用直接渠道或短渠道。

(2)产品的体积与重量。重量和体积直接影响运输费用和储存费用。因此,对于体积和重量过大的汽车商品,应努力减少中间环节,故渠道短一些为宜。

(3)产品的式样或款式。式样多变、时令程度较高的产品,如时装、玩具等,应尽可能缩短销售渠道,减少中间环节,以免产品的过时而积压。汽车的时尚性相对于时装、玩具等要小一些,故渠道的长短要求在这方面相对较弱。对于具有较高时尚程度的新车型,或一些特殊规格、式样的汽车,以及具有特殊功能的专用汽车,宜以较短渠道或由企业直接向用户销售。而对于款式不易变化的产品,销售渠道可长些。

(4)产品的技术与服务要求。对于技术性强而又需提供售前售后服务的产品,如耐用消费品和多数工业用品,应尽量采取直接式渠道模式,即使需要中间商介入,也要尽量减少环节。汽车具有较强的技术性,汽车产品技术复杂,用户对其维修服务要求较高,需要经常提供售后服务,故渠道的长度和宽度都不宜过大,宜采用直接渠道或短渠道。

(5)产品的通用性与专用性。通用的、标准的产品,因具有明确的规格和质量,可用间接式销售;而专用产品,如专用设备等,一般需生产者和用户直接面议质量、规格等要求,签订供货合同,采取直接式销售,不宜经过中间商。汽车大多数属于标准品,只有较少的是选装件产品。一般可通过中间环节按样品或商品目录进行销售。但对于有些国产品牌,由于产品质量的稳定性并不太高,一般的顾客还是喜欢眼见为实,经过较多的试乘试驾之后才决定购买所试的车辆,所以对陈列的展车要求较高。

(6)新产品。由于新产品刚进入市场,顾客对它还不了解,因此,需要花大量费用做广告,或组织人员推销。在这种情况下,中间商一般不愿意接受这种产品的销售。所以,新产品只能由汽车生产企业自己直接销售。

2. 生产企业因素

(1)企业规模与信誉。企业财力资源雄厚,声誉良好,销售力量较强,可以自己组织推销队伍,或选择直接销售方式;如果企业产品声誉尚未树立,资金缺乏,则只能依赖中间商提供服务,只能选择间接销售渠道。

(2)企业控制渠道的愿望。企业在采取间接渠道模式时,必然要与中间商协调配合。然而,中间商也有其自身的经济利益,企业一定要适当兼顾,如果处理不当,必然会影响渠道各环节之间或同一环节各成员之间的矛盾,影响企业对市场情况的了解与控制。如果企业有较强的控制渠道的欲望,又有较强的销售能力,可把产品直接出售给消费者或用户,或者选择较短的销售渠道。

（3）企业提供的服务。企业如能承担更多的广告、展销费用，提供修理服务，必然会为有效地销售产品创造条件，引起中间商或代销商的兴趣，收到良好的合作效果。反之，企业只能采取自销形式。汽车生产企业所能提供的服务越多，越能引起经销商对产品的兴趣，反之则不然。

（4）企业管理能力与经验。汽车生产企业选择销售渠道，还必须考虑企业自己的管理经验，如果缺乏市场营销方面的经验与能力，就应多依靠中间商。有些企业为了有效销售渠道，宁愿花费较高的渠道成本，建立短而窄的渠道。反之，根据成本等因素采取较宽的销售渠道。

3. 市场因素

市场范围的大小，顾客的集中与分散，市场供求和购买习惯，市场需求的季节性，以及竞争者产品的销售渠道策略等，都会影响到销售渠道的选择。

（1）用户数量。它是决定市场大小的主要因素之一，市场范围的大小直接影响着是否选择中间商。通常，产品市场范围大，就需要中间商提供服务；反之，产品市场范围小，则可由厂家直接供应用户。随着汽车销量的增加，汽车市场范围逐步扩大，一般需要借助中间商的力量。

（2）用户的集中程度。市场集中与否是采用间接与直接销售渠道的一个因素。市场比较集中，可进行直接销售，反之，则需要通过中间商。汽车市场相对比较分散，密集度有高有低，中间商还是很重要的。市场范围越大，销售渠道相应越宽；相反，则可窄些。

（3）消费者的购买习惯。对于各类不同的消费品，顾客的购买习惯和一次购买量都是不同的。例如，对油、盐、酱、醋、糖果、肥皂等生活必需品，消费者都习惯一次购买量很少，而重复购买，在这种情况下，销售网点就要多设一些；反之，对一些耐用和半耐用消费品，顾客的购买次数比较少，则可少设销售网点。消费者对汽车购买的方便程度的要求、购买地点及购买方式等也会影响到汽车生产企业对不同销售渠道的选择。

（4）市场竞争情况。汽车市场竞争十分激烈，由于生产厂家比较多，生产能力过剩，在销售渠道方面的竞争很大。通常，同类产品应与竞争者采取相同或相似的销售渠道。一般来说，采用与竞争者同样的销售渠道比较容易占领市场。但也有例外，如广州本田汽车和上海通用的别克汽车利用在中国后来居上的优势，在产品投放市场初期，即大力开展建设高规格的专卖店销售体系，一反常规，取得了成功。在竞争特别激烈时，则应伺机寻求有独到之处的销售渠道。

4. 社会环境因素

（1）经济形势。当社会经济形势好、发展较快时，销售渠道的选择余地就大；而出现经济萧条、市场需求下降时，就应该减少不必要的中间环节，使用较短的渠道。如今我国家用轿车的消费环境越来越好，企业可考虑增加渠道或使渠道拓宽，使一般的县市都能有汽车销售市场。

（2）国家政策。由于汽车是特殊商品，尤其是轿车，国家要求必须具有汽车经营权的单位才能销售，其他单位则不允许经营。所以，这必然影响到销售渠道的选择。中国在这方面控制比较严，对汽车经营权的申请单位要求注册资本必须在一定的数额以上，还必须有国家定点汽车生产厂家的强力推荐。

（3）法律、法规因素。企业选择销售渠道必须符合国家有关政策和法规。例如汽车产业政策、税收政策、价格政策、专卖制度、反不正当竞争法、反垄断法规、进出口规定、消费者权益保护法等，使用合法的中间机构，采用合法的销售手段。

由于汽车商品的特殊性及各个汽车生产企业自身因素的不同，在当前的社会环境条件下，涌现了多种渠道模式，但是，对现有的渠道模式还需要进一步调整、优化。

（二）选择分销渠道的原则

从总体上讲，好的分销渠道必须能以最快的速度、最好的服务质量、最经济的流通费用、最高限度的市场占有率，将汽车商品送到消费者手中。因此，汽车生产企业在选择分销渠道时，必须遵循相应原则。

（1）必须有利于满足消费者需要。汽车生产企业选择分销渠道，首先必须着眼于消费者需要，做到网点合理、价格公道、服务周到等。

（2）必须与汽车生产企业整体营销活动协调平衡。汽车生产企业在选择分销渠道时，应充分考虑它与产品策略、价格策略、促销策略等的协调性，做到相互统一、相互促进。

（3）必须有利于发挥汽车生产企业优势。分销渠道的选择，必须确保汽车生产企业优势得到充分发挥，使企业在竞争中获得优势地位。

（4）必须保证汽车商品流通的不间断性、时效性。好的分销渠道，必须能够不间断地、顺利地、快速地使汽车商品进入消费领域。

（5）必须能够带来显著经济效益。经济效益是衡量分销渠道优劣的重要标志。好的分销渠道必须费用低而收益大。一般来说，交易成功率高、物流速度快、流通费用低、资金周转快的分销渠道，经济效益就好，反之经济效益就差。

二、汽车分销渠道策划

（一）汽车分销渠道策划的步骤

汽车生产企业选择分销渠道，除必须了解其影响因素、明确选择的基本原则外，还必须掌握汽车分销渠道策划的一般步骤。汽车分销渠道策划的步骤大致包括以下几点。

（1）确定渠道长度。汽车生产企业应首先根据自身的产品特点及其他所有可能影响渠道模式选择的因素，确定分销渠道的类型——是直接渠道还是间接渠道；是长渠道还是短渠道。

（2）决定渠道宽度。汽车生产企业若决定选择长渠道、利用中间商分销，还要确定中间商的数目，即决定渠道宽度。根据产品本身的特点、市场容量的大小和需求面的宽窄等，可相应选择广泛性渠道策略、选择性渠道策略或专营性渠道策略。

（3）挑选合适的中间商。中间商选择合理与否，对汽车生产企业产品进入市场、占领市场、巩固市场和发展市场有着关键性的影响。选择中间商时，应主要考虑以下因素。

① 服务对象。不同汽车制造商有不同的目标市场，不同中间商也有不同的服务对象。汽车生产企业选择分销渠道，应首先考虑中间商的服务对象是否同企业要求达到的目标市场相一致，只有一致的中间商才能选择。

② 地理位置。中间商的地理位置直接影响到产品能否顺利到达目标顾客手中。因此，选择中间商必须要考虑其地理分布情况，要求既要接近消费者，又要便于运输、储存及调度。

③ 经营范围。在选择中间商时，如果其经营主要竞争对手的产品，就需格外谨慎，不宜轻易选取。当然，如果本汽车生产企业产品在品质、价格、服务等方面优于同类产品，也可以选择。

④ 销售能力。即考察中间商是否有稳定的、高水平的销售队伍，健全的销售机构，完善的营销网络和丰富的营销经验。

⑤ 服务水平。现代营销要求提供一体化服务，包括运输、安装、调试、保养、维修和技术培训等各方面。因此，要求中间商必须有比较高的服务水平和能力。

⑥ 储运能力。储运能力的大小，直接关系到中间商业务量的大小，因此也是必须考虑的。

⑦ 财务状况。中间商财务状况的好坏，直接关系到其是否可以按期付款，甚至预付货款等问题。汽车生产企业在选择中间商时，必须对此严加考察。

⑧ 信誉及管理水平。中间商同其他合作伙伴关系如何，信誉如何，管理人员的管理能力、服务水平如何等。

⑨ 合作诚意。若没有良好的合作诚意，再有实力的中间商也不能选择。

（4）规定渠道成员彼此的权利与责任。选定中间商以后，汽车生产企业就要规定与中间商彼此之间的权利和责任，如价格折扣、交易条件、特定服务等方面的内容。

（二）汽车分销渠道策略的评估

在汽车生产企业初步确定其分销渠道策略之后，还要对这些可供选择的渠道进行评估，并根据评估结果选出最有利于实现企业长远目标的渠道。评估主要从经济性、可控性、适应性三方面进行。

1. 经济性

每个渠道方案都代表某种水平的销售量和费用。选择的标志是：在销售成本相同的情况下，选择销售量大的方案；销售量相等的情况下，选择销售成本低的方案。一般来说，利用中间商的成本较企业自销的成本要低，但当销售量增长超过一定水平时，利用中间商的成本会愈来愈高。因此，汽车生产企业在销量较小的地区，利用中间商销售比较合适，当销售量达到一定水平时，则应设立自己的分销机构。

2. 可控性

企业对分销渠道的选择不应仅考虑短期经济效益，还应考虑分销渠道的可控性。因为分销渠道稳定与否对汽车企业能否维持并扩大其市场份额、实现长远目标关系重大。汽车企业自销对渠道的控制能力最强，但由于人员推销费用较高，市场覆盖面较窄，因此不可能完全自销。利用中间商分销就应充分考虑渠道的可控性。一般来说，建立特约经销或特约代理关系的中间商较容易控制，但这种情况下，中间商的销售能力对汽车企业的影响又很大，因此应慎重决策。

3. 适应性

每一分销渠道的建立都意味着渠道成员之间的关系将持续一定时间，不能随意更改和调整，而市场却是不断发展变化的。因此，汽车生产企业在选择分销渠道时就必须充分考虑其对市场的适应性。首先是地区的适应性，在某一特定的地区建立汽车商品的分销渠道，应与该地区的市场环境、消费水平、生活习惯等相适应；其次是时间的适应性，根据不同时期商品的销售状况，应能采取不同的分销渠道与之相适应。总之，适应性要求汽车生产企业在分销渠道决策时保留适度弹性，能根据市场形势的变化，对其分销渠道进行适当调整，以更好地实现汽车生产企业营销目标。

（三）汽车分销渠道的管理

汽车分销渠道建立以后，汽车生产企业还必须对其进行管理，目的是加强渠道成员间的合作，调节渠道成员间的矛盾，从而提高整体分销效率。对分销渠道的管理即是对中间商的管理，内容主要包括激励、扶持、检查、调整四个方面。

1. 汽车分销渠道的激励与扶持

汽车生产企业在选择了分销渠道以后，为了保证中间商努力扩大对本企业产品的销售，不断提高业务水平，必须对其进行激励与扶持。

对中间商的激励首先体现在向其提供适销对路的优质汽车产品。只有经营畅销汽车商品，中间商才能加速资金周转，增加企业盈利。因此，提供适销对路的优质产品就是对中间商的最好激励。

对中间商激励的另一种方式是合理分配利润。企业与中间商在一定程度上是一种利益共同体，因此必须"风险共担、利益均沾"，这就要求汽车生产企业合理分配双方利润，否则中间商就没有销售积极性。所以，对中间商要视其情况采取"胡萝卜加大棒"的策略。对销售指标完成得好的中间商可给予较高的折扣率，提供一些特殊优惠，还可以发放奖金或给广告补助、促销津贴等；若中间商未完成应有的渠道责任，则对其进行惩戒，可降低折扣、放慢交货甚至终止关系。

做必要让步也是对中间商的激励方法之一。要求汽车生产企业了解中间商的经营目标和需要，在必要时作一些让步，以满足中间商的某些要求，鼓励中间商努力经营。

对中间商的扶持主要体现在资金、信息、广告宣传和经营管理等方面。资金方面，可适当延长中间商的付款期限，放宽信用条件，以解决其资金不足的困难。信息帮助是指将汽车生产企业了解的市场信息和汽车产品信息等及时传递给中间商，为其扩大产品销售提供信息方面的依据。广告宣传帮助主要包括帮助中间商策划当地的促销活动，提供广告津贴、陈列经费、宣传品等。经营管理帮助是指汽车生产企业通过帮助中间商搞好经营管理，从而扩大本企业产品的销售。例如，协助中间商搞好汽车产品陈列或某些车展活动，主办汽车产品相关表演，协助培训销售人员和推销人员，进行技术指导等。这样不仅密切了双方关系，还可大大提高中间商的工作效率和服务水平。

值得注意的是，对中间商的激励必须适度，激励过少难以刺激其经营积极性，过分的激励或越俎代庖，又会造成汽车企业利润的损失，影响中间商独特功能的发挥。

2. 汽车分销渠道的检查与调整

为保证中间商能与汽车企业搞好配合，除对其进行适当激励和扶持外，还必须做好定期检查和评估。考察、评价中间商经营业绩的标准主要包括：销售指标完成情况、平均存货水平、销售速度、对受损汽车产品的处理、促销方面的合作、销售服务的态度和质量等。通过检查、评价，对业绩突出的可给予奖励，对表现不佳的中间商则要进行分析诊断，帮助其改进销售工作，必要时可予以调整、更换，以保证汽车生产企业营销活动顺利而有效地进行。

另外，市场营销环境是不断发展变化的，原先的分销渠道经过一段时间以后，可能已不适应市场变化的要求，必须进行相应调整。一般来说，对汽车分销渠道的调整有三个不同层次。

（1）增减汽车分销渠道中的个别中间商。由于个别中间商的经营不善而造成市场占有率下降，影响到整个渠道效益时，可以考虑对其进行削减，以便集中力量帮助其他中间商搞好工作，同时可重新寻找几个中间商替补；市场占有率的下降，有时可能是由于竞争对手汽车分销渠道扩大而造成的，这就需要考虑增加中间商数量。汽车生产企业决策时必须进行认真分析，不仅要考虑其直接收益，如能带来销售额的多大增长，而且还要考虑对其他中间商的销量、成本与情绪所带来的影响。

（2）增减某一个分销渠道。当汽车生产企业通过增减个别中间商不能解决根本问题时，就要考虑增减某一分销渠道。例如，汽车生产企业在经营过程中可能发现有的渠道作用不大需要缩减，有时又会由于渠道不足造成某种汽车商品销售不畅，需要增加新的分销渠道。

（3）调整整个分销渠道。这是渠道调整中最复杂、难度最大的一类。因为它要改变汽车生产企业的整个渠道策略，而不只是在原有基础上缝缝补补。如放弃原先的直销模式，而采用代理商进行销售；或者建立自己的分销机构以取代原先的间接渠道。这种调整不仅是渠道策略的彻底改变，而且产品策略、价格策略、促销策略也必须作相应调整，以期和新的汽车分销系统相适应。

上述调整方法，前一种属于结构调整，立足于增加或减少原有分销渠道的某些中间层次；后两种属于功能性调整，立足于将一条或多条渠道的分销工作在渠道成员间重新分配。

总之，分销渠道是否需要调整、如何调整，取决于其整体分销效率。因此，不论进行哪一层次的调整，都必须做经济效益分析，看销售能否增加，分销效率能否提高，以此鉴定调整的必要性和效果。

案例分析

比亚迪分销策略策划

1. 分区域推广产品，深入二、三线城市

在我国，各区域经济的发展是不平衡的，所以汽车厂商会按照各地消费能力的不同将市场划分层次。按照比亚迪的理论，一线市场是指北京、上海、广州、深圳等，其他的一些省会的城市我们可能把它放在二线市场的范围内，一些地级市放到三线的市场。

比亚迪上市初期采取的是一个区域一个区域来做，首先集中精力从二、三线市场入手，避开了北京、上海、广州等一线的城市。因为这些城市主要被合资品牌占据，消费者的品牌意识比较强，比亚迪作为一个新品牌盲目进入这个市场存在一定的风险。在二线市场渠道已经发展成熟后，品牌有了一定的积累，比亚迪将"北、上、广"作为一个专门的营销区域去做推广，并成立了专门的营销团队。一线市场是必争之地，但在合资品牌不断向二、三线城市渗透的情况下，比亚迪也加强了其在二、三线城市渠道的管理，同时用比2S更为灵活的销售店向三线城市延伸。

根据市场细分，在营销上比亚迪汽车将全国市场按地域性特点、文化及消费水平从南到北划分为九个营销大区，即：

广东大区：包括广东、广西、海南。

湖南大区：包括湖南、湖北、江西。

浙江大区：包括浙江、福建。

上海大区：包括上海、江苏、安徽。

四川大区：包括四川、重庆、云南、贵州。

山东大区：包括山东、河南、山西。

陕西大区：包括陕西、新疆、甘肃、宁夏、青海、西藏。

北京大区：包括北京、天津、河北、内蒙古。

吉林大区：包括辽宁、吉林、黑龙江。

2. 比亚迪汽车分销策略

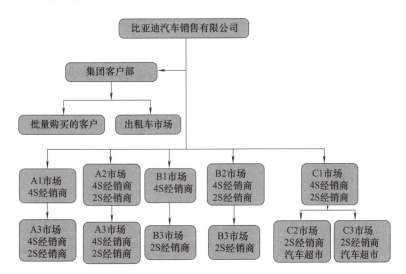

目前比亚迪汽车的渠道网络已经覆盖了整个细分市场中所有的区域，经销商已经由最初的 94 家达到现在的近 900 家。其中 4S 经销商已经由最开始的 13% 达到现在的 65%。强大的网络覆盖为比亚迪汽车营销战略提供了良好的支撑。同样是一个厂家的车型，在终端渠道上却给了不同的汽车经销商。在同一品牌下"不同车型"的新建销售网模式，有别于合资汽车按品牌进行划分的新建销售网模式。但与奇瑞、吉利等相比，比亚迪的销售又显得更为独特，其是按车型新建销售网。

比亚迪的分销渠道较好地缓解了新车上市给经销商带来的压力，同时经销商也可以用更多精力来销售所代理的车型，这也保证了比亚迪各新、旧车型都能取得好的销量。同时，比亚迪在后续网络的建立中提高了进入门槛：初始资金在 1000 万元以上。另外，对于企业的经营管理能力、商业信誉、建店地址、店面形象等有了更高的要求。这也极大改善了比亚迪的渠道形象，有利于树立比亚迪的国际化品牌形象。

3. 与经销商建立长久的合作关系

好的渠道规划必须由厂商和经销商良好的合作关系作为基础才能建立完善的渠道网络。比亚迪在进入汽车行业之初提出了"三三三战略"，前三年打基础，建平台，建模具；第二个三年是上产品、树品牌、打市场；到第三个三年是退出自己的核心产品，成为行业中坚力量。而比亚迪在后来的发展中也是按照这样的规划进行的。由此可以看出，比亚迪进入汽车行业有着长期的战略规划。再加上 F3 的持续热销，吸引了一大批有实力的经销商进入了比亚迪的销售网络，原有的经销商也加大投资建立新的店面，就连原先不愿进入比亚迪销售网络的有实力的经销商，也掏出了大笔的资金建立了比亚迪品牌店，并与比亚迪建立了长期合作的关系。

4. "移动 4S 店"的新营销模式

"移动 4S 店"也是一种新的发展模式，这是比亚迪抛出的又一新型的营销模式理论。比亚迪汽车在南方片区寻找 10000 个人流量较大的广场、商场或顾客群符合购车定位的小区，人工快速搭建起一家接近"标准的 4S 店"的店面。这家移动 4S 店面有展示区、洽谈区、接待休息区、售后服务区等。"移动 4S 店"里有业务人员的热情接待，售后服务人员的倾情到位的贴心服务，从而做到吸引客户群体的到来，开发新客户，同时维护老客户，提升比亚迪汽车的品牌形象。比亚迪的"移动4S店"不仅仅是一个户外静态展示，它已经跳出众多汽车商家的户外推广的静态车辆展示范畴。

本章小结

　　汽车分销渠道，是指汽车商品从生产领域向消费领域转移过程中所经过的途径或通道，是联结生产和消费之间的"桥梁"和"纽带"。

　　中间商是介于汽车生产企业与消费者之间，参与汽车流通、交易业务，促使汽车买卖行为发生和实现的经济组织和个人。其类型包括经销商、特约经销商和销售代理商。

　　汽车分销渠道的模式通常有直接销售渠道、间接销售渠道、宽销售渠道、窄销售渠道、长销售渠道和短销售渠道。

　　影响汽车分销渠道选择的因素有：产品因素、市场因素、企业本身因素以及社会环境因素等。汽车分销渠道策划包括汽车分销渠道策划的步骤、分销渠道策略的评估以及分销渠道的管理等环节。

课后练习

　　1. 什么是汽车分销渠道？有哪几种模式？
　　2. 汽车中间商的类型有哪些？其特点是什么？
　　3. 影响汽车分销渠道选择的因素有哪些？
　　4. 选择汽车分销渠道要遵循的原则有哪些？
　　5. 简述汽车分销渠道策划的内容。
　　6. 选择一家你熟悉的汽车生产企业，试为其策划合适的分销渠道。

实训操作

任务：
能分析生产企业的分销渠道建设模式，并为指定汽车企业产品进行分销渠道策划设计。
1. 收集与分析生产企业是如何选择分销渠道模式的。
2. 收集与分析生产企业现有分销渠道运行的状况及优缺点。
3. 收集与分析生产企业是如何进行分销渠道管理的。
为指定汽车企业产品选择合适的分销渠道及策划设计一种营销渠道。

要求：
1. 选择一家汽车生产企业对其分销渠道进行分类。
2. 小组根据所选行业的汽车生产企业分销渠道调查的目的、内容，统一制作调查问卷与调查纲要，进行实地调查。
3. 对所选择的汽车生产企业进行走访及上网收集资料，了解其分销渠道的选择、运行和管理的状况。
4. 总结汽车生产企业的分销渠道的状况、选择及模式。
5. 指出该汽车生产企业产品分销渠道设计、运行、管理中的优缺点。针对该企业产品分销渠道运行中存在的问题，策划设计分销渠道的具体策略及解决措施。

汽车价格策划

第六章

汽车价格策划

 学习目标

1. 掌握价格目标策划的内容和程序。
2. 掌握价格策划的一般方法及技巧。
3. 理解价格策划的思路和调价策略。

 情境导入

汽车定价中的"价格标签"

在 2004 年的中国汽车市场上,不同档次的汽车各自都有相应的"价格标签",如:经济型轿车——两厢夏利,3.98 万元;老款中档轿车——富康新自由人,9.98 万元;新引进的紧凑型轿车——本田飞度,9.98 万元;新引进的中级轿车——别克凯越,14.98 万元;新引进中高档轿车——本田新雅阁,25.98 万元。

两厢夏利等具体车型的定价不知不觉间成为了相关档次轿车的"价格标签",它们有一个共同的有趣特征,就是万元级的小数点后边都是 9800 元,离一万元的整数只差 200 元。实际上,作为购买汽车的消费者来说,区区 200 元谁也不会在乎,但是精明的厂家、商家更看重这 200 元带给人们的错觉。比如,将富康新自由人的定价由目前的 98000 元,增加 2001 元,虽然只是增加了 0.2%,但其售价却变成了 100001 元,一下子就跃上了十万元级的价格台阶,给人以价格昂贵的感觉。现在,利用尾数定价原则,既给了人们以价格不足四万元、十万元、十五万元的直觉,又利用"九八"——"就发"的汉语谐音让消费者感到了亲切。

在市场形势一片大好的 2003 年,国内生产厂家全年推出了 40 多款轿车,加之前几年已经推出、当年仍在销售的车型,市场上大约有 60 余款可售车型。这些车型大致分成了经济型轿车、老款中档轿车、新引进的紧凑型轿车、新引进的中级轿车、新引进中高档轿车等几种类型。尽管各家汽车生产企业在推出自己的产品时各自都有自己的定价。但上述代表性产品的定价,还是让竞争对手们感觉到了压力,不得不调整自己的产品定价,自觉地向"价格标签"靠拢。如上汽的别克君威(26.38 万元)、一汽的马自达 6(26.58 万元)以雅阁作为价格标签；别克凯越于 2003 年 8 月推出以后，迫使一大批原来售价偏高的车型纷纷降价，以求与其取得相近的性价比。

另外需要说明的是，随着市场竞争的进一步加剧，作为"价格标签"的车型也会调整自己的价格，以求获得较高的市场占有率，如富康新自由人的价格就在 2004 年初降到了 88000 元。还有，随着新车型的不断推出，某一时期曾经作为"价格标签"的车型可能会被别的车型取代，赛欧曾经在问世之后的相当长的一段时间内作为家庭轿车的样板，其十万元的市场售价也曾经作为许多车型价格调整的参考值，但 2003 年这款车的"价格标签"定位让给了飞度，自身的售价也降到了 78800 元。

第一节　汽车产品价格形成

价格策略是营销组合中最重要、最独具特色的因素之一。一方面，它直接关系到产品能否为消费者所接受、市场占有率高低、需求量的变化和利润的多少；另一方面，与产品策略、分销策略和促销策略相比，价格策略策划是企业可控因素中最难于确定的因素。因此，企业在合理地制定定价目标的同时，要科学运用定价策略和方法。

一、我国汽车产品市场的价格机制

从历史的角度看，我国汽车市场的价格形成机制是以双轨制大环境为前提条件形成并运行的。计划价格机制和市场价格机制构成了汽车产品市场价格运行的两条主线。以生产成本、企业利润和上缴税金等构成出厂价，以计划差率在出厂价基础上形成批发价，以计划批零差率在批发价基础上确定零售价，这种计划价格机制体现了计划性的特点。它以行政手段为主，经济手段为辅，企业的经营活动和利益分配均受到计划的影响。随着双轨制向市场经济发展轨道的并轨，以承认企业利益，扩大企业经营自主权而形成的计划外价格，是在商品流通领域中由供求双方共同作用的结果，它对市场的反映更客观、更准确。

现在我国的汽车市场已经放开，汽车已经成为竞争性商品在市场上流通。国家取消了对汽车价格的强制性约束，汽车价格的制定成为企业的自主行为。

二、汽车价格的构成

汽车价值决定汽车价格，汽车价格是汽车价值的货币表现。但在现实汽车市场营销中，由于受汽车市场供应等因素的影响，汽车价格表现得异常活泼，价格时常同价值的运动表现不一致：有时价格高于价值，有时价格低于价值。在价格形态上的汽车价值转化为汽车价格形成的四个要素：汽车生产成本、汽车流通费用、国家税金和汽车企业利润。

1. 汽车生产成本

它是汽车价值的重要组成部分，是汽车价格形成的基础，也是制定汽车价格的重要依据。

2. 汽车流通费用

它是发生在汽车从汽车生产企业向最终消费者移动过程各个环节之中的，并与汽车移动的时间、距离相关。因此，它是正确制定同种汽车差价的基础。

3. 国家税金

它是汽车价格的构成因素。国家通过法令规定汽车的税率，并进行征收。税率的高低直接影响汽车的价格。国家对汽车企业开征的有增值税、所得税、营业税，在汽车产品的流通过程中还有消费税和购置税。

4. 汽车企业利润

它是汽车生产者和汽车经销者为社会创造和占有的价值的表现形态，是汽车价格的构成因素，是企业扩大再生产的重要资金来源。

5. 汽车价格的类型

从汽车市场营销角度来看，汽车价格组成类型有：

汽车生产成本＋汽车生产企业的利税＝汽车出厂价格

汽车生产成本＋汽车生产企业的利税＋汽车批发流通费用＋汽车批发企业的利税＝汽车批发价格

汽车生产成本＋汽车生产企业的利税＋汽车销售费用＋汽车销售企业的利税＝汽车销售价格

6. 汽车购置费用

汽车购置费用是消费者拿到一辆车实际承担的费用。汽车购置费是在汽车销售价的基础上加上车辆的购置税。由于汽车销售价格中包含了增值税，而增值税的税金不构成车辆购置税的纳税基数，因此，应从汽车销售价中剔除增值税部分。

汽车购置费的计算为：

汽车购置费＝汽车销售价格＋车辆购置税

＝汽车销售价＋[汽车销售价/(1+增值税率)]×车辆购置税率

三、汽车产品的定价基础

价格大于成本是定价的前提。在成本上加利润（包括赋税），构成产品基础价格。这一价格与产品产量有关，即价格的制定应能在现实产能水平下实现企业目标利润。在此基础上根据各影响因素进行价格调整，形成产品的出厂价格，或同时考虑营销的需要，进行价格策略安排，形成最终的市场价格。在整个定价过程中，成本是最核心的要素。

产品成本是由产品的生产过程和销售过程所花费的物质消耗和支付的劳动报酬所形成的。在实际营销活动中，产品定价的基础因素是产品的成本，因为产品价值是凝结了产品内在的社会必要劳动量，但这种劳动量是一种理论上的推断，企业在实际工作中无法计算。作为产品价值的主要组成部分——产品成本，企业则可以相当精确地计算出来。

成本费用可以分为以下几种，它们对定价起着不同的影响作用：

（1）固定成本费用。是指在既定生产经营规模范围内，不随产品种类及数量的变化而变动的成本费用。如固定资产折旧、租金、产品设计、市场调研、管理费用、管理人员工资等项支出。

（2）变动成本费用。是指随产品种类及数量的变化而相应变动的成本费用。主要包括用于原材料、燃料、运输、存储等的支出，以及生产工人工资、部分营销费用等。

（3）总成本费用。即全部固定成本费用与变动成本费用之和。当产量为零时，总成本费用等于未开工时发生的固定成本费用。

（4）单位固定成本费用。是指单位产品所包含的固定成本费用的平均分摊额，即固定成本费用与总产量之比,它随产量的增加而减少。

(5) 单位变动成本费用。是指单位产品所包含的变动成本费用的平均分摊额,即总变动成本费用与总产量之比。它在生产初期水平较高,其后随产量增加呈递减趋势,但达到某一限度后,会由于报酬递减率的作用转而上升。

(6) 平均成本费用。是指总成本费用与总产量之比,即单位产品的平均成本费用。

企业定价首先使总成本费用得到补偿,这就要求价格不能低于平均成本费用。但是这仅仅是获利的前提条件。由于平均成本费用包含单位固定成本费用和单位变动成本费用两部分,而固定成本费用并不随产量变化而按比例发生变化,因此,企业取得盈利的销售数量的初始点只能在价格补偿平均变动成本费用之后的累积余额等于全部固定成本费用之时,即为盈亏分界点(保本点),如图6-1所示(量本利分析图)。

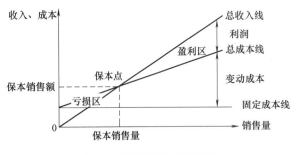

图6-1 基本的量本利分析图

单位成本 = 可变成本 + 固定成本 / 售量价格 = 单位成本 / (1- 期望利润率)

盈亏平衡销售量 = 固定成本 / (价格 - 可变成本)

对汽车制造企业而言,汽车产量规模(销售量)必须大于盈亏平衡销售量,企业才有利润可言。如果由于产量的限制不能达到盈亏平衡销售量,企业要想盈利,则必须通过提高产品价格来实现。而价格的影响因素是多方面的,受外部影响很大。

上述分析可得出:

① 汽车产品价格必须大于汽车单位成本,否则,销售收入不足以弥补汽车变动成本。也就是说,汽车的销售收入不足以弥补汽车的零部件和原材料消耗,在图6-1中表现为收入曲线的斜率小于总成本曲线的斜率,两条曲线永不相交。

② 汽车产品价格越高,汽车销售量的盈亏平衡点就越小,企业获利空间也就越大。

③ 企业的产品销售数量必须大于盈亏平衡点的销售量,否则,企业将无法盈利。

从以上分析可知,企业利润(利)随销售量(量)、产品成本(本)和价格三个变量的变化而变化。提高利润的途径是:降低成本、抬高价格、增大销量。

但是,在企业的现实经营活动当中,成本受原材料价格的制约,并与企业的管理水平和产量规模有关。而产量规模与产品线的设计能力有关,当今的汽车生产都是流水线批量作业,在一定的设计规模下,产能的提高有一定的刚性,价格首先考虑汽车的产品成本,但受诸多外界因素影响,企业的能动性并不大。

第二节 汽车定价影响因素

汽车价格的高低,主要是由汽车中包含的价值量的大小决定的。但是,从市场营销角度来看,汽车的价格除了受价值量的影响之外,还要受以下八种因素的影响和制约。

1. 汽车成本

汽车在生产与流通过程中要耗费一定数量的物化劳动和活劳动，并构成汽车的成本。成本是影响汽车价格的实体因素。汽车成本包括汽车生产成本、汽车销售成本和汽车储运成本。汽车企业为了保证再生产的实现，通过市场销售，既要收回汽车成本，同时也要形成一定的盈利。

2. 汽车消费者需求

汽车消费者的需求对汽车定价的影响，主要通过汽车消费者的需求能力、需求强度、需求层次反映出来。汽车定价要考虑汽车价格是否适应汽车消费者的需求能力。需求强度是指消费者想获取某品牌汽车的程度，如果消费者对某品牌汽车的需求比较迫切，则对价格不敏感，企业在定价时，可定得高一些，反之，则应低一些。不同需求层次对汽车定价也有影响，对于能满足较高层次的汽车，其价格可定得高一些，反之，则应低一些。

3. 汽车特征

它是汽车自身构造所形成的特色。一般指汽车造型、质量、性能、服务、商标和装饰等，它能反映汽车对消费者的吸引力。汽车特征好，该汽车就有可能成为名牌汽车、时尚汽车、高档汽车，就会对消费者产生较强的吸引力。这种汽车往往供不应求，因而在定价上占有有利的地位，其价格要比同类汽车高。

4. 竞争者行为

汽车定价是一种挑战性行为，任何一次汽车价格的制定与调整都会引起竞争者的关注，并导致竞争者采取相应的对策。在这种对抗中，竞争力量强的汽车企业有较大的定价自由，竞争力量弱的汽车企业定价的自主性就小——通常，它是追随市场领先者进行定价。

5. 汽车市场结构

根据汽车市场的竞争程度，汽车市场结构可分为四种不同的汽车市场类型。

（1）完全竞争市场，又称自由竞争市场。在这种市场里，汽车价格只受供求关系影响，不受其他因素影响。这样的市场在现实生活中是不存在的。

（2）完全垄断市场，又称独占市场。这是指汽车市场完全被某个品牌或某几个品牌所垄断和控制，在现实生活中也属少见。

（3）垄断竞争市场，指既有独占倾向又有竞争成分的汽车市场。这种汽车市场比较符合现实情况，其主要特点是：

① 同类汽车在市场上有较多的生产者，市场竞争激烈；

② 新加入者进入汽车市场比较容易；

③ 不同企业生产的同类汽车存在着差异性，消费者对某种品牌汽车产生了偏好，垄断企业由于某种优势而产生了一定的垄断因素。

（4）寡头垄断市场。这是指某类汽车的绝大部分由少数几家汽车企业垄断的市场，它是介于完全垄断和垄断竞争之间的一种汽车市场形式。在现实生活中，这种形式比较普遍。在这种汽车市场中，汽车的市场价格不是通过市场供求关系决定的，而是由几家大汽车企业通过协议或默契规定的。

6. 货币价值

价格是价值的货币表现。汽车价格不仅取决于汽车自身价值量的大小，而且取决于货币价值量的大小。汽车价格是汽车与货币交换的比例关系。

7. 政府干预

为了维护国家与消费者的利益，维护正常的汽车市场秩序，国家制定有关法规，来约束汽车企业的定价行为。

8. 社会经济状况

一个国家或地区经济发展水平及发展速度高，人们收入水平增长快，购买力强，价格敏感性弱，有利于汽车企业较自由地为汽车定价。反之，一个国家或地区经济发展水平及发展速度低，人们收入水平增长慢，购买力弱，价格敏感性强，企业就不能自由地为汽车定价。

第三节　汽车价格目标策划

我们国家汽车产品价格经过了一个历史的发展过程，在1978年以前，汽车实行的是计划性价格，价格出于政令，企业只能依令而行。1978年，国家规定"计划外"产品由各省市自行安排，企业才有了"计划外"汽车的自销权；1984年，中央决定实行价格"双轨制"，即指令性价格和指导性价格并驾齐驱；1988年，汽车价格已经发展成为指令性、指导性和实物串换式、市场流通式四种类型；1989年，"百川归海"，四种价格类型同时并轨于指导性价格。2001年5月21日，国家发展计划委员会宣布：企业可以按照市场经济的规律自行定价，全面放开轿车的价格。

因此，在市场经济条件下，汽车企业可以在价格策划上一展风采了。但是为产品定价时首先必须有明确的目标。而决定企业定价目标策划的方式一般有利润最大化目标、市场占有率目标、树立企业形象目标、其他定价目标等几种不同的形式。

一、汽车定价目标策划的方式

1. 利润最大化目标

为了追求高利润，策划可采取高促销或高价的策略，但一定要动态地分析汽车企业的内部条件和外部环境，不能单纯定位于短期的利润最大化，忽视市场相关因素和公司经营战略，否则会欲速则不达。

2. 市场占有率目标

以市场占有率为定价目标策划是一种志存高远的选择方式。市场占有率是指一定时期内某企业产品的销售量占当地细分市场销售总量的份额。市场占有率高，意味着公司产品的竞争能力较强。因此，汽车企业保持或提高市场占有率是一个十分重要的目标。

3. 树立企业形象目标

以稳定的价格树立汽车企业形象，有利于在行业中建立长期优势，采用稳定的价格可以给人以产品信誉高、公司经营稳健的印象。

4. 其他定价目标

在某些特殊时期，汽车企业也需要策划临时性定价目标。例如，当市场行情急转直下时，企业就要以保本销售或尽快脱手变现为定价目标；为了应对竞争者的挑战，企业也可能以牺牲局部利益遏止对手为定价目标。

在选择不同的定价目标策划时，应该考虑到汽车企业的实力、企业所处的阶段和发展战略。

第六章　汽车价格策划

"格兰仕"价格策划的成功

1979年，广东顺德桂洲羽绒厂（10多个人）正式成立。当时谁都不会想到，这个再普通不过的乡镇小厂，会成为震惊世界的"微波炉大王"。

格兰仕成功的原因到底在哪里？这绝不是用一句话就能回答的，其中价格策划运用上的独到之处，即"三大战役"揭示了其成功的奥秘。

（1）1996年8月，格兰仕在全国打响微波炉市场的"第一大战役"——降价幅度平均达40%，以全年产销量65万台的规模，占据中国市场的34.7%，确立了市场领先者地位。

（2）1997年，格兰仕抓住时机，在春节后发起了微波炉市场的"第二大战役"——阵地巩固战。

（3）在取得市场的绝对优势后，格兰仕并没有因此而停滞，反而乘胜追击，加强了市场的冲击力度，发动了微波炉市场的"第三大战役"——品牌歼灭战。

曾经，格兰仕垄断了国内60%、全球35%的市场份额，成为中国乃至全世界的"微波炉大王"。

2001年，奇瑞推出首款车"风云"，之后奇瑞多以价格优势在市场上拼杀，希望在短时间内达到一个可以支撑企业长久发展的销量。2006年，奇瑞汽车销售突破30万辆。

二、汽车价格策划的内容

汽车价格策划方案的内容主要包括以下几方面。

1. 选择定价目标

因为定价目标不同，汽车产品价位高低和采用的定价方法就会有所不同。

2. 选择定价策略

分析竞争对手的产品、成本和定价策略。竞争对手的定价策略可以为汽车企业树立一个参考的标准，尤其是在为汽车新产品制定价格时。

3. 选择定价方法

成本导向、需求导向和竞争导向是制定汽车产品基本价格的方法，它们各有其合理性和便利性，也各有其最适合的条件。

4. 运用定价技巧

产品的定价技巧有：新产品定价技巧、产品组合定价技巧、折扣定价技巧、地理定价技巧、心理定价技巧、价格调整技巧等。策划者可以根据本汽车企业的情况来设计不同的定价技巧，确定最终价格。

5. 适时调整产品价格

随着外部环境因素和企业内部条件、战略和目标的变化以及产品生命周期的演变，要适时调整产品价格。

三、汽车价格策划方案的原则

1. 经济性原则

成功的价格策划,应当是在策划和方案实施成本既定的情况下取得最大的经济收益,或是在策划和方案实施成本花费最小的情况下取得目标经济收益。

2. 操作性原则

操作性原则即策划者根据价格的目标和环境条件,就汽车企业的定价策略、定价方法、定价技巧进行选择与制订。价格方案一旦付诸实施,企业的每一个部门、每一个员工都能明确自己的目标、任务、责任以及完成任务的途径和方法,并懂得如何与其他部门或员工相互协作。

四、汽车价格策划方案的方法

1. 经验推断法

经验推断法是策划人员依据已有的知识和经验,以及已知的价格现象和价格指标的发展变化趋势,在多个方案中选择最优的方案。

2. 专家意见法

专家意见法,即向有关专家提供多个方案,并在专家分析判断的基础上,综合他们的意见,选择最优的方案。

3. 盈亏平衡分析法

盈亏平衡分析法指根据保本销售公式,推导出保本价格,然后将保本价格与方案设计的价格进行比较,从中选择最优的方案。

本田飞度——低价,一步到位

飞度的劲敌是 POLO。POLO 的价格比飞度平均高了近 4 万元。POLO 及时进行了价格调整,即使这样,其价格还是高于飞度。飞度的定价是对其竞争对手致命的定价。一般车企总是高走高开,等到市场环境发生变化时才考虑降价,但在降价时,消费者往往更加犹豫。飞度采取的是一步到位的定价策略。如果产量屏障被打破以后,满意度会有很大的提高,因为它给予了消费者荣誉上的附加值。

全黑色丰田塞纳亮相 国产之后定价多少合适

关于丰田塞纳国产的消息目前还没有落实,不过,如果真的国产化,定价多少合适呢?估计价格要高于别克 GL8。2015 款中规进口版本指导价分别是两驱 L 45 万、两驱 LE 48 万、四驱 L 52 万。

如果真的能够实现国产化,现款的 3.5 升六缸发动机换成 2.0T 四缸涡轮增压发动机,或者 2.5 升混合动力,价格还能再一次下探。国产之后,还能省掉进口税费,估计国产版本价格要 36 万起。

塞纳国产的消息还没有落实,先介绍一下海外版的 2020 款全黑色丰田塞纳。作为 2020

款，其实变化方面不是很明显，因为现款塞纳还是老平台打造的，动力系统也是使用多年的3.5升六缸自然吸气发动机。

这台发动机型号为2GR，最大输出217千瓦，最大功率为200千瓦，峰值转矩是336牛·米，变速箱匹配了8速手、自一体。百公里综合路况油耗为10.6升。

2020款塞纳在车内配置上，全系标配"Safety Sense"驾驶辅助安全系统，这套系统中分别有自适应巡航、车道偏离预警、自动远光、防碰撞预警、行人监测等多项安全配置。

多媒体系统也升级到最新Entune3.0版本，全系标配移动地图导航，从低配LE型起，标配车载Wi-Fi热点，并支持5台手机同时连接4G网络。

娱乐方面，有丰田御用的JBL音响，Entune3.0高级版（SE和XLE选配，Limited标配）增加了动态导航、目的地辅助及10.1寸（1英寸=2.54厘米）的低音炮，并配备9部扬声器。

其他技术升级包括：①全系标配5个USB接口。②全系标配4.2寸行车电脑屏（老款SE以下为3.5寸）。③后娱乐升级支持Android设备的流媒体功能。④顶配车型配备了Bird View全景影像。

在外观设计上，2020款与2019款塞纳相比，有细微的变化，但全黑车身看着更加精致，显得格外运动，尾门两侧尾灯由红色灯罩换成了白色灯罩，两侧尾灯向车身外侧延伸了一些。这样设计不但看着漂亮，而且提升了行车安全性。

车身侧面造型简洁大气，车身看着比较高，侧滑门的轨道安置在第三排车窗与车身结合处，这样看着比较美观。前后车轮毂为枪黑色，18英寸轮毂的数据与庞大的车身相比，刚好合适。

2020款塞纳的车身尺寸长宽高和轴距分别是：长5085毫米、宽1980毫米、高1810毫米，轴距为3030毫米。车身自重2.155吨，油箱的容积为75升。

塞纳的优点是空间大，因为它具有美式肌肉风格，动力方面输出线性，乘坐舒适性比较好，座椅的舒适性犹如埃尔法。丰田汽车耐用性比较好，省心。国外人工费比较高，车便宜，车不出小问题，就为车主省了不少养车费用。

第四节 汽车价格方法策划

一、汽车价格策划的方法

汽车企业在确定定价目标、掌握了各有关影响因素后，就开始具体定价策划活动。这是一项十分复杂而又难以准确掌握的工作。由于影响汽车定价的三个最基本的因素是汽车产品成本、市场需求和市场竞争，因此，汽车企业定价方法策划也可分为三类：汽车成本导向定价法、汽车需求导向定价法、汽车竞争导向定价法。

（一）汽车成本导向定价法

它以汽车产品成本作为定价基础，主要有以下三种方法。

1. 成本加成定价法

成本加成定价法又称为"标高定价法""加额法"，以汽车单位产品全部成本加上按加成比例计算的利润额。

2．变动成本定价法

变动成本定价法又称为"增量分析定价法"。其策划思路是：只要汽车产品价格高于单位变动成本，产品的边际收入就大于零，销量增加就能导致总收入的增加，该价格就可以接受。

3．盈亏平衡点定价法

盈亏平衡点定价法是以汽车企业总成本与总收入保持平衡为依据来确定价格的一种定价方法。

成本导向定价策划的一般流程是：生产汽车产品—核算成本—制定汽车价格—传播汽车价值—销售汽车产品。

吉利汽车的定价策略

1．修正传统成本导向定价方法

吉利采用的价格策略虽然以成本为基础，但是它不是局限于传统的成本导向定价的方法，而是先寻找顾客可接受价格，以便能有效拉动需求，然后确定销售量以估计单位成本和相应的利润，以此来制定合理的具有吸引力的价格。吉利车低价策略奥秘还在于它能有效降低成本。刚开始，吉利生产能力是一年2.5万辆，避免了一次投入几十亿或上百亿元的局面。宁波美日公司年产15万辆的规模，也只投资10亿元，是同规模企业投资的十几分之一。吉利在新车型、新技术的开发和配件的配套协作上，采取全球资源"技术共享，为我所用"的策略，为此省下了汽车行业最花钱的开发成本。控制投资、资源优化组合形成了吉利的成本优势。另外，吉利不开发配套体系，而是广泛利用大厂的过剩资源。国家定点的轿车企业配套的零部件企业生产能力普遍过剩，于是吉利通过招投标，与国内400多家配套企业建立了协作关系。零部件能通用的就通用，不能通用的，请他们为吉利开发，节省开发成本，而且这些厂家生产技术相对成熟，能够保证质量。吉利付款及时并采取现金交易，获得配套厂家的优惠价格。同时吉利专门成立了机构，对外协厂进行质量监督。

2．捆绑式销售节省变动成本

在汽车销售上，吉利采用"捆绑式"销售法，在全国各地以区域经营的形式，由经销商买断产品，企业只同经销商发生支付关系，而不直接同客户发生营销关系，这样也节约了营销成本。吉利在价格上采用拉的方式以吸引消费者购买，在渠道上使用推的方式，营销对象主要是经销商，因此大大减少了渠道和营销的复杂性。低成本是吉利低价格的基础，但吉利并不是简单地采用成本导向定价方式，在低成本的基础上加上一定的利润就确定销售价格，而是和企业的营销战略相辅相成的长远策略。瞄准了中国这一市场空白，用具有足够竞争力的价格占据，进而拉动需求，把整个市场的蛋糕做大。

3．跳出价格，创造差异价值

面对中国购车消费者，吉利并没有一味设定高价标榜高价值，亦没有盲目设定低价倾销。吉利放弃了以往民营企业的普遍做法——利润目标、销售收入和市场份额的标准来制定价格，几乎不考虑所设定的价位消费者是否愿意，或可以承受，而是采取了细分市场，以不同的产品和分销渠道满足不同价值标准的顾客群体的方法。

4. 正确分析竞争对手价格策略

公司在制定价格策略时，除了考虑成本与消费者，还要对竞争者进行战略分析。具体是分析：竞争者对公司将要采取的价格变动和最可能采取的行动；竞争者的行动和反应将如何影响公司的盈利和长期生存能力。

吉利在刚生产汽车的时候，第一次定价就是全国最低，后来还在降价。吉利车价格有的只卖三万至六万元，有的车型价格甚至低于国内同类车的一半，定位在低端经济型轿车。在低端轿车市场中，吉利的竞争对手主要有奇瑞、比亚迪等。吉利汽车的生产成本很低，资源优势十分明显，竞争者要发动比它低的价格战必然会有损失。奇瑞等轿车厂商，有中低端的汽车品牌，在汽车市场的份额相对较大。但吉利汽车的车型有限，仅限于低端品牌，市场份额相对较少，即使销量提高也不会对竞争者造成太大的影响。因此，吉利打入低端市场是可行的。因为消费者购买产品时考虑的因素很多，有效的价格策略不仅仅在价格范围内进行竞争，还要在各方面提高产品本身提供给消费者的价值。吉利车的车型美观，在同样价位的其他品牌车型中显得更突出。2002年3月，吉利汽车推出优利欧全新车型，在外形上优于奇瑞Q和比亚迪FO，在较低价格上提供给消费者更多的价值，使吉利保持了竞争优势。基于以上各方面的努力，结合详细地分析了竞争对手的可能反应，吉利采取了"最低价"的市场渗透定价策略，以能最快抢得市场份额为主要目的，成功进入了轿车市场。

总结：

定价策略是企业市场营销组合策略的重要组成部分。价格策略的制定是否合理，不仅关系到企业产品能否销售出去，从而能否实现企业的盈利目标及保证企业再生产的良性循环，而且直接涉及消费者的切身利益及社会利益。合理定价策略，既要以成本为导向，又要以消费者为导向，还要以竞争者为导向。此外，价格策略还必须符合政府的有关立法及道德标准的要求。总之，正确的定价策略，应当兼顾消费者、社会及企业的利益。吉利汽车在定价方面也有其独特的策略，从企业的营销目标、企业的营销组合、产品成本、市场结构、市场需求的价格弹性、市场竞争、国家政策和其他外部环境考虑，做出最有效益的价格策略。

（二）汽车需求导向定价法

需求导向定价法又称为"顾客导向定价法""市场导向定价法"，是以顾客对汽车产品的需求和可能支付的价格水平为依据来制定汽车产品价格的定价方法。需求导向定价主要包括以下两种定价法。

1. 感受价值定价法

感受价值定价法也称为"理解价值定价法""认知价值定价法"。这种定价方法认为，某一品牌汽车的性能、质量、服务等，在消费者心目中都有一定的认识和评价。当这一品牌汽车价格水平与消费者对这一汽车价值的理解水平大体一致时，消费者就会接受这种价格；反之，消费者就不会接受这个价格。感受价值定价法如果运用得当，会给汽车企业带来许多好处，可提高汽车企业或汽车产品的身价，增加汽车企业的收益。其关键是找到比较准确的感受价值。因此，这就要求汽车企业在定价前认真做好营销调研工作，将自己的汽车产品与竞争者的汽车产品仔细比较，从而对感受价值做出准确估测。如雪铁龙C5出台后就通过各种渠道与凯美瑞进行比较，最终确定一个相差无几的价格。

2. 逆向价格定价法

逆向价格定价法又称为"可销价格定价法""倒算价格定价法""反向定价法"等。这种定价方法，策划人员不是主要考虑成本，而是重点考虑需求状况，即依据消费者能够接受的最终销售价格，逆向推算出给汽车中间商的价格和汽车自身企业的出厂价格。

此方法的关键在于测定市场可销价格，要求汽车企业充分掌握消费者收入水平、消费者对汽车产品价值的评价和认识程度、相关汽车产品的价格、供求情况及变动趋势，通过主观评估法、客观评估法和试销评估法等方法来科学地测定。

案例

现在汽车经销商在销售汽车时，常提供电动窗户控制器、CD唱机、光线调节器，以及汽车装饰等各种可选品。在宣传广告中，产品价格既可包含所有可选品价格，也可包括一部分，也可什么也不包括。广告受众可根据自身需要与可选品价格来决定选取哪些可选品，从而制定最终产品的价格。

汽车需求导向定价策划的一般流程是：测定理解价值—确定需求价格—估计销售量—核算汽车产品成本—生产汽车产品—销售汽车产品。

（三）汽车竞争导向定价法

常见的竞争导向定价法，主要有以下三种。

1．随行就市定价法

随行就市定价法又称为"流行价格定价法"，是指汽车企业根据行业的平均现行价格水平来确定自己的产品价格的定价方法。一般在以下情况采取这种定价方法：

（1）难以估算成本；

（2）汽车企业打算与同行和平共处；

（3）如果另行定价，很难了解购买者和竞争者对企业的价格的反应。

2．限制进入定价法

限制进入定价法是指企业的定价低于利润最大化的价格，以达到限制其他企业进入的目的。它是垄断企业经常采用的一种定价方法。

3．投标竞争定价法

投标竞争定价法是指由投标竞争的方式确定汽车产品价格的策划方法。一般由招标方（买主）公开招标，投标方（卖主）竞争投标，密封递价，买方择优选定价格。如汽车的团购一般采用此方法。

竞争导向定价策划的一般流程是：生产汽车产品—参照竞争产品价格—制定汽车价格—传播汽车价值—销售汽车产品。

二、汽车新产品定价策划方法

为了实现定价目标，在产品定价策划时，一般采用取脂定价、渗透定价和温和定价三种定价方法。

1．取脂定价方法

取脂定价又称为"撇脂定价"，是指企业以高价将新产品投入市场，以便在产品市场生命周期的开始阶段取得较大利润，尽快收回成本，然后再逐渐降低价格的方法。比如北京现代雅绅特、东风本田思域的高价取脂定价法。随着汽车市场竞争的加剧，取脂定价法正在渐行渐远，务实的定价正在成为时尚。所以，雅绅特的高价取脂策略，失去了大量的市场，与同期上市的骏捷、乐风等车型的销售相差甚远。

第六章　汽车价格策划

 案例

奥迪 A8 加长型 3.0 在中国上市时卖 118 万元人民币，同级别的奔驰 S350 售价 120 万，宝马 7 系 730Li 售价 110 万。但这些车在国外市场定价也就 10 万美元左右，其定价策略很大一部分是摸准了国内消费者求名求美有攀比心理的特点。

案例

2005 年 3 月 20 日和 21 日，在奇瑞瑞虎正式公布价格的前两天，各大网站纷纷推出了瑞虎 15 万～17 万元定价的猜测性文章，这是高开。15 万～17 万元，对于瑞虎来说是一个比较离谱的价格，因此遭到了诸多网友和潜在消费者的质疑。

可以肯定，奇瑞不会犯这样的错误，这是奇瑞公司欲扬先抑的做法。高开让瑞虎的价格迅速成为关注的焦点，瑞虎 SUV 也由此达到了正式销售前受关注的最高点。由此推断，瑞虎上市的价格肯定会低于 15 万元，这是低走。

3 月 22 日，当瑞虎公布两款车型的售价时，可谓博得了满堂彩，比先前预测的 15 万～17 万元的市场价格低了 2 万～3 万元。这个价格落差无疑是"随风潜入夜，润物细物声"，让消费者轻松地接受了瑞虎的取指定价策略。

宝马全新 X6 新车售价曝光！尺寸超保时捷卡宴

X6 是宝马旗下的一款中大型轿跑 SUV 车型，继 2014 年第二代宝马 X6 车型推出后，几年时间没有完成更新换代工作；随着月初全新一代车型官图的曝光，预示着新车即将迎来更新换代工作。目前全新一代宝马 X6 已在西班牙率先上市，新车共计推出两款车型，xDrive40i 售价为 81650 欧元（约为 63 万人民币）、M50i 售价为 115500 欧元（约为 90 万人民币）。

动力方面，新车预计将沿用新款 2.0T、3.0T 涡轮增压发动机，最大功率分别为 180kW、225kW，峰值转矩 350N·m、400N·m，传动系统匹配 8 速手、自一体变速箱。尺寸方面，以现款车型为例，长宽高分别为 4929mm、1989mm、1709mm，轴距为 2933mm，其车身长度以及轴距均超越了奔驰 GLE Coupe 车型（4891mm×2003mm×1719mm，轴距 2915mm）。待新车上市后，尺寸还将有望得到进一步提升，届时或将全面超越保时捷卡宴 Coupe。

2. 渗透定价方法

渗透定价策略是指企业将其新产品的价格定得相对较低，尽可能地快速打开销路，获得较大的市场占有率，待产品在市场站稳脚跟以后，再将价格提高的一种定价方法。比如骏捷的市场定价，就是低价渗透定价法的出色代表。这款产品凭借低价优势，迅速形成了市场的热点，吸引了大量的客户。

  案例

奇瑞 QQ 的上市定价策略

"成本 +8% 微利 + 市场因素"，2003 年 5 月底，奇瑞 QQ 上市预热阶段价格揭晓——4.98 万元，比消费者期望的价格更吸引人。市场效果：6 个月销售 2.8 万多台，创造单一品牌微型轿车销售纪录。

3．温和定价方法

温和定价策略又称为"满意定价策略"或"君子定价策略"，是指汽车企业为了兼容取脂定价和渗透定价的优点，将价格定在适中水平上的价格策略。这种定价方法由于能使汽车生产者和消费者比较满意而得名。

三、汽车心理定价策划方法

汽车在产品定价策划的实际应用中，心理定价方法主要有以下五种形式。

1．尾数定价方法

尾数定价又称为"零数定价""非整数定价"，是指在汽车产品定价策划方案中，利用顾客数字认知的某种心理，以零头数结尾的一种定价方法。常常以一些奇数或吉利数结尾。如奇瑞的东方之子10.98万元，一汽迈腾1.4T的17.58万元，等等。

2．整数定价方法

整数定价往往把汽车价格定成整数，一般是高档汽车的定价方法。汽车企业凭借整数价格来给汽车消费者造成汽车属于高档消费品的印象，提高汽车品牌形象，满足汽车消费者某种心理需求。

3．声望定价方法

声望定价又称为"威望定价策略"，这是汽车企业根据产品在消费者心目中的声望和产品的社会地位来确定价格的定价方法。声望定价方法一般适用于具有较高知名度及有较大市场影响的著名品牌的汽车。

英国名车劳斯莱斯的价格在所有汽车中雄踞榜首，除了优越的性能、精细的做工外，严格控制产量也是一个很重要的因素。在过去的50年中，该公司只生产了15000辆汽车，美国艾森豪威尔总统因未能拥有一辆黄色的劳斯莱斯汽车而引为终身憾事。

4．招徕定价方法

这是指将某种汽车产品的价格定得非常高，或者非常低，以引起消费者的好奇心理和观望行为，来带动其他汽车产品销售的一种汽车定价策略。如某些汽车企业在某一时期推出某一款车型降价出售，过一段时期又换另一种车型，以此来吸引顾客时常关注该企业的汽车，在促进降价产品销售的同时，也带动同品牌其他正常价格的汽车产品的销售。

招徕定价策略常为汽车超市、汽车专卖店所采用。

第五节　汽车价格调整策划

由于客观环境和市场情况的变化，汽车企业还必须对现行价格予以适当调整的策划。调整价格的策划，可分为主动调价策划和被动调价策划。

一、主动调价策划

主动调整产品价格的策划，不外乎从两方面着手：或是降价，或是提价。

（一）降价策划

1. 降价策划的原因

（1）汽车企业生产能力过剩、产量过多，库存积压严重，市场供过于求，汽车企业以降价来刺激市场需求。

（2）面对竞争者的"削价战"，汽车企业不降价将会失去顾客或减少市场份额。

（3）生产成本下降，科技进步，劳动生产率不断提高，生产成本逐步下降，其市场价格也应下降。

例如，当日本小汽车以明显优势大量进入美国市场后，美国通用汽车公司在美国市场份额明显减少，最后不得不将其超小型汽车在美国西海岸地区降价10%。

2. 降价策划的方式

最直截了当的方式是将企业汽车产品出厂价绝对下降，但如今汽车企业更多的是采用各种折扣形式来降低价格，如数量折扣、现金折扣、回扣和津贴等形式。具体如赠送汽车配置（大礼包），给中间商提取推销奖金，允许顾客分期付款等。由于这些方式具有较强的灵活性，在市场环境变化的时候，即使取消也不会引起消费者太大的反感，同时它又是一种促销策略，因此在现代经营活动中运用越来越广泛。

现代伊兰特——降价，找准时机

国内汽车厂商照例会把每年的九、十月份视为"金九银十"，现代恰恰选择了这个时机。降价时机相关的一个重要的问题是：降价周期如何把握？如果降价周期太短，容易打击消费者的信心，反而造成新一轮的持币待购；降价周期太长，产品销量有可能受到更大的抑制，等于是把市场拱手让给了竞争对手，而且容易错失降价的最好时机。这些都是厂商在以后继续运用价格策略时要深入研究的。所以，降价，并不是很多人认为的那样——是很简单的一种营销策划。

（二）提价策划

1. 提价策划的原因

提价一般会遭到消费者和经销商反对，但在许多情况下不得不提高价格。

（1）通货膨胀。物价普遍上涨，汽车企业生产成本必然增加，为保证利润，不得不提价。

（2）产品供不应求。一方面买方之间展开激烈竞争，争夺货源，为汽车企业创造有利条件；另一方面也可以抑制需求过快增长，保持供求平衡。

2. 提价策划的方式

在策划方式的选择上，汽车企业应尽可能多采用间接提价，把提价的不利因素减到最低限度，使提价不影响销量和利润，而且能被潜在消费者普遍接受。同时，汽车企业提价时应采取各种渠道向顾客说明提价的原因，配之以产品策略和促销策略，并帮助顾客寻找节约途径，以减少顾客不满，维护企业形象，提高消费者信心，刺激消费者的需求和购买行为。

案例

一汽丰田以静制动

近年，在国内各大汽车品牌纷纷通过降价冲刺销售目标的时候，一汽丰田的产品不仅没有降价，反而有个别产品因为供货的原因，出现了价格的回涨。

一汽丰田以静制动，既不进行公开降价，也不通过经销商暗补进行暗降的理由是：其一，一汽丰田的销售情况很好，在售车型中有5款处于供不应求的状态，因此不需要降价，其他厂家的降价也不会对一汽丰田造成压力；其二，一汽丰田一直采用订单式生产的方式，根据市场销售的情况来调节生产，因此不存在库存压力；其三，一汽丰田制订的26万辆的销售计划是很务实的，完成目标完全没有问题。

二、被动调价策划

在市场经济中，价格竞争随时都可能爆发，汽车企业必须随时做好准备，建立自己的价格反应机制，始终关注市场价格动向和竞争者的价格策略，积极应对和进行变价策划。

（一）应对变价策略

应对变价策略是指汽车企业对率先进行价格调整的竞争者的价格行为所做出的调价反应。其变价策划思路和步骤如下。

1. 调查研究

调查研究应弄清楚以下几个问题：竞争者调价的目的是什么？竞争者调价是长期的还是短期的？竞争者调价将对本企业的市场占有率、销售量、利润、声誉等方面有何影响？同行业的其他企业对竞争者调价行动有何反应？汽车企业有几种反应方案？竞争者对企业每一个可能的调价行为又会有何反应？

2. 制定应对措施

在汽车产品市场上，如果竞争者降价，企业往往也要随之降价，否则，顾客就会购买竞争者的产品；如果竞争者提价，汽车企业可以灵活面对，或者提价或者不变。

3. 制定主要对策

对于竞争者的变价行为，尤其对于市场主导者的降价行为，中小企业很少有选择的余地，或被迫应战，随之降价；或反其道而行之，同时推出低价或高价新品牌、新型号产品，以围堵竞争者；或维持原价不变。如果随之降价会使企业利润损失超过承受能力，而提价会使企业失去很大的市场份额，维持原价不失为明智的策略选择，同时也可以运用非价格手段进行回击。

（二）调价策略应用

汽车企业应对调价，其策划的策略如下。

1. 应对竞争者调价的策略

策划的方法是尽可能地获得竞争者的决策程序及反应形式等重要情报，模仿竞争者的立场、观点、方法思考问题。最关键的问题是要弄清楚竞争者的营销目标。如果竞争者的目标是实现企业的长期最大利润，那么本企业就只需要在其他方面做出努力，如加强广告宣传、提高产品质量和售后服务水平等；如果竞争者的目标是提高市场占有率，那么就要跟随竞争者的价格变动而相应调整价格。

第六章 汽车价格策划

2007年5月28日，一汽丰田的卡罗拉将在天津上市。在老花冠良好市场销售基础的前提下，新花冠、1.6Lt和1.8L卡罗拉三款车型同时上市，对11万~19万元中级车市场的影响是不言而喻的。但是，卡罗拉的上市，是否意味着竞争对手会纷纷降价应对呢？卡罗拉的上市，对竞争对手的影响是深层次的，所以在卡罗拉上市前，各个企业纷纷调整了自己的市场策略，尤其是一汽-大众积极稳健的降价策略。另外，东风神龙、上海通用等企业也进行了官方价格调整，使得这轮调整进入一个稳定的市场状态。

2. 应对消费者对调价反应的策略

应对消费者对调价反应的策略，应该是多注重分析消费者的价格意识。在一定范围内的价格变动是可以被消费者接受的；提价幅度超过可接受价格的上限，则会引起消费者不满，产生抵触情绪，而不愿购买企业产品；降价幅度低于下限，会导致消费者的种种疑虑，也对实际购买行为产生抑制作用。在产品知名度因广告而提高、收入增加、通货膨胀等条件下，消费者可接受价格上限会提高；在消费者对产品质量有明确认识、收入减少、价格连续下跌等条件下，消费者可接受价格下限会降低。消费者对某种产品削价的反应可能是：产品将马上因式样陈旧、质量低劣而被淘汰；企业遇到财务困难，很快将会停产或转产；价格还要进一步下降；产品成本降低了。而对于某种产品提价的反应可能是：很多人购买这种产品，自己也应赶快购买，以免价格继续上涨；提价意味着产品质量的改进；企业将高价作为一种策略，以树立名牌形象；卖主想尽量取得更多利润；各种商品价格都在上涨，提价很正常。

3. 应对调价的产品生命周期策略

根据产品的生命周期，其价格策划的策略是：①投入期的价格策略，可以根据产品的市场定位而采取高、中、低三种价格。②成长期的价格策略，通常的做法是在不损害企业和产品形象的前提下适当降价。③成熟期的价格策略，呈现出低价的特点。④衰退期的价格策略，主要以保持营业为定价目标，通过更低的价格，一方面击败竞争对手，另一方面等待适当时机退出。

2013年，凯迪拉克美国销量占其全球销量的73%。2014年8月，凯迪拉克美国销量同比下降5%，而美国豪华车市场整体增长8%。凯迪拉克美国经销商已经连续数月库存积压，轿车销售缓慢，其中就包括凯迪拉克寄予厚望吸引年轻车主的ATS轿车。

有凯迪拉克经销商和市场权威指责凯迪拉克的价格策略，不应将价位定在与宝马、奔驰等德系豪华车针锋相对的水平，这样会导致客户的流失。

然而，约翰·德·尼琛（凯迪拉克CEO）为凯迪拉克的策略辩护。他表示，凯迪拉克坚持的高端化策略会导致一部分老客户的流失，但通过车型阵容的更新，也一定会吸引到新客户。约翰·德·尼琛称："ATS与CTS的设计、工艺与空气动力学性能在其领域内是领先的。"

约翰·德·尼琛不仅计划改善凯迪拉克的美国业务，还将大力开发中国市场。

案例分析

奥迪 A6 汽车的定价策略

作为国内中高档车标杆的奥迪 A6 的换代车型 A6 系列——新奥迪 A6，6 月 16 日正式公布售价，除了核心配置和美国版有差异外，国产后的新奥迪 A6L3.0 高出了美国版逾 20 万元。据业内资深人士分析，德国大众旗下的奥迪品牌主力车型上的过高定价一旦失误，很可能将加速大众汽车在华市场份额的下滑，同时导致中国中高档车市重新洗牌。一汽-大众正式公布了全新奥 A6L2.4 和 A6L3.0 共 6 款车型的价格和详细装备表。

其中 A6L2.4 三款车型的厂家指导价格区间为 46.22 万至 57.02 万元；A6L3.0 三款车型的价格区间为 56.18 万～64.96 万元。这 6 款车型已于 6 月 22 日正式上市销售。

据了解，自 1999 年投产以来，上一代国产奥迪 A6 经历了五次升级，在不到 5 年的时间里销量超过 20 多万辆，在国内豪华车市场多年来可谓是"一枝独秀"，直到去年市场份额仍维持在 60%左右。

按照这个价格，新奥迪 A6 的最高价格已经打破了目前国产豪华轿车最贵的款宝马 530i。国产宝马 5 系目前的价格是 53 万～61 万元，市场报价还更低日产的价格是 24.98 万～34.98 万元、丰田的报价是 32.8 万～48 万元，新奥迪 A6 等于"让出"了原来销量最大的价格区间。奥迪美国官方网站上写到，美国市场上目前新奥迪 A6 只有 3.2L 和 4.2L 两个排量，其价格分别为 4.262 万美元和 5.222 万美元。这样，美国版的 3.2L 折合人民币为 35 万元，国内版本竟高出了 21 万～29.96 万元。

"和美国版的新奥迪 A6 相比，在核心配置方面，国内版的新奥迪 A6 发动机不是 FSI 的，而且不带全时四驱，变速箱还不是 Tiptronic，且价格也贵出很多。"业内人士这样分析道。一位不愿意透露姓名的分析师说，如果市场证明新奥迪 A6 在定价上出现失误，很可能将加速大众汽车在华市场份额下滑，同时导致中国中高档车市的重新洗牌。

某机构全球中国首席汽车分析师则认为，从目前 A6 的定价来看，肯定是改变老 A6 的产品定位了，这将使得原来老 A6 在 30 万～40 万元的区间被竞争对手们蚕食。假如奥迪今年年内没有弥补这个价格区间的车型，那么今年要想达到去年 5 万多辆的销量，几乎成了不可能完成的任务。

其实，奥迪采取高价策略，已经不是第一次了，以前奥迪 A4 也同样采用的是高价入市策略。这样，可以使汽车厂商在短时间内获取大量利润，等到过一段时间后，竞争对手的车也上市了，消费者的热情也消退大半，再降价刺激市场，扩大市场占有率，提升销量。对于高档豪华轿车来说，顾客多是高收入个人、政府和企事业单位，对价格并不是太敏感，他们主要看重的是品牌。

奥迪自己不可能不知道高价入市的风险，但这两年大众在华业务销量和利润都逐年下滑，如果没有利润增长点，今年很可能出现 20 年来第一次亏损。奥迪 A6 新车型如果高价入市成功，则很可能避免全年的亏损。奥迪在中国这么多年的先入优势，品牌在消费者心目中的地位，经销商的实力，这次赌赢的胜算很大。但越往后，消费者越成熟，信息越透明，中国的消费者没理由愿意比美国的消费者买同样的车却多花二三十万。所以，大众奥迪就算赢了这次，使今年勉强不亏损，但明年能躲得掉吗？

问题：
1. 奥迪在定价时采用了什么样的定价策略？
2. 该定价策略有什么优点？

案例分析

雅阁汽车：一步到位的价格策略

广州本田汽车有限公司是在原广州标致废墟上建立起来的，成立于1998年7月1日，注册资本为11.6亿元人民币，由广州汽车集团和本田工业技研株式会社各出资50%建设而成。建厂初期，广州本田引进本田雅阁最新2.0升级系列轿车，生产目标为年产5万辆以上，起步阶段为年产3万辆。生产车型为雅阁2.3VTi-E豪华型轿车、2.3VTi-L普通型轿车和2.0EXi环保型轿车。1999年3月26日，第一辆广州本田雅阁轿车下线，同年11月通过国家对广州本田雅阁轿车40%国产化的严格验收。2000年2月28日，广州轿车项目通过年产三万辆的项目竣工验收。2004年初广州本田已经达到了年产汽车24万辆的产能规模。目前，广州本田生产和销售的车型有4款：雅阁、奥德赛、三厢飞度和两厢飞度。

对于中国市场来说，广州本田雅阁的价格策略也显得高人一筹，在产品长期供不应求的情况下施放"价格炸弹"，反映了厂家的长远眼光。

2002年被人们称作是中国汽车年，在这一年里，中国汽车实现了一个历史性的飞跃——6465亿元的销售收入和431亿元的利润总额（同比增长分别达到30.8%和60.94%），使汽车产业首次超过电子产业成为拉动我国工业增长的第一动力。国家计委产业司2003年1月份公布的数字表明，2002年全国汽车产销量超过300万辆，其中轿车产量为109万辆，销量为112.6万辆。中国汽车业的暴利早已成了汽车行业内公开的秘密。尤其是中高档车，利润率高得惊人。根据德国一家行业内权威统计机构公布的数字，2002年中国主流整车制造商的效益好得惊人，平均利润超过22%，部分公司甚至达到了30%。

2002年1月1日起，轿车关税大幅度降低，排量在3.0升以下的轿车整车进口关税从70%降低到43.8%，3.0升以上的从80%降到50.7%。关税下调后，进口车的价格由于种种原因并没有下降到预想的价格区间，广州本田门胁轰二总经理似乎早有预测。他说："关税从70%降低到43.8%，最终降至25%，这是一个过程。虽然也有部分人因考虑到进口车将要变得便宜而暂时推迟购车计划，但由于政府实际上决定了进口车的数量，短时间内进口车并不会增加许多。"广州本田宣布了一个令所有人都感到吃惊的决定：2002年广州本田的所有产品价格将不会下调。

1998年广州本田成立，就确定了将第六代雅阁引进中国生产，1999年3月26日，第六代新雅阁在广州本田下线，当年就销售了1万辆。雅阁推出的当年，市场炒车成风，最高时加价达6万元以上，成为当年最畅销的中高档车。继2000年成为全国第一家年产销中高档轿车超3万辆的企业后，2001年广州本田产销超过5万辆，比计划提前了4年。2002年，广州本田产销量为59000辆，销售收入137.32亿元人民币，利税50亿元。2002年3月1日，第10万辆广州本田雅阁下线，标志着广州本田完全跻身国内中高档汽车名牌企业行列。

雅阁刚上市时国产化率是40%，经过几年经营国产化率上升到60%，2003北美版新雅阁上市时提升到了70%，降低了进口件成本。建厂时广州本田的生产规模是3万辆，2001年达到5万辆生产规模，到了2002年，提升为11万辆，规模带来了平均成本的降低，同年完成12万辆产能改造。

2003年，北美版新雅阁（第七代雅阁）的上市终结了中国中档轿车市场相安无事高价惜售的默契，它的定价几乎给当年所有国产新车的定价建立了新标准，使我国车市的价格也呈现出整体下挫的趋势。随之而来的是持续至今的价格不断向下碾压与市场持续井喷。

广州本田借推出换代车型之机，全面升级车辆配置，同时大幅压低价格。2003年1月，广州本田新雅阁下线，在下线仪式上广州本田公布新雅阁的定价，并且宣布2003年广州本田将不降价。其全新公布的价格体系让整个汽车界为之震动：排量为2.4升的新雅阁轿车售价仅为25.98万元（含运费），而在此前，供不应求的排量为2.3升老款雅阁轿车的售价也要29.8万元，还不包含运费。这意味着广州本田实际上把雅阁的价格压低了4万多元，而且新雅阁的发动机、变速箱和车身等都经过全新设计，整车操作性、舒适性、安全性等方面都有所提高。其总经理门胁轰二的解释是："一方面，广州本田致力于提高国产化率来降低成本，有可能考虑将这部分利润返还给消费者；另一方面，这也是中国汽车业与国际接轨的必然要求。"业内人士认为，这正是广州本田在新的竞争形势下调整盈利模式的结果。

雅阁2.3原来售价29.8万元仍供不应求，新雅阁价格下调4万元，而排量、功率、扭力、科技含量均有增加，性价比提升应在5万元左右。广州本田新雅阁的售价与旧款相比相差比较大，旧雅阁2.3VTI-E（豪华型）售价30.30万元，相差4万元多，算上新雅阁的内饰、发动机和底盘等新技术升级的价值，差价估计在6万元。旧雅阁2.0的售价为26.25万元，比新雅阁也高两三千元。广州本田此次新雅阁的低价格是在旧雅阁依然十分畅销的前提下做出的。尽管事先业内已经预期广州本田新雅阁定价将大幅降低，但新雅阁的定价还是引起了"地震"。

广州本田新雅阁此次定价将成为国内中高档轿车的价格风向标，即将下线的上海别克君威2.0和2.5、一汽轿车M6自在此列，市场热销的帕萨特、风神蓝鸟、宝来、福美来也将受影响。在雅阁降价前的2002年12月，第一辆索纳塔下线，有消息说风神阳光6月入局，东风公司与PSA的标致307也有可能下线。新雅阁的定价，无疑将是他们一个难以回避的参照系。降价后2.4升新雅阁已接近了1.8T帕萨特的售价。上海通用2月10日上市的别克君威，就是盯准了新雅阁价格，先推3.0，而将2.0和2.5虚席以待。1月21日，备受市场关注，甚至被不少媒体视为2003年中高档最值得期待的一汽2.3升M6下线，一汽轿车M6项目有关人士透露"豪华版价格将在25万～30万元，不会超过30万元"，而之前，业内一致认为M6的价格将在30万元左右。4月，2.3升技术型马自达6接受预订，售价23.98万元。

新雅阁一步到位的定价影响了整个中高档轿车市场的价位，广州本田的这种定价策略一直贯穿到之后下线的飞度车型营销之中，广州本田车型的价格体系也因此成为整个国内汽车行业价格体系的标杆，促使国产中高档轿车价格向"价值"回归，推动了我国轿车逐渐向国际市场看齐。广州本田生产的几款车型几年来在市场上也一直是供不应求，2003年广州本田更以11.7万辆的销售使增长超过100%，成为增幅最大的轿车生产商。销售最火爆时，一辆雅阁的加价曾高达4万元。这一年，我国轿车的产量也首次突破200万辆，达到201.89万辆，同比增长83.25%。

想一想：

1. 请分析雅阁价格调整的市场背景。
2. 根据本案例，分析雅阁价格调整的原因。
3. 从本案例中，可以看出竞争对手针对雅阁的价格调整做出了哪些反应？

第六章　汽车价格策划

案例赏析

2020 款凯迪拉克 CT4 海外售价公布，如何进行定价策略

提起凯迪拉克 ATS，相信不少车迷朋友应该都知道。可以说在同级别中，凯迪拉克 ATS 的性价比秒杀 BBA。随着凯迪拉克 ATS 的换代车型——CT4 车型的发布，海外如今已经公布了价格，那么，凯迪拉克是不是还会继续运用错位定价策略？

在海外，宝马新款 330i 的起价为 41745 美元，而奔驰 C300 的起价为 42395 美元。凯迪拉克的激进定价策略旨在从德国贵族手中抢走客户，而正如其标题所暗示的那样，其价格为 33990 美元（折合人民币 24 万左右）。

Luxury、Premium Luxury、Sport 和 CT4 是四个配置，全轮驱动加价从 1100 美元到 2600 美元不等，具体取决于配置。常规车型使用 2.0L 涡轮增压四缸 LSY，它是雪佛兰 Camaro 车 LTG 的后继产品。该发动机还与 XT4、CT5 和 CT6 共享。在 5000r/min 时的额定功率为 174kW，在 1500 至 4000r/min 时的转矩为 258 磅·英尺（1 磅·英尺≈1.355 牛·米）。

CT4-V 将搭载的是 2019 款雪佛兰 Silverado 1500 皮卡车中的 2.7L 涡轮四缸发动机，239kW 的功率和 380 磅·英尺的转矩看起来并不是很强悍。

两端的 LED 照明、双区域气候控制、主动降噪、高清后视摄像头、无钥匙进入、按钮启动、双显示驾驶员信息中心和优质音频是标准配置中的一些亮点。明年将推出 Super Cruise，用于在美国和加拿大的高速公路上进行免提驾驶。

对于后轮驱动模型或后轮驱动模型的 ZF MVS 无源减震器，采用 Magnetic Ride Control 4.0 可以使 CT4 的驾驶体验更加动感。值得一提的是，Brembo 制动钳搭配 18 英寸高性能轮胎，加上运动模式的 10 速自动变速箱和后部的限滑差速器，相信该车的运动性能表现不输同级别。

本章小结

汽车价格目标的策划方式主要有：利润最大化目标、市场占有率目标、树立汽车企业形象目标和其他定价目标等。

汽车价格策划的内容主要包括：选择定价目标、选择定价策略、选择定价方法、运用定价技巧和适时调整产品价格。价格策划方案择优的原则有经济性原则和操作性原则；其方法有经验推断法、专家意见法和盈亏平衡分析法。

常见的汽车价格策划的方法有三种：成本导向定价法、竞争导向定价法、需求导向定价法。汽车成本导向定价法主要有三种方法：成本加成定价法、变动成本定价法、盈亏平衡点定价法。汽车需求导向定价法主要包括二种定价法：感受价值定价法和逆向价格定价法。汽车竞争导向定价法主要有三种定价法：随行就市定价法、限制进入定价法和投标竞争定价法。

价格策划的策略主要有：新产品定价策略和心理定价策略。

调整价格的策划有主动调价策划和被动调价策划。主动调价策划方式有降价或提价。被动调价策划的思路和步骤是：调查研究、制定应对措施和制定主要对策。

课后练习

1. 价格目标的策划方式有哪些？

2. 价格策划方案的内容有哪些？择优的原则和方法是什么？

3. 常见的价格策划的方法有哪几种？各自又有哪些具体方法？

4. 价格策划的策略有哪些？

5. 调整价格的策划有哪几种？主动调价是什么？被动调价策划的思路和步骤有哪些？

实训操作

任务：

1. 对（4S店）汽车产品的定价情况进行调研分析。

2. 任选一款汽车产品品牌，调查该汽车产品的成本构成及各类价格（不同时期面向经销商、消费者的不同价格或价格折扣），并分析其定价方法和策略。

3. 完成指定汽车产品的价格策略方案的设计。

4. 为某汽车产品确定价格并根据需要调整价格。

5. 为汽车新产品设计一套价格。

要求：

1. 以小组或个人为单位，进行资料收集。

2. 对照本实训内容，用文字的形式为汽车产品制定合理的定价，设计"某汽车产品价格策划方案"；举例说明某品牌的汽车定价所采用的方法，并进行评价；针对某品牌的汽车产品定价，分析其是否需要进行修订和变动。

3. 每组上交一份分析报告，不少于500字。

汽车促销策划

第七章

汽车促销策划

1. 掌握人员推销策划的内容、步骤、形式、策略和技巧。
2. 掌握广告促销策划的内容、类型、流程、策略和技巧。
3. 掌握营业推广策划的特点、作用和流程。
4. 掌握公共关系促销策划的含义、作用、方式和工作程序。

　　1998年，中国整个市场疲软和萧条，轿车市场也出现萎缩现象，上汽集团于上半年在全国推出新车型的"时代超人"，以期寻求新的经济增长点，同时解决产品更新换代问题。"时代超人"的配置在当时是除了红旗轿车外，国产汽车中档次最高的。配有ABS防抱死装置、电子智能防盗钥匙、电子喷射发动机，最大输出功率74kW，动力强劲且省油，减震系统更适合国内道路，当然更适合四川道路。方向助力、液压离合器，操作轻巧方便，安全性、舒适性均大为提高，市场售价19.7万元，比同款桑塔纳2000型轿车高出两万多元。由于在推出此车型时，正逢市场低谷，为加强在西南地区的销售，上汽汽车销售工业总公司在四川德阳组建了上汽西南分销中心。该中心主要负责西南地区云贵川藏的销售工作，当然市场重点在四川。在深入了解上汽集团的生产、销售和服务的历史和现状后，经过认真对市场进行分析，在充分考虑桑塔纳轿车消费对象和市场特点后，针对桑塔纳轿车在营销上的市场特点和存在的问题，决定在分销中心制定一套完善的促销策划方案。

　　以省党政机关报《四川日报》为主要传播媒体，借助省级报刊的权威性，树立桑塔纳新的品牌形象。以"时代超人"为更新升级产品，向受众介绍全新的营销体制和营销理念，改变人们对上汽产品是老企业、老产品的认识。从不同的角度介绍"时代超人"的先进性能和上汽大众的质量管理体系。以平面广告为主，文字介绍为辅，确立交叉的广告攻势。以《华西都市报》《成都商报》《成都晚报》等地方报纸和当地各电视台为辅助传媒，重点宣传"时代超人"的功能以及高技术含量和优秀品质。发挥媒体引导消费的优势，导入新的旧车消费理念：不管是新车旧车，只要有车就向现代生活靠近一步，旧车也能提高生活品质。以文字方式介绍推荐3S店，阐明上汽已经走在同行前列。由此提升消费者对桑塔纳轿车的先进营销方式和服务水平的认同。

实施过程：

（1）逐步协办各报汽车专版，以《四川日报》汽车专版为首家协办对象，要求各专版每月免费刊发500字左右的文字稿两篇，以介绍桑塔纳轿车。树立上汽在本行业的权威性，提高知名度，同时在专版刊头刊登照片及广告标语，加深人们对桑塔纳轿车的印象。

（2）专访报道：在《四川日报》发表"时代超人"重拳出击的专访报道，全面介绍上汽全新营销体系、质量保证体系以及零千米销售措施，让消费者在认同品牌的同时，进一步认知品牌内涵。这是在我国步入市场经济后的汽车行业中，首次在省级报刊上全面介绍桑塔纳轿车的营销环节和管理举措。（根据消费特点）突出"时代超人"是在上汽通过全面改革后，在新的营销模式下使用新技术新工艺生产出的新产品。

（3）文字报道：在四川各媒体的汽车专版上详尽介绍"时代超人"的各项功能及性能优势。如ABS、防盗钥匙芯片等，这样购车客户既感到"时代超人"的先进性，同时增加了可靠性和安全性，解决了桑塔纳轿车客户的后顾之忧。

（4）平面广告：投入一定量的平面广告，主要在《四川日报》和《成都商报》《成都晚报》等强势媒体上刊登。突出产品的市场定位、优秀品质、优秀性能及功能。

（5）启动旧车市场：在《四川日报》上刊登策划人撰写的《3万元买奥拓，5万元买桑塔纳》和《旧车市场销势火爆》等文章，鼓励和引导旧车消费，提出旧车消费的新理念和新观点，引起消费者共鸣。不少读者打进专版热线，称赞这一观念。用媒体引导消费起到了良好作用，二级市场随之启动并转旺。与此同时，上汽西南分销中心也推出以旧换新的新业务。

（6）在新的销售模式下，以汽车销售、维修服务、配件供应为主体的"3S"服务体系1998年开始在四川得到应用，各汽车销售商家已有开始向这一方向发展的迹象，这本是汽车销售服务发展的必然趋势，而上汽大众在四川的销售点、维修服务点，已具备或即将具备"3S"条件。这时明确预见："3S"体系必将在四川各地流行，介绍一些桑塔纳轿车的"3S"店给读者，说明上汽公司已经走在同行前列，使社会各界朋友认识到上汽营销模式的先进性，且售后服务体系已进一步得到完善。同时，介绍桑塔纳特约维修企业遍布四川的盛况，使广告语："拥有桑塔纳，走遍天下都不怕"得到印证。总之给消费者留下这样的印象：一流的员工素质，一流的设备，造就一流的产品。一流的服务，一流的企业，就是上汽集团。

从策划案开始实施起，桑塔纳系列产品销售逐步转旺，尤其是"时代超人"，仅第二个月新增销量就达200辆。最终达到了扩大桑塔纳轿车市场占有率的目的。为启动旧车市场而提出的新的消费观念见报之后，不少读者打来热线电话，称赞并认同这一消费观念。这一新观念引起了消费者的共鸣。在一年多的时间内，桑塔纳系列产品的市场占有率一直保持在50%以上。而"时代超人"所占桑车销售比例的65%以上，并呈上升势头。

第一节　汽车人员推销策划

一、汽车人员推销策划的内容

汽车人员推销，是指汽车企业通过派出推销人员与可能成为购买者的人交谈，作口头陈

第七章 汽车促销策划

述,以推销汽车商品,促进和扩大销售的一系列过程。

汽车人员推销策划的内容可以分为:一是确定汽车销售人员、设计组织结构和访问计划等;二是管理销售人员的招聘、挑选、培训、委派、报酬、激励和控制等。

汽车人员推销具有针对性、灵活性和人情味等特点。

二、汽车人员推销策划的步骤与形式

(一)汽车人员推销策划的主要步骤

1. 明确推销任务

推销任务内容包括:一是挖掘和培养新顾客。销售人员首要的任务是探寻市场,发现潜在顾客,开拓新的市场。二是培育企业的忠实顾客。三是提供服务。销售人员应该为顾客提供咨询、技术指导、迅速安全交货、售后回访、售后维修等系列服务,以服务来赢得顾客的信任。四是沟通信息。销售人员应该熟练地传递企业各种信息,说服、劝导顾客购买本企业产品。五是产品销售。销售人员应该源源不断地给汽车企业带来订单,把企业汽车产品销售出去,实现企业的销售目标。

2. 确定推销人员

企业可以建立自己的销售队伍,使用本企业的推销人员来推销产品。推销队伍的成员可以叫推销员、销售代表、业务经理、销售工程师。现在在汽车行业一般都叫汽车销售代表和汽车销售经理。

3. 构建推销队伍结构

推销队伍结构包括:一是地区结构式,即每个(组)推销人员负责一定地区的推销业务。二是产品结构式,即每个(组)推销人员负责一种或几种产品的推销业务。三是顾客结构式,根据顾客的行业、规模、分销渠道的不同而分别配备推销人员。四是复合结构式,即以上几种的综合组织。

4. 确定推销方案及工作

一般来说,推销人员的推销包括以下几个步骤:①寻找顾客。有诸多办法,如地毯式访问法、连锁介绍法、中心开花法、个人观察法、广告开拓法、市场咨询法、资料查阅法等。②约见。一般来说,顾客都不大欢迎推销人员来访,因此推销人员应事先征得顾客同意再见面。③接近。推销员接近顾客时,一定要信心十足,面带微笑。④面谈。它是整个推销过程的关键性环节。在面谈时要切记推销工作的黄金法则:不与顾客争吵。⑤成交。

5. 推销人员的管理

(1)推销人员的甄选。推销人员应具备的条件包括:知识面广,有一定的业务知识,文明经商,富于进取,反应灵敏,吃苦耐劳。

(2)销售人员的激励。主要包括:固定工资加奖金,提成制工资,固定工资加提成。如奇瑞公司采用的就是固定工资加提成的方式。

(3)销售人员的考核。主要考核指标有:销售计划完成率,销售毛利率,销售费用率,客户访问率,访问成功率,顾客投诉次数,培育新客户数量。

6. 推销人员的培养

推销人员的培养包括:一是必备的道德品质。包括要正确处理与企业的关系,正确处理与促销对象的关系,正确处理与竞争对手的关系。二是良好的个人修养。包括仪表端庄、举止文雅、作风正派、谦虚礼貌、平易近人等良好的气质和外观风度。三是宽领域的知识结

构。包括宏观经济知识、企业知识、产品知识、用户知识、法律知识。四是全面的销售能力。包括市场开拓能力、成功谈判能力、吃苦耐劳精神、敏锐的洞察力、业务组织能力、业务控制能力、应变创新能力。

（二）汽车人员推销的基本形式

1. 上门推销

上门推销是最常见的人员促销方式。它是由汽车推销人员携带汽车产品的说明书、广告传单和订单等走访顾客、推销产品。这种推销方式可以针对顾客的需要提供有效的服务，方便顾客，故为顾客所广泛认知和接受。这种方式是一种积极主动的、名副其实的"正宗"推销方式。

2. 柜台推销

柜台推销又称门市推销，是指汽车企业在适当地点设置固定的门市、专卖店即现在的3S或4S店等，或派出人员进驻经销商的网点，接待进入门市的顾客，介绍和推销产品。门市的营业员是广义的推销人员。柜台推销与上门推销正好相反，它是等客上门式的推销方式。因为汽车是笨重、大件商品，历来以采用这种方式为主。

3. 会议推销

它是指利用各种会议向与会人员宣传和介绍产品，开展推销活动。比如，在订货会、交易会、展览会上推销产品。这种推销形式接触面广，推销集中，可以同时向多个推销对象推销产品，成交额较大，推销效果较好。近年来国内各大城市竞相举办的汽车博览会就属于这种促销方式。汽车博览会现在已不仅是促销汽车的极好方式，而且已成为各大城市提高城市知名度、带动消费和吸引商机的良机。

三、汽车人员推销策划的策略与技巧

人员推销的程序主要包括寻觅、接触、商谈、签约四个阶段，每一阶段都必须掌握一定的策略与技巧。

1. 寻觅阶段的策略与技巧

寻觅阶段是为了找潜在顾客的阶段，这一阶段的技巧主要表现在寻找潜在顾客的方法上。寻找潜在顾客的方法很多，常用的主要有以下几种。

（1）目录寻找，即从各地编印的企事业单位名录中寻找潜在客户。

（2）介绍寻访，又称连锁介绍，即通过现有客户或亲戚朋友等不断介绍推荐增加潜在客户的数量。该方法不仅可以避免推销的盲目性，还能较好地赢得未来客户的信任。

（3）社团联络，即通过参加各类社会团体组织，将组织成员逐步发展为自己的潜在客户，或者通过这些成员介绍他们所参加的其他组织中的成员为潜在客户。

（4）展销吸引，即通过举办各种展销会，吸引潜在客户。

2. 接触阶段的策略与技巧

寻找到潜在客户后，就要开始与其接触。在整个推销过程中，接触阶段至关重要。"销售从不被拒绝开始"，丰田汽车公司销售人员手册中的这句名言告诉人们，让顾客接受推销人员是最终能够达成交易的开始。因此，如何运用一定的策略与技巧，给顾客留下良好的第一印象，就成为推销初期的重点。同时，言行举止要文明、礼貌、有修养。在开始洽谈时，推销人员应巧妙地把谈话转入正题，做到自然、轻松、适时。在洽谈过程中，推销人员应谦虚谨言，注意让客户多说话，认真倾听，表示关注与兴趣，并做出积极的反应。遇到障碍时，要细心分析，耐心说服，排除疑虑，争取推销成功。

3. 商谈阶段的策略与技巧

在商谈阶段，推销人员要运用各种策略技巧，尤其语言技巧，以说服顾客购买自己的产品。推销过程中，顾客常会产生一些疑问，问一些"为什么"。例如，我为什么要买你的产品？你的产品有何优点，根据是什么？针对这些问题，推销人员应做出恰如其分的回答，并采取相应策略激发其购买欲望。常用的策略主要有三种。

（1）产品展示策略。即推销人员通过展示产品本身，甚至亲自使用产品给客户看，来显示产品的外观和良好的性能，生动形象地刺激客户的感官。既可以唤起注意，也可以引起兴趣，因而具有较好的促销效果。

（2）文字、图片、录像演示策略。即通过展示产品有关的文字、图片、影视、音频、证明等资料去引导客户做出购买决策。如丰田汽车公司为推销人员特制样品目录、彩色样本以及各种文字资料等。

（3）示范参与策略。即对有一些不需要复杂示范的产品，由客户自己参与而唤起兴趣的策略。如让客户亲自驾驶汽车，这种亲身体验，有助于刺激客户的购买欲望。

在商谈过程中，顾客常会提出许多不同的意见。推销人员必须认真分析顾客异议，正确理解异议的真正意图，在此基础上，采取灵活方式进行处理。对于顾客一时难以纠正的偏见或成见，可将话题转移。对恶意的反对意见，可"装聋作哑"，或用适当话语敷衍过去。对于价格异议，高价商品应强调商品特色，使顾客感到"一分钱一分货"；低价商品则应介绍低价的原因，使顾客感到物美价廉。另外，有些异议往往是由于对方不了解产品信息而引起的，因此应提供更多的信息。但无论何种情况，推销人员都要避免同顾客争吵，做到语气委婉，态度友好。

4. 签约阶段的策略与技巧

签约是一次营销活动的最后一步，该阶段的重点是把握成交时机，促使犹豫不决的顾客尽快做出购买决定。

第二节 汽车广告促销策划

一、汽车广告促销策划的内容与类型

（一）汽车广告促销策划的内容

汽车广告促销是广告策划的一个重要方面，是在广泛的调查研究基础上，对市场和个案进行分析，以决定广告促销活动的策略和广告促销实施计划，力求广告促销进程的合理化和广告促销效果的最大化。

广告促销策划内容丰富、类型众多，大体上可分成五个部分，即广告促销目标、广告促销市场分析、广告促销策略、广告促销计划和广告促销效果测定。

（二）广告促销策划的类型

按广告促销的内容分类，可分为产品广告促销策划、企业广告促销策划和服务广告促销

策划。

按广告促销的目标分类，可分为开拓性广告促销策划、劝导性广告促销策划和提醒性广告促销策划。

按广告促销的媒体分类，可分为印刷广告促销策划、视听广告促销策划、邮寄广告促销策划、户外广告促销策划和网络广告促销策划。

二、汽车广告促销策划的流程、步骤与策略

（一）汽车广告促销策划的流程与步骤

1．汽车广告促销策划的流程

汽车广告促销策划的流程如图 7-1 所示。

2．汽车广告促销策划的步骤

汽车广告促销策划的步骤如图 7-2 所示。

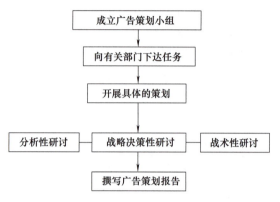

图 7-1　汽车广告促销策划的工作流程

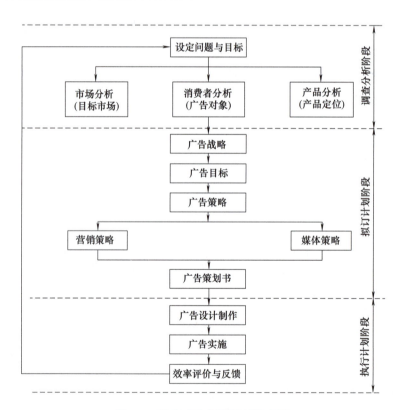

图 7-2　汽车广告促销策划的步骤

（1）调查分析阶段。这一阶段的任务首先要对汽车营销环境进行分析，主要是开展市场调查、消费者调查和产品调查，分析研究所取得的资料，有针对性地制定出广告战略和广告策略，并使广告促销策划方案建立在科学和可靠的基础之上。

（2）拟订计划阶段。这是汽车营销策划者创造性思维的用武之地，是产生构想的阶段。

主要任务及步骤是：第一，确立整体广告促销战略。这是确立促销策划的大致方向，主要是围绕着促销目标与问题，结合汽车环境因素而确定的。第二，确立广告促销目标。广告促销目标与广告促销战略是相辅相成的。广告促销战略是围绕着目标提出的，又赋予目标以更明确的方向；而广告促销目标是广告促销战略实施的核心环节。第三，确定广告促销中的具体策略。策划人寻找解决问题、达到促销目标的具体方法，如营销策略、媒体策略等。这样广告促销策划的构想就显得清晰、完整，具有现实的可行性。第四，形成广告促销策划书。策划书是广告促销战略与促销策略的具体化，是见诸文字的方案，也是广告促销活动的"蓝本"。

（3）执行计划阶段。这是广告促销活动策划任务的具体组织与实施。根据促销策划方案，首先可以开始广告促销的设计制作，并把广告作用于媒体发布，配合以其他促销活动等。在实施后注意收集对广告效果的评价与营销情况的反馈，以便及时总结经验，不断提高广告促销策划的效果。

（二）汽车广告促销策划的主要策略

1. 汽车广告定位策略

汽车广告定位策略是汽车企业在汽车广告宣传中，为产品或服务创造、培养一定的特色，树立独特的市场形象，从而满足目标顾客的某种需要和偏爱，为促进企业的汽车销售服务。汽车企业的广告定位策略可分为服务定位策略和观念定位策略两大类。

（1）服务定位策略。它是在汽车广告中突出服务的特点，即强调与同类汽车的不同之处，能给顾客带来更大利益。其具体运用有功能定位、类别定位、细分市场定位、附加值定位、价格定位等。

功能定位是在广告中突出汽车的特异功能，使该汽车在同类产品中有明显区别，以增强选择性需求。它是以同类产品的定位为基准，选择有别于同类产品的优异性能为宣传重点的。

类别定位是在汽车广告中强调类别不同，从而使顾客在认识过程中，对某种汽车产生新的兴趣和好感。这种定位一般以"本公司是××品牌的特约经销商""本公司是××品牌的一级代理"等方式强调类别不同，从而与同类经销商区别开来。

细分市场定位是市场细分策略在广告中的具体运用，将汽车定位在最有利的市场位置上。例如，"本公司专销商务车"。

附加值定位是顾客购买汽车时得到的附加服务利益，如维修、装潢、代办保险等。这种为销售增加内容的延伸服务，已日益成为吸引顾客的方式。在汽车广告策划与创意中要努力去发掘出"附加价值"并需巧妙宣传。

价格定位则是因产品的品质、性能、造型等方面与同类产品相近似，没有什么特殊的地方可以吸引消费者，在这种情况下，广告宣传便可以运用价格定位策略，使产品的价格具有竞争力，从而击败竞争对手。

（2）观念定位策略。观念定位是突出汽车的新特征，改变消费者的习惯心理，树立新观念的广告策略。具体有两种方法：是非定位和逆向定位。

是非定位是从观念上把市场加以区分的策略。例如，"本公司不仅是销售企业，更是维修企业"，从售后维修服务的角度确立企业的地位和形象，以取得销售的成功。

逆向定位是借助于有名气竞争对手的声誉来引起消费者对自己的关注、同情和支持，以便在市场竞争中占有一席之地。逆向定位在广告中突出市场上名气响亮的产品或企业的优越性，并表示自己的产品不如它好，甘居其下，但准备迎头赶上；或通过承认自己产品的不足之处，来突出产品的优越之处。这是利用人同情弱者和信任诚实的人的心理，故意突出自己的不足之处，以唤起同情和信任的手法。

案例 ▷▷

　　大众汽车公司"甲壳虫"的广告就成功地应用了广告逆向定位策略。大众汽车公司"甲壳虫"的外形的确很丑，而且小得令人发笑，在强手如林的美国汽车市场，怎么能和福特汽车公司、通用汽车公司和戴姆勒-克莱斯勒汽车公司的产品相媲美呢？简直是痴人说梦吧！可有人却不这么认为，而是自报短处说"小有小的好处"，无论多挤，你都可以找到车位；交通堵塞时，别的车都只能望车兴叹，而你的甲壳虫可以左右穿梭，游刃有余；在时间就是金钱的时代，为你节省时间；而且又省油，买甲壳虫显得你多么会持家，拥有节俭的美德多好；最重要的是，它拥有这么多优点而且价格还便宜，看到了吗？小有小的好处，丑也丑得有理。也正是凭借这一点，甲壳虫才能风靡一时。

2. 产品生命周期广告策略

　　处在生命周期的不同阶段的汽车，其工艺成熟程度、消费者的心理需求、市场竞争状况和市场营销策略等，都有不同的特点。因此，广告目标、广告对象、媒介选择和广告实施策略等也有所不同。

　　在投入期和成长前期，新品汽车刚进入市场，产品的品质、性能、造型、结构等都尚未被消费者所认知。广告宣传以创品牌为目标，执行开拓市场战略，使消费者产生新的需要，这是新车广告宣传的初期阶段。在此阶段，应着重突出新旧产品的差异，向消费者介绍新产品的有关知识，使消费者对新产品有所认识，从而引起兴趣，产生信任感。此阶段应注意大力宣传产品的商标和品牌，不断扩大品牌知名度。运用各种与促销相结合的广告方式，促使部分潜在客户尽快购买，并在先期客户的影响下，争取更多的早期购买者，尽快过渡到普遍购买。这一阶段，投入的广告费较多，运用多种媒介，配合宣传，造成较大的广告声势，以便使新车迅速进入市场。

　　当产品进入成长后期和成熟期，广告宣传进入中期阶段，广告对象转向广大消费者。由于新车或服务已获得消费者认可，销售量急剧上升，利润已有保证，同时，同类产品也纷纷投入市场，竞争日益激烈。尤其是在产品进入成熟期后，产品工艺稳定成熟，产品生产形成一定规模，消费者已形成使用习惯，产品销售达到顶峰，新产品变成普及产品。在这一阶段，广告以提高品牌形象为目标，巩固已有的市场和挖掘市场潜力，展开竞争性广告宣传，引导消费者认牌选购。因此，广告必须具有强有力的说服力，突出本产品同其他品牌同类产品的差异性和优越性，巩固企业和产品的声誉，加深消费者对企业和品牌的印象。

　　产品进入衰退期后，供求日益饱和，新产品已逐渐变成老产品，更新的产品已逐步进入市场，产品宣传进入后期。这一时期的广告目标，重点放在维持产品市场上，采用延续市场的方式，保持产品的销售量或延缓销售量的下降。其主要的做法是运用广告提醒消费者，以定期、定时发布广告的方法，及时引起消费者注意，巩固习惯性购买。广告重点应该突出产品的售前和售后服务，保持企业荣誉，稳定产品的晚期使用者及保守者。在产品生命周期的不同阶段，广告策略的运用情况如表7-1所示。

表7-1 产品生命周期与广告策略的运用

产品生命周期	投入期	成长前期	成长后期	成熟期	衰退期
广告阶段	初期	中期			后期
广告目标	创品牌	保品牌			维持
广告目的	创造需求	指导选择性需求			
广告战略	开拓市场	竞争市场			保持转移压缩市场
广告策略	告知	说服			提醒
广告对象	最先购买者 早期使用者	早期购买者 晚期使用者			晚期使用者 保守者
媒介选用情况	多种媒介组合、刊播频率高、造成广告声势，广告费投入较多	广告费、刊播频率较初期次之，说服竞争消费者			广告压缩，采用长期间隔定时发布广告，引起注意，延续市场

3. 广告的媒介组合策略

在汽车广告媒介领域，几乎没有哪一种媒介能够100%将信息传递到所预计的目标对象。不同媒介具有不同的特性，各种媒介的功能、特点各异。为了达到预期的汽车广告效果，汽车广告的策划者应该在众多广告媒介中选择最符合广告促销目标的媒介，并将其合理配置，达到最佳效果。

广告媒介组合是根据广告的定位策略和市场策略，对广告媒介进行选择和搭配运用。即在同一个媒介计划中使用两个或两个以上的不同媒介组合运用，将经过选择的汽车广告媒介进行合理的时间、版面的配置，以提高汽车广告的传播效果。

采用广告媒介组合策略可以加强媒介各自的优势，弥补不足，其主要优点有：①扩大传播范围。单一的媒介无论传播范围如何广泛，它所覆盖的区域也不可能毫无遗漏，利用广告媒介组合策略，媒介之间可以相互补充，使汽车广告活动的影响扩大到单一媒介所遗漏的目标对象。②扩大广告到达率。广告的不同媒介的影响面存在着部分重合，在很大程度上也存在着差异，多种媒体同时发布可以扩大汽车广告的到达率，使汽车广告的目的性更强。③优势互补。不同媒介各有优劣，媒介组合策略可以在各种媒介之间形成互补。比如靠电视广告扩大知名度，结合印刷汽车广告增进客户对企业的了解。④降低成本。多种媒介组合可以降低成本。媒介特点不同，其价格也不同，运用多种媒介进行组合，可以适当降低成本，保证在较低的费用下有较高的汽车广告到达率。各媒介的组合搭配分析如表7-2所示。

表7-2 广告各媒介的组合搭配分析

搭配方式	说 明
报纸与广播搭配	可以使不同文化程度的购车者都能接受到汽车广告信息
电视与广播搭配	可以使城市和乡村的购车者都能接受到汽车广告信息
报纸或电视与售点汽车广告搭配	常常有利于提醒购车者购买已经有了感知信息的车辆
报纸与电视搭配	可以在报纸广告进行详细解释之后，再以电视展开广告攻势，产生强力推销的效果
报纸与杂志搭配	可以用报纸汽车广告做强力推销，而用杂志汽车广告来稳定市场，或以报纸汽车广告固定市场，以杂志汽车广告拓宽市场
报纸或电视与邮寄汽车广告搭配	以邮寄汽车广告为先导，做试探性宣传，然后以报纸或电视做强力推销，也可能取得比较显著的效果
邮寄汽车广告与售点汽车广告或招贴汽车广告搭配	在对某一特定地区进行汽车广告宣传时，能够起到巩固和开发市场的作用。当然，还需路牌汽车广告与其他汽车广告形式的搭配等

三、汽车广告设计技巧策划

广告的表现是指将信息通过广告创意，运用语言、声音、图像等各种符号与形式表现出来，以达到影响消费者购买行为的目的。它包括广告的语言表现、构图表现、色彩表现、声音表现等。因此，应对广告设计提出以下特殊要求。

（1）简明易懂。因广告受播放时间和刊登篇幅的限制，不允许有太长的解说，所以广告的文字、图画以及其他部分必须在特定的主题下，要用最鲜明和最通俗的方式协调和谐地表达出来，力求文字简洁、词语容易记忆、图画清晰易懂，使得消费者一听一看就懂、一目了然，并能在看到广告后留下深刻的印象。如一汽-大众的广告设计。

（2）具有美感性。广告设计是一种艺术活动，因此要遵循美学的要求，运用整齐、均衡、对称、和谐等美学手段，给人以美的享受。即要用形象的语言、巧妙的构思、诱人的情趣，将汽车商品特性表现出来，借以加强广告的感染力和说服力，激发起顾客的购买欲望。

（3）独具特色。只有设计美观新奇、立意精巧、具有特色的广告才符合消费者心理要求，从而吸引人们的注意力，促使其产生购买行为。因此，广告的构思必须要富有创造性，在内容和形式上要多样化，其设计应独具特色、吸引力强，切忌抄袭沿用、千篇一律、陈词滥调。

汽车广告经典语

1. 现代汽车广告语——驾驭现代，成就未来。
2. 宝马汽车广告语——即使你把它拆得七零八落，它依然是位美人。（国外）驾乘乐趣，创新极限。
3. 宝马7系汽车广告语——生活艺术，唯你独尊。
4. 奔驰汽车广告语——领导时代，驾驭未来。
5. 福特汽车广告语——你的世界，从此无界。
6. 日产汽车广告语——超越未来。
7. 奥迪汽车广告语——突破科技、启迪未来。
8. 凯迪拉克汽车广告语——将力量、速度和豪华融为一体。
9. 富兰克林牌汽车广告语——一辆永远不会给你带来麻烦的汽车。
10. 大众汽车广告语——出于对汽车的爱，汽车价值典范。
11. 沃尔沃汽车广告语——关爱生命、享受生活。
12. 甲壳虫汽车广告语——该车外形一直维持不变，所以外形上很丑陋，但其性能一直在改进。
13. 丰田汽车广告语——车到山前必有路，有路必有丰田车。
14. 菲亚特汽车广告语——开创菲亚特新纪元，脱胎换骨，来势汹汹，超级雷马。
15. 斯柯达汽车广告语——简单、聪明。
16. 北京现代汽车广告语——追求卓越、共创幸福。
17. 索纳塔汽车广告语——中国新动力，衡量价值新典范。
18. 广州本田汽车广告语——世界品质、一脉相承。
19. GL8汽车广告语——路上公务舱，商旅新境界。
20. 奥德赛汽车广告语——驾驭生活新景观。

21. 中华汽车广告语——超越期望、超越自我。

22. 别克汽车广告语——当代精神，当代车。

23. 别克君威汽车广告语——心致、行随，动静合一。

汽车广告词【热门篇】

1. 雅阁汽车广告语——激活新力量，新雅阁新力量新登场。

2. 马自达汽车广告语——魅力科技。

3. 蒙迪欧汽车广告语——领先在于你的魄力。

4. 宝来汽车广告语——驾驶者之车，快并快乐着。

5. 别克凯越汽车广告语——全情全力，志在进取。

6. 赛纳汽车广告语——常规由我定，动感与美感无须取舍。

7. 雪铁龙汽车广告语——想在你之前。

8. 起亚汽车广告语——用心全为你。

9. 欧美佳汽车广告语——平稳征服人生曲折。

10. 欧宝汽车广告语——德国科技，轻松享有。

11. 雷诺汽车广告语——让汽车成为一个小家。

12. 英国迷你汽车广告语——她可爱吗？

13. 奥迪A4汽车广告语——动感传奇。

14. 奥迪汽车广告语——走中国路，乘一汽奥迪。

15. 阳光汽车广告语——体验阳光生活。

16. 日产汽车广告语——超越平凡，卓越优逸。

17. 福美来汽车广告语——和谐灵动，君子风范，和谐生活新成员。

18. 千里马汽车广告语——雷霆动力，纵情千里。

19. 千里马Ⅱ汽车广告语——心有多野，未来就有多远。

20. 威驰汽车广告语——领先科技的全球轿车，让生活乐在新风。

21. 飞度汽车广告语——外在动人，内在动心。

22. 伊兰特汽车广告语——给我一个美名，送你一部靓车。

23. 菲亚特西耶娜汽车广告语——有成就，也有情趣，多彩人生路激情。

24. 周末风汽车广告语——空间超乎想象，生活飞越平凡。

25. 赛欧汽车广告语——优质新生活。

26. 菱帅汽车广告语——人性化科技。

27. POLO汽车广告语——同POLO一样古怪精灵。

28. 嘉年华汽车广告语——一路激情共精彩。

29. 奇瑞风云汽车广告语——动静皆风云。

30. 奇瑞旗云汽车广告语——激情原动力。

31. 威姿汽车广告语——超越期待的经典车。

32. 高尔夫汽车广告语——很生活——世界经典两厢车，杰作天成一见如故。

33. 高尔汽车广告语——实在，反而更难得，我的动感高尔与众不同，无需潮流，只要始终经典。

34. 奇瑞东方之子汽车广告语——一切由我掌控。

35. 富康汽车广告语——走富康路，坐富康车，方方面面实实在在满足您。
36. 桑塔纳汽车广告语——上海桑塔纳，汽车新潮流，拥有桑塔纳，走遍天下都不怕。
37. 捷达汽车广告语——理性的选择。
38. 爱丽舍汽车广告语——精致生活，精彩演绎。

案例

2001年12月，上海大众推出了帕萨特2.8V6，配备了2.8V6发动机和诸多全新装备，是大众中高档产品在我国市场的最高配置。该车将帕萨特的尊贵与卓尔不凡乃至整个上海大众的形象推向了一个新的层面。在电视广告宣传中，上海大众利用了"里程篇"所奠定的"成功"基础，将"成功"提升到了更高境界。在这部广告片中，我们可以看到山、水、湖泊、森林、平原、沙漠变换中蕴藏着的无限生命力，无疑是创意者在表现帕萨特2.8V6的动力。在平面媒体中，上海大众加强了对帕萨特2.8V6"内在力量"的宣传，与电视宣传形成内外呼应、整体配合的效果。

第三节 汽车营业推广策划

一、汽车营业推广策划的特点与作用

1. 汽车营业推广策划的特点

汽车营业推广是指企业在特定的目标市场中，为迅速刺激需求和鼓励购买而采取的各种短期性促销方式的统称。它与广告、公关、人员推销不同，后三者一般是常规的、连续的，而营业推广则是非常规性的，是一种辅助促销手段，很少单独使用。它多用于一定时期、一定任务的短期特别促销。它有两个相互矛盾的特点。

（1）促销强烈。营业推广的许多方式，向消费者提供了特殊的购买机会，具有强烈吸引力和诱惑力，可引起广泛注意，刺激大量需求，使消费者产生机不可失的紧迫感，促使其立即购买，因此可起到立竿见影的促销效果。这也是营业推广区别于其他促销方式的最大特征。

（2）贬低商品。营业推广的各种方式针对性强、宣传攻势猛，有利于产生积极的促销效果，但如果时机选择不当或促销行为过急，会引起消费者的怀疑和反感，从而降低商品身价，甚至会有损企业形象和信誉。因此，应避免频繁使用，并注意选择合适的时机、适当的方法。

2. 汽车营业推广策划的作用

汽车营业推广的最终作用是刺激需求、促进销售，但不同阶段的不同推广活动，又能产生不同的具体效果。一般来说，汽车营业推广有以下几方面的作用。

① 通过营业推广，能够引起消费者的兴趣，刺激他们的购买行为，在短期内达成交易。

② 通过营业推广，企业向顾客提供一些特殊的优惠条件，可以有效地抵御和击败竞争者。

③通过营业推广，可以促进与中间商的中长期业务关系，从而有利于双方的合作。

二、汽车营业推广策划的流程

营业推广活动策划流程主要有以下几方面。

1.确定汽车营业推广目标

汽车企业营业推广目标的确定，就是要明确推广的对象是谁，要达到的目的是什么。只有知道推广的对象是谁，才能有针对性地制定具体的推广方案。

2.制定汽车营业推广方案

一般来说，应包括以下内容。

（1）激励幅度。即确定激励的经济有效限度。激励强度不够，不能引起刺激对象的较大反应，达不到预期目标；反之，若激励幅度过大，不仅影响汽车企业经济效益，而且会适得其反，引起逆反心理和逆反行为。因此，必须认真分析各方面的条件，确定适当的激励幅度，做到既能扩大销售，又不降低效益。

（2）推广对象。许多营业推广活动是针对所有顾客的，但这样做的费用太高，常常造成浪费。因此，要根据企业的营销目标和促销目标，合理确定推广对象的范围和条件。

（3）推广方式。企业推广方式甚多，各有利弊，各自适用不同的条件。企业应综合考虑市场类型、营销目标、竞争环境、各种推广方式的费用和效率等，从中选择适当方式。

（4）推广途径。推广方式确定后，还要选择适当的推广途径。因为同一方式可以有不同的实现途径，且每一种途径的送达率和费用都不同，这就需要进行综合比较，选择最有利的途径。

（5）推广期限。即营业推广活动持续时间的长短。如果时间过短，许多可能的消费者还未来得及购买，活动即已告终；若持续时间太长，会给消费者造成变相降价的印象，从而失去吸引力，甚至会引起消费者对产品质量的怀疑。

（6）推广时机。即推广时机的选择。通常要考虑产品所处的生命周期阶段、竞争状况、消费者购买习惯等因素。

（7）推广预算。营业推广需要花费一定费用，这就要求在每一次推广之前搞好推广预算。常用的预算方法有两种：一是成本累加法，即将各环节预计的成本费用相加得出该次推广的总费用预算；二是比率法，即先确定企业促销的总费用，然后按一定百分比进行分配，从而确定营业推广总费用。

3.汽车营业推广方案的测试

推广方案确定后，若条件允许，应先进行小范围的测试，以检验方案的可行性与效果。

4.汽车营业推广方案的实施

测试通过后，企业还应制订详细的实施计划，以便有效执行推广方案并进行控制。在方案实施过程中，还要密切注意市场条件的变化，以便根据实际情况对推广方案进行及时调整。

5.汽车营业推广方案的评估

每次营业推广活动结束后，都要对推广效果进行评估。评估的方式与广告相同，一是要看这次推广的经济效益，二是要看对消费者态度等方面的影响，以便总结经验，为下一次推广提供借鉴。

第四节　汽车公共关系策划

一、汽车公共关系策划的含义

汽车公共关系策划是公共关系人员根据汽车企业形象的现状和目标要求，分析现有条件，谋划设计公共关系战略、专题活动和具体公共关系活动最佳行动方案的过程。

企业生存在各种社会关系之中，公共关系日益显得重要。好的公共关系策划，可以起到"四两拨千斤"的效果，使品牌形象迅速提升。但许多企业把公共关系仅仅理解为收买媒体，以广告代替公共关系，其效果反而适得其反。另外，公共关系不仅包括媒体公共关系，还包括政府公共关系、经销商公共关系、顾客公共关系、企业员工公共关系，任何一方都不可偏颇。

二、汽车公共关系策划的作用

在汽车市场营销活动中，公共关系策划的作用主要体现为以下几方面。

1. 监察环境、搜集信息

汽车企业要生存和发展，必须随时注意自己的宏观环境和微观环境的变化。公关人员通过各种信息传播媒介了解公众对汽车企业的态度，搜集有关信息，发现问题并及时向企业反馈，从而为企业制订和调整营销计划提供依据。

2. 沟通情感、树立形象

汽车企业通过多种传播媒介向社会各界传达自己的信息，沟通与公众的情感，与各界公众保持良好关系，使公众能正确认识、理解并支持企业的各项活动，提高企业的知名度和美誉度，从而为企业营销活动创造良好的外部环境。

3. 调解纠纷、缓冲矛盾

任何汽车企业在发展过程中都可能出现某些失误。如果处理不当，就会影响企业声誉，甚至危及企业的生存。这就要求企业必须作好预防和调解工作。一旦出现矛盾与纠纷，立即采取补救措施，迅速纠正那些有损企业形象的宣传，尽力降低对企业造成的危害。总之，公共关系旨在"内求团结、外求发展"。

4. 增强购买、促进销售

汽车促销虽然不是汽车企业直接的主要的工作内容，但从汽车企业的最终目标来看，汽车促销应成为汽车企业的潜在的根本目的。以自然随和的公共关系方式向公众介绍新车辆、新服务，既可以增强公众的购买欲望，同时又树立了汽车企业良好的市场与公众形象。

三、汽车公共关系策划的方式与工作程序

（一）汽车公共关系的方式

一般来说，汽车企业在进行公共关系活动时主要采取以下几种方式。

1. 加强新闻宣传

公共关系的影响具有较大的客观性，通常要借助于新闻媒体传播信息，因此容易取得公

众的信任，具有可信度，感染力较大。这对于企业是非常重要的。如：法国白兰地生产厂家借美国总统艾森豪威尔生日之际，选赠两桶名贵的白兰地酒作为贺礼，做了一次成功的公关活动。电视的实况转播和各种新闻报道使白兰地为美国民众所熟悉、议论，从而拉近了法国白兰地与美国民众的距离，使白兰地最终走向美国民众的生活。

2. 开展公益性活动

企业可通过赞助和支持体育、文化教育、社会福利等公益性活动，树立企业良好的形象。

2009年8月，奇瑞公司采取创新的助学方式，向安徽大学教育基金会捐资1000万元。此外，双方还将联合投资"奇瑞飞驰车轮项目"，发挥安徽大学的科技优势和奇瑞的产业化优势，开发全新钢制车轮。这一项目是奇瑞汽车在支持教育事业上的创新举措。根据合作协议，安大基金会持有该项目的股份并享受年度分红，所得利润又将用于安大教育基金会的助教项目，这在资助教育事业的同时也实现了助学资金"造血"功能。这样使得奇瑞公司在中国自主品牌汽车公司中，起到了从事公益事业的先锋模范作用。

吉利公司在推出从零出发的帝豪EC7时，就通过多形式的公益活动，譬如西南旱灾捐水、玉树灾区送祝福等活动，为帝豪品牌塑造了良好的口碑。

2004年8月初，华泰汽车联合全国31家经销商启动了"圆你大学梦，捐助贫困大学生活动"。此次活动通过全国公开征集、各地经销商实地考察的方式选出150余名学生作为扶助对象。截至8月底，大部分经销商均成功在当地举办了捐助仪式，每个省、市、地区均捐助了4～6名贫困大学生，每名贫困学生均得到了5000元钱的助学资金。华泰汽车此次的捐助行动从某种意义上说也是对国家助学贷款工作的有益补充。如今，社会各界此类的扶助捐款活动层出不穷。华泰汽车以一个社会公民的实际行动诠释了可持续性扶困战略，此举无疑为全社会捐助贫困大学生活动提供了一种新的思路。同时也大大提高了华泰汽车的知名度和美誉度。

3. 收集、处理与反馈公众意见

汽车企业应经常收集和处理公众对经营产品、服务方面的意见和建议，及时将改进后的情况告知公众，求得公众的谅解和理解。

4. 建立全方位的联系

汽车企业应建立与消费者、社会团体、政府机构、银行、商业等单位的广泛联系，主动向他们介绍企业的经营情况，听取他们的咨询意见，争取他们的支持。1983年，"同仁堂"商标在日本被抢注。事后，中国政府将"同仁堂"认定为驰名商标，及时挽救了中国"同仁堂"商标在日本的各项权利。

5. 组织专题公关活动

企业可通过组织或举办新闻发布会、展览会、联谊会、庆典、开放参观等专题公关活动，介绍企业情况，推销商品，沟通感情，增进了解，扩大宣传，强化形象。

案例

在通用汽车中国公司 Saab9-3 运动型上市发布和试车活动中举办的"心自驰，与谁同 Saab9-3 运动型轿车上市发布"活动上，三名来自瑞典的赛车手分别驾驶着一辆全新 Saab9-3 运动型轿车和两辆 Saab9-5 轿车，在珠海航空航天展览中心上演了一幕"人车合一，驾驭非凡"的特技驾驶表演，极好地展示了 Saab9-3 运动型轿车良好动力性、操控性和安全性。在此次发布活动上，三位来自瑞典的知名车手（Kjell Olofsson 先生曾捧过 75 次瑞典拉力赛的冠军奖杯；Kenneth Bcklund 先生为两次北欧拉力赛的小组冠军及 5 次瑞典冠军杯拉力赛小组冠军的主力；以及 Saab 的御用试车手——Johnny Johansson 先生）先后表演了 180 度大回转、"金蛇摆尾"、"之"字回环、"回环相遇"、"遭遇战"、"九九归原"等特技表演。这次表演极好地体现了 Saab9-3 运动型轿车这款产品的特性——拒绝流行，重视个性，并乐于享受驾控乐趣，展现了以"北欧设计的动感风格""人车合一的操控性能""涡轮增压的高效动力"和"以实际需求为导向的安全理念"为四大特色。

6. 建立、健全内部公关制度

企业应建立和健全内部公共关系制度，以协调企业与各部门、各方面及其职工的关系，进行产品的宣传报道。

（二）汽车公共关系策划的工作程序

公共关系活动的工作程序包括以下几个步骤。

1. 公共关系调查

公共关系的调查是开展公共关系工作的起点和基础。通过调研，汽车企业一方面可以了解与实施的政策有关的公众意见和反应，将其反馈给管理高层，以提高企业决策的正确性；另一方面可以将企业的决策传递给公众，使之加强对本企业的了解。

2. 确定公共关系的目标

一般来说，企业公共关系的目标是促使公众了解企业，改变公众对汽车企业的认识，最终目的是通过传播信息，唤起消费者的需求与购买行为。

3. 编制公共关系计划

公共关系是一项长期的工作，必须有一个长期的连续性计划。公共关系计划必须依据一定的原则，来确定公共关系的目标、工作方案、具体的公关项目、公关策略等。

4. 公共关系计划的执行与实施

在公共关系的实施过程中，需要依据公共关系的目标、对象、内容、企业自身条件、不同的发展阶段等来选择适当的公共关系媒介和公共关系的方式。

5. 公共关系的效果评估

公共关系评价的指标通常有三种：一是曝光频率，即计算出现在媒体上的次数；二是反响，分析由公共关系活动引起公众对产品的知名度、理解、态度前后的变化；三是可以通过公关前后的销售额和利润的比较来评估。

第七章 汽车促销策划

吉利帝豪向上马拉松，展现中国向上力量

"向上马拉松"是吉利帝豪家族打造的一个品牌跨界IP。2015年以来，从挑战288米重庆英利大融城，到2017年挑战海拔352米的司马台古长城，到今年（2019年）开启全新向上挑战，首次攀登自然界的高峰——泰山。一路走来，汇集了百余位文体界名人，影响了数十亿受众，已成为一项传递积极向上正能量的全民运动。

通用赛欧上市公共关系案例

1. 2000年10月24日，亮相"第二届上海国际工业博览会"

"第二届上海国际工业博览会"无疑是一个聚集各大汽车公司并引起媒体关注的良机。上海通用汽车有限公司的赛欧决定参展。上海通用在很短的时间内完成了大量的准备工作，并初步公布了"基本型10万元"的价格和配置；准备了充足的新闻稿件和照片。

2. 2000年10—12月，赛欧试车报告

从赛欧下线到上市的这段时间里，上海通用汽车有限公司首先邀请了一批国内汽车新闻报道的权威人士来沪试驾，路线从上海市内前往水乡周庄，亲身体验赛欧在实际路况下的表现。赛欧在试车过程中的动力表现和优秀的操控性能，令这些权威人士激动不已。因此，媒体的试车报告对赛欧的评价都很高，收到的试车报告接近20篇，文章标题都十分瞩目，对读者具有极大的吸引力，达到了很好的宣传效果。

3. 2000年12月12日，赛欧下线

由于赛欧首次亮相所取得的巨大成功，在赛欧正式下线前，许多有关赛欧的话题便成为媒体关注甚至辩论的焦点。比如价格是如何制定出来的，车辆配置是否合理，甚至赛欧与其竞争对手下线的时间先后等。

在下线仪式上，首先放映的是一段街头采访录像，给所有参会者留下了深刻的印象。这段录像是根据真实的街头采访和市场调查制作的，受访对象包括私企业主、教授、年轻恋人、白领等各界人士，问题涵盖了公众对家用轿车价格、配置、外形、预计购车时间等方面的看法。

在新闻正式发布之前，首先让中外记者聆听了这段来自公众的各种意见。新闻发布会上，上海通用汽车有限公司真诚坦率地回答了多家媒体的提问。在新闻发布会后，上海通用汽车有限公司安排所有记者分组参观上海通用汽车有限公司极为先进的柔性化生产线，让新闻记者亲眼看见赛欧轿车和其他别克轿车共用同一条先进的自动生产线。并把各个环节的录像资料提供给各家电视台作为素材使用，起到了很好的宣传效果。

4. 2001年3月，媒体试车

上海通用汽车有限公司决定组织一次大规模的媒体试车活动，利用比较集中的新闻效应，使公众通过媒体获取更为翔实的赛欧性能资料。

在媒体试车之前，上海通用汽车有限公司首先邀请了部分媒体代表，采访了负责对赛欧进行改进和重新设计的设计师，力图从专业的角度对赛欧的研发过程和赛欧的性能，作一个比较全面和权威的评述。

同时，在媒体正式试车之前，上海通用汽车有限公司邀请了专门从事汽车知识培训的专家，作了一场为时两个多小时的汽车知识讲座，详尽地介绍了从发动机、汽车动力总成到安全气囊、ABS以及赛欧典型的改进项目等各方面的知识。从而使媒体代表在实际体验赛欧的性能前，掌握了关键的理论知识，与试车相印证。

这次公共关系活动通过专家的力量较好地矫正了部分舆论由于不了解汽车固有生产规律而产生的某些误解。同时媒体代表也从理论和实践两个方面切实体会了赛欧所作的改进和出色的性能，起到了预期的宣传作用。

5. 2001年4月3—6日，北京国际博览会

赛欧在北京国际博览会上亮相。开幕式当天上午，北京重要的媒体均对上海通用汽车有限公司市场营销部进行了专访，并有30多家媒体进行了集体采访。在采访中，上海通用汽车有限公司着重强调了赛欧所作的改进和出众的性能价格比。整个展期，赛欧成了北京国际博览会上最亮的亮点，与其他部分车型形成了强烈的对比。

6. 2001年3—6月，全国巡游

2001年3—6月的"齐驾驭、共体验——别克家族试车会"全国巡游活动中，赛欧参加了别克家族的全国试车活动，历经30个城市，几乎是每周去二三个城市的密度。

7. 2001年6月8日，赛欧上市

2001年6月1日，上海通用汽车有限公司首先发布了赛欧三种不同配置的价格，并公布了2001年6月8日的上市时间。新闻稿的标题为《新手价格承诺，提供可靠服务，赛欧练半年内功六月八日全国上市》。2001年6月8日，赛欧上市当日，各地重要媒体均对此作了详尽的跟踪报道。

8. 2001年6月18—24日，上海国际车展

两年一度的上海国际车展，是赛欧整个上市公共关系策划的最后一个环节。配合本次车展别克轿车"别克满足每一族"的主题，赛欧和其他别克轿车以及多功能商务公务旅行车一起，向邀请与会的100多家媒体代表展现了别克家族产品不同的明确定位。

分析：

赛欧上市成功的公共关系策划，充分展现了公关营销的促进。赛欧上市策划的整个过程，可以说开创了国内新车品牌塑造的几个纪录：历时八个月，时间跨度之长十分罕见；在此过程中，收到的赛欧新闻简报数以千计，几乎全国所有媒体（专业性太强的行业媒体除外）对赛欧都有提及；整个宣传过程中，总共接触的新闻记者超过600人；撰写和发布了12篇新闻稿，历次新闻报道突出了宣传的主题。使赛欧在没有投入一分钱广告的情况下，订单就已突破16000份，并且在不断上升。上市一年后，赛欧系列轿车的销售量突破了5万辆，成为国内首个上市一年内销量突破5万辆的轿车。

想一想：

赛欧为什么能顺利上市并在一年后赛欧系列轿车的销售量突破了5万辆？请结合案例谈谈自己的想法。

本章小结

汽车促销策划指企业在进行某项活动之前，借以人员促销和非人员促销的组合，运用促销策略，对整个活动方案、过程及操作进行规划与设计。主要手段有广告促销、公共关系、营业推广和人员推销等。

第七章 汽车促销策划

汽车人员推销，是指汽车企业通过派出推销人员与可能成为购买者的人交谈，作口头陈述，以推销汽车商品，促进和扩大销售的一系列过程。其策划的流程及步骤是：明确推销任务、确定推销人员、构建推销队伍结构、确定推销方案及工作、推销人员的管理、推销人员的培养。人员推销的基本形式有：上门推销、柜台推销、会议推销。人员推销的程序主要包括寻觅、接触、商谈、签约四个阶段，每一阶段都必须掌握一定的策略与技巧。

汽车广告促销是广告策划的一个重要方面，是在广泛的调查研究基础上，对市场和个案进行分析，以决定广告促销活动的策略和广告促销实施计划，力求广告促销进程的合理化和广告促销效果的最大化。汽车广告促销策划的步骤包括调查分析阶段、拟订计划阶段和执行计划阶段。汽车广告促销策划的主要策略包括：汽车广告定位策略、产品生命周期广告策略和广告的媒介组合策略。

汽车营业推广是指汽车企业在特定的目标市场中，为迅速刺激需求和鼓励购买而采取的各种短期性促销方式的统称。其最终作用是刺激需求、促进销售，但不同阶段的不同推广活动，又能产生不同的具体效果。汽车营业推广活动策划流程主要是：确定汽车营业推广目标、制定汽车营业推广方案、进行汽车营业推广方案的测试、汽车营业推广方案的实施以及营业推广方案的评估。

汽车公共关系策划是公共关系人员根据汽车企业形象的现状和目标要求，分析现有条件，谋划设计公共关系战略、专题活动和具体公共关系活动最佳行动方案的过程。其作用主要表现在：监察环境、搜集信息；沟通情感、树立形象；调解纠纷、缓冲矛盾；增强购买、促进销售。

课后练习

1. 什么是人员推销策划？其策划的策略和技巧有哪些？
2. 什么是广告促销策划？其策划类型、流程、策略和技巧有哪些？
3. 简述汽车营业推广策划的特点、作用和流程。
4. 什么是公共关系策划？其策划的方式、作用和工作程序有哪些？

实训操作

任务：
根据项目（产品），在市场调研分析的基础上，让学生进行创意、策划：
1. 制订一套较完整的广告促销计划，并撰写广告促销策划方案。
2. 制定一个较完整的公关促销活动，并撰写公关策划方案。
3. 制定一个较完整的营业推广方案或商演活动，并撰写营业推广或商演活动策划方案。
4. 制定一个较完整的人员推销活动，并撰写人员推销策划方案。

要求：
通过××广告、××公关、××营业推广、××推销、××促销组合的策划，使学生进一步理解与掌握促销策划的内容、程序、步骤、方法和撰写促销策划文案的技巧，提高学生的实际操作运用能力。

结合当地市场实际，或在认真研读本单元提供的策划方案的基础上，要求学生在分析广告促销的基础上，以某品牌汽车为切入口，提出广告促销策划方案。要求学生选择一个熟悉的汽车品牌，为其制作一份公关促销活动策划书。通过对目前市场上经销的福特汽车营业推广的资料收集和实地观察，模拟对福特汽车进行 SP 策划。对某汽车品牌提出组合促销策划方案，并在一定的范围内进行推销沟通的模拟操练和推销方案的分析说明。

第八章

汽车营销策划实务

汽车营销策划实务

学习目标

1. 了解汽车营销活动策划理念和原则。
2. 掌握汽车市场营销活动的方案设计。
3. 掌握汽车市场营销活动策划的类型。

情境导入

××汽车 4S 店春节活动方案

一、活动主题：新年送豪礼订车中大奖

二、活动时间：××××年××月××日—××月××日

三、活动对象：××××年××月××日—××月××日期间成功订购××××任一款车型的客户

四、抽奖时间：××××年××月××日×时

五、活动形式：文艺表演＋抽奖

六、活动地点：××××汽车 4S 店展厅

七、活动目的

1. 抓住节日商机，推出大型促销活动吸引客流，促进节日期间订单成交，刺激消费。
2. 拓展销售渠道，增加目标受众。
3. 扩大公司品牌知名度和美誉度，提高公司品牌在受众人群中的影响力。

八、奖项设置

一等奖：65 英寸液晶电视 1 台，价值 8888 元，1 名。

二等奖：数码 DV，价值 2888 元，1 名。

三等奖：电热茶具、电磁炉、果汁机，价值 388 元，3 名。

来店客人均有礼品赠送（维修工时券或精美小礼品，贺年类礼券）。

九、前期宣传

1. 短信告知：××月××日、××日分批次发送，各发送 5 万条。

2. 网络告知：××阳光网、××汽车网、××公司网站软文发布。

3. 电台宣传：××交通音乐台、综合频道。

4. 报纸宣传：××日报、××都市报。

5. DM宣传：××日报、××日报、××都市报。

6. 店头宣传告知：彩色喷绘、条幅、易拉宝、活动宣传单页、节日活动气氛的渲染。

7. 销售员口头告知，客户互相传达。

十、活动日程安排

××月××日—××月××日，店头宣传布置，活动宣传，扩大活动影响力，增加受众群体。

××月××日—××月××日，准客户邀约。舞台背景的制作，音响、演员预约。活动奖品及礼品筹备。

××月××日，抽奖活动用品的筹备，舞台及活动场地搭建，活动当天人员安排。

××月××日，抽奖活动。

××月××日，活动总结，费用批报。

十一、抽奖活动流程安排

抽奖活动流程安排，如下表所示。

时间	具体事项	备注
	再次确认邀约客户名单	
	活动相关准备工作到位，签到台、自助餐工作人员到位	
	客户到签到处签到，礼品发放。号码牌发放	
	舞台音响、演员、主持人到位	
	主持人致辞，介绍活动内容	
	董事长致新年贺词	
	公司领导致辞	
	节目表演	
	抽三等奖，中奖客户上台前礼仪小姐为其佩戴胸花	
	颁奖，客户发表感言	
	互动游戏	
	抽二等奖，中奖客户上台前礼仪小姐为其佩戴胸花	
	颁奖，客户发表感言	
	节目表演	
	互动游戏	
	抽一等奖，中奖客户上台前礼仪小姐为其佩戴胸花	
	客户感言	
	领导颁奖，放礼炮	
	所有中奖客户合影	
	主持人致辞，活动结束	
	客户自由活动，维修人员为客户答疑	

十二、活动责任人安排

活动责任人安排，如下表所示。

项目	第一责任人	第二责任人
活动宣传用品设计		
店头布置		
前期活动软文撰写		
短信发布		
软文发布		
活动物品采购		
礼品筹备		
活动口头传达与告知，客户引导		
确定邀约客户名单		
邀约客户抽奖券（号码）制作		
演员预约，音响租赁		
活动场地布置		
活动当日现场指导		
后勤		
撤场		
活动总结		
费用报批		
活动后期软文（报纸＋网站）撰写		
软文发布		

十三、活动费用预算

活动费用预算，如下表所示。

项目大类	项目小类	规格	单价	总价
活动宣传费用预算	短信发布			
	软文发布			
	店头喷画			
	条幅			
	易拉宝			
活动用品费用预算	舞台背景			
	舞台钢结构			
	地毯			
	奖牌			
	抽奖券（号码）			
	抽奖箱			
	礼炮			
奖品、礼品费用预算	65英寸液晶电视			
	数码DV			
	电热茶具、电磁炉、果汁机			
	维修工时费			
演出费用预算	演出费用			
	音响租赁			
其他费用预算	自助餐饮			
	胸花			
	鲜花			
	签到本			

活动效果预估：(略)。

第一节　汽车市场活动策划理念及原则

一、汽车市场活动策划理念

（1）CS：客户满意　CS=产品+服务+社会效益；
（2）为客户创造生活的喜悦；
（3）创造许许多多的"真实一刻"，即"感动的瞬间"；
（4）提供超越心理期望的体验；
（5）学会创造"真实一刻"来赢得客户的好感；
（6）如果你只是跟着别人的步伐，那么你就不要期望能够超越它。

二、汽车市场营销活动的原则

汽车市场活动的策划通常都要考虑到一系列相连接的环节和阶段。一般一个活动总是分为这几个基本的阶段：引线—关注—传播—落实—回声。这些阶段串联成了一个整体，实质上任何活动都是一种互动。

通常我们需要了解的汽车策划活动原则如下。

（1）时机原则。任何市场策划都是有时机的，也就是"过时不候"型的，通常掌握的时机是传统节日或新兴的节日、重大社会事件机会、企业内部重大事件、产品重大事件机会等。

（2）地域原则。汽车经销商的任何活动都是有一定区域的指向性的，不可能面向全国人民，只可能是针对本区域的人群。所以在所在范围之内的人群喜欢干什么事、喜欢什么样的话、喜欢什么样的行为方式、性格如何，都可能是市场活动中要考虑到的。比如在杭州搞婚车活动就远不如在余姚或丽水搞得好，因为两地的人群性格不同。

（3）目标原则。一方面，所有的市场活动都指向一定的人群，每一类人群有不同的特性，比如凯美瑞所面对的用户群体与雅阁面对的用户群体大不相同，许多在雅阁上搞得很不错的活动用到凯美瑞上也许就不合适了，因此要为我们的目标群设置合适的活动内容。另一方面，有些车型面对的人群是与竞争对手相互交融的，所以往往在一段时间内，凡是竞争对手用过的活动我们应尽可能不用，这一点也是为了让我们的目标群体更容易分辨出我们的"活动个性"。即便是内容上差不多的活动，我们也要尽可能从完全不同的角度提出完全不同的口号或视觉形象。

（4）单纯原则。即在活动内容上遵守内容简洁易操作、活动过程控制性要好的原则。简单地说，就是"信息要单一，内容要可控，过程要轻松"，要把用户当成天下最懒的人。事实上在活动的进行中，用户是可以直观地了解到你所能提供的服务并想象着你未来能提供的服务的，所以在市场活动中的服务水准就是你能否争取到用户的重要因素。此外，尽可能单纯的信息也可以排除那些与车、与服务无关的杂信息，使用户更专心于活动本身。

（5）大声原则。即最大化传播效果的原则，现在的手段比过去多样，除了传统媒体的记者战略外，要注意到流行的一些手段，比如在活动中拍摄一段视频，编出一个有趣的故事，将其上传到微信、QQ、博客或抖音、快手等视频网站上，然后通过某些手段宣传等。

三、汽车营销策划方案设计

近十几年来，中国的国有汽车企业和民营企业越来越被受到重视，特别是民营企业，如果想在众多竞争对手的汽车市场中占有一定的地位，一个好的营销策划方案对一个汽车企业来说是很重要的。

汽车营销策划方案的设计包括以下方面。

1. 活动目的

开展活动的目的是处理库存产品、是提高销售还是宣传推广，只有明确了目的，才能使活动有的放矢。

2. 活动对象

活动针对的是目标市场的每一个人还是某一特定群体活动，控制在多大范围内，哪些人是促销的主要目标，哪些人是促销的次要目标，这些选取的正确与否会直接影响到促销的最终效果。

3. 活动主题

要明确活动主要是为促销宣传还是答谢消费者。

4. 活动方式

这一部分主要阐述活动开展的具体方式。有两个问题要重点思考：确定人群和确定刺激程度。

5. 活动时间和地点

促销活动的时间和地点选取得当会事半功倍，选取不当则会费力不讨好。在时间上尽量让消费者有空闲参与，在地点上也要让消费者方便，而且要事前与城管、工商等部门沟通好。不仅仅发动促销活动的时机和地点很重要，持续多长时间效果会最好也要深入分析。持续时间过短，会导致在这一时间内无法实现重复购买，很多应获得的利益不能实现；持续时间过长，又会引起费用过高，而且市场形不成热度，并降低顾客心目中的身价。

6. 广告配合方式

一个成功的促销活动，需要全方位的广告配合。选取什么样的广告创意及表现手法，选取什么样的媒介炒作，这些都意味着不同的受众抵达率和费用投入。

7. 前期准备

前期准备分三块：人员安排、物质准备、试验方案。

8. 中期操作

中期操作主要是活动纪律和现场控制。纪律是战斗力的保证，是方案得到完美执行的先决条件，在方案中应对参与活动人员各方面的纪律做出细致的规定。

9. 后期延续

后期延续主要是媒体宣传的问题，包括对这次活动将采取何种方式、在哪些媒体进行后续宣传。

10. 费用预算

没有利益就没有存在的好处。对促销活动的费用投入和产出应做出预算。一个好的促销活动，仅靠一个好的点子是不够的。

11. 意外防范

每次活动都有可能出现一些意外，比如政府部门的干预、消费者的投诉，甚至天气突变导致户外的促销活动无法继续进行等。务必对各个可能出现的意外事件作必要的人力、物力、财力方面的准备。

12. 效果预估

预测这次活动会达到什么样的效果，以利于活动结束后与实际状况进行比较，从刺激程度、促销时机、促销媒介等各方面总结成功点和失败点。

以上十二个部分是促销活动方案的一个框架，在实际操作中，应大胆想象，留意求证，进行分析比较和优化组合，以实现最佳效益。有了一份有说服力和操作性强的活动方案，才能让公司支持你的方案，也才能确保方案得到完美的执行，使促销活动起到四两拨千斤的效果。

第二节 汽车市场营销活动策划类型

一、汽车 4S 店假日促销策划

（一）假日促销价值

由于中国人的假日越来越多，使得促销活动的力度越来越大，加之外国的假日也融入了国人的日常生活中，比如情人节、母亲节、父亲节、圣诞节等，再加上元宵节、三八节、五一节、中秋节、国庆节、春节等，可谓"节连不断"，利用这些特殊时机进行促销活动自然是花样满天飞。尤其是快速发展的汽车行业更是抓紧时机，不断发掘假日的价值。

随着互联网用户越来越多，更多的互联网节日开始出现，继天猫"双十一"、京东"618"之后，腾讯电商将"1020疯抢节"确定为腾讯电商的网购节日。

（二）假日促销作用

"假日促销"不论是从中国的传统节日还是国外"引进"的一些节日如情人节、圣诞节等，无不显示出假日消费效应。

因此，节假期间如何才能吸引消费者有限的注意力，做大做活节假日市场，已成为各大汽车 4S 店任务的重中之重。如果能够真正把握节假日消费市场的热点和需求变化趋势，做出符合目标市场的策划方案，必能获得客观的回报。

（三）假日促销意义

假日促销与一般的促销意义不同，假日受传统文化的影响较大，所以更需注意节假日的各种风俗、礼仪、习惯等民族特点。

假日促销是汽车 4S 店销售的重头戏，也是促销活动发挥作用的关键时刻，在一般性的促销任务上，着实需要对促销管理、促销执行、促销反馈等管理上有新的突破。

在汽车 4S 店推出的众多手段当中，要细心挑选与品味假日促销的含义，有些汽车 4S 店促销是有目的性的，有的是为了营造气氛。跟踪与反馈假日促销的缘由与目标是假日促销的最初要点，也是促销的基本保证，为了假日促销而促销的促销，可能只是一种附加的广告效果，甚至更差或者起到反面的展示作用。因此，在假日促销的关口，理性促销与细心促销成为吸引顾客的关键。

（四）为何要假日促销

汽车属于耐用品，因此，购买汽车在大多数家庭中是一件大事，需要全家人商量、参考，所以只有等到节假日家人都有空的时候才去选购。

何况现在消费者也在不断揣摩厂家的心思，总认为节假日促销力度比平时要大，许多家庭就是要等到节假日才全家倾巢而出购物。因此，汽车4S店要善于把握利用节假日，做好促销，从而提高营业额。

（五）年度节点营销方案

汽车4S店可以制作一个年度节点营销活动方案，对全年营销予以把握控制。

××汽车4S店年度节点营销活动方案

月份	活动主题	活动类别				预算
		区域性车展	店头活动	巡展	外展	
一	茶道与健康生活讲座活动					
	迎春节一月购车订车抽奖活动					
二	我的最爱——春节联欢晚会节目竞猜活动					
	正月十五灯谜会活动					
	传达爱的密语——情人节购车献礼活动					
三	3月8日快乐女人购物节					
	3月8日购车做"香"车美人					
	3月8日丽人安全行车讲座					
四	奢侈品展厅鉴赏活动					
	迎五一，"贷"动梦想					
五	五一购车精彩无限活动					
	五一汽车服务乡村行					
	感恩母亲，温情祝福					
	母亲节——献给妈妈的爱					
六	六一儿童节——回味幸福童年					
	开心周末——家庭试驾活动					
	父亲节——父爱如山购车回馈活动					
七	臻爱在奥迪，浪漫回馈日					
	汽车户外电影					
八	8月8日奥运嘉年华活动					
	竞品对比专场试驾					
九	高档消费场所赠送礼品活动					
	献给老师的爱					
十	乐享国庆假日，爱车检测活动					
	金秋国人庆盛世，奔腾豪礼节节送					
	中秋节购车——欢乐又团员					
十一	美丽大讲堂——冬季皮肤保养与车身保养					
十二	圣诞答谢晚宴					
	合计					

案例

××汽车4S店全年活动方案

月份	日期	活动主题	活动内容
3月	3月1日—5日	"自信女人,美丽随你行"	即日起至3月15日,来店看车的女性用户,均可获得纪念品一份 即日起至3月15日,来店参与试驾的女士,均可获得精美试驾礼品一份 即日起至3月15日,在4S店购车的女性客户,我公司将免费为您的爱车安装倒车雷达,为您的安全驾驶保驾护航 活动期间维修保养车辆金额满×××元,可获赠精美休闲毛毯一件;维修金额满×××元,可获赠精美床上用品四件套一份(不含保险定损、保修车辆)
	3月15日	"3·15"诚信宣传活动	××省工商局、××省诚信会、××诚信会组织的车展、汽车宣讲、品牌推广、企业赞助等活动
	3月31日	××新春团购会	凡是3月31日前报名参加团购会的客户均可享受超值团购价
4月	4月1日—30日	俱乐部营销活动	活动期间购车送俱乐部积分,送维修基金,送装饰件,修车不花钱
5月	5月1日—3日	五一汽车文化节	参加由××电视台三套"最爱是车"栏目组织的汽车文化节活动
6月	6月1日	六一亲子活动	"放飞梦想,心中爱车"亲子活动(儿童车身彩绘、绘画比赛、唱歌跳舞等)
	6月1日—30日	燃情夏日,夏季送冰凉	与××家电集团开展联合营销活动,活动期间,根据不同车型送空调、送冰箱等电器,提升销量,解决用户急需购买的家用电器问题
7月	7月1日—31日	"××之夜"夏季社区路演活动	活动组织形式:车辆性能介绍+现场互动+火爆表演+嵌入式营销 参与人群:潜在客户、老客户、社区居民 领取奖品、现场互动、节目表演、车辆介绍等
8月	8月1日—31日	你买车,我养车	在活动得到厂家费用支持的情况下,对××的利润车型开展"你买车,我养车"活动,如活动期间购××款车,四年维修保养全免费(限××籍、××籍用户)
9月	9月8日—12日	××汽车:首届××高校汽车文化节	由高校汽车协会组成"××省高校汽车联盟",以"汽车联盟"的名义在学校举行"××省首届高校汽车文化节",××汽车集团以赞助形式参加 开展:现场展示,DM派发,网络宣传,教师专享政策,老客户荐友活动 开展现场招聘会,为公司输送人才,为学校解决就业问题 让汽车协会爱好者、汽车专业学生参加汽车活动知识讲解、汽车拆装等活动
	9月15日	情侣对对碰节油赛	定量比赛:每辆汽车加入1升汽油,比较行驶距离,距离最远的嘉宾胜出 定载比赛:每辆车加入1升汽油,满载4人,测试满载行驶距离 定程比赛:每车加入1升汽油,在规定时间里完成10千米,以油耗最少者胜出 现场互动:你是我的眼,设置路障组成停车位,嘉宾倒车过程中不准使用后视镜及倒车雷达,女嘉宾可下车提示,最快停车成功的嘉宾获胜
10月	10月1日—7日	举国欢庆,感恩九重大礼等你拿	来店就有礼,看车有大礼,购车送豪礼,如国庆期间××车型直降×××元,送×××元大礼包、维修基金,送省内一日游,送电影票,送装饰件,送油卡等活动,免费检测,工时费8折,材料费8.5折等活动

续表

月份	日期	活动主题	活动内容
10月	10月5日	"天使之眼"送重阳关卡	联系××车主与电视台、报纸、汽车网等媒体开展"天使之眼"送重阳关卡活动,在××市敬老院开展慰问关怀活动,送温暖、送祝福,送带有××标志的日常生活用品、电器等,提高品牌知名度与曝光率
	10月17日—22日	××第×届车展	认真组织车展活动,活动期间开展让利促销、精品展示、新车上市、"香"车美女等活动
11月	11月1日—15日	温泉自驾游	凡在活动期间购买××的车主可参加温泉自驾游活动,仅限车主和家人,预计30辆车,各大媒体全程跟踪报道,同时举行摄影比赛;宣传方式包括报纸广告、网络、店头、短信、车贴、温泉村横幅,提高品牌知名度,提高用户满意度,丰富生活
12月	12月1日—15日	影院贺岁片嵌入式营销	贺岁档期间通过与电影院合作进行电影票、POP、广告等互投进行展厅集客,电影票、电影院门口海报、展架、横幅、电影播放前贴片广告等形式选产模式
	12月24—1月3日	迎元旦,庆圣诞	圣诞主题车饰评比、圣诞小天使评比、圣诞花车展示、老人开车送礼,分秒必争;汽车排出的巨型圣诞树展示;趣味小游戏
	12月31日	携手并进再创佳绩——××团拜会	举办车主团拜会活动,邀请忠实用户50人、集团公司领导、厂家领导、公司全体员工组织大型团拜会活动,提高用户满意度

(六)活动方案控制

在对假日促销有了一定认识之后,根据汽车4S店的实际情况来控制活动方案。

1. 市场调查分析

通过市场调查,初步确定活动的主题、内容、时间和地点。

(1)确定活动的主题。通过活动加深目标人群对本汽车4S店及其商品的理解与记忆。要明白面对不是潜在消费者的活动效果是非常差的,所以必须通过市场调查找到目标人群。

(2)确定活动内容。活动内容根据主题确定,活动成功的前提是内容要有吸引力,包括打折、免费赠送、汽车服务尝试等,这些都是争取目标人群必不可少的手段。所以,必须根据目标人群来确定活动的内容是否具有吸引力。

(3)确定活动时间。公众节假日人流量较为密集,有消费习惯,这个时候做的活动往往能取得较好效果。同时要注意,现在较为流行的闭店销售常常是在晚上,这样更能让顾客有抢购的感觉。

(4)确定活动地点。一般定在本汽车4S店卖场外的广场或附近商圈,注意现场要有足够的活动空间。

2. 出台活动方案

根据调查分析策划活动方案,进行投入产出分析,做好活动预算。

(1)活动前准备工作

① 报纸:一般许可都市报纸之内的报纸都会有汽车专版,可以选择在专版板块刊发信息。利用报纸发布要注意的要点见表8-1。

表8-1 利用报纸发布要注意的要点

序号	注意要点
1	活动信息一定要在当地发行量最大且影响力高的报纸发布
2	在当地报纸种类很少,无选择的情况下,可在发行量最大的报纸上直接发布指定广告

续表

序号	注意要点
3	提前确定广告发布日期，活动举办时间和广告时间间隔不超过5天，最后一期广告在活动前2天内刊出
4	刊发可提高参与热情和人数的信息，如活动在11:30开始，请不要太早排队
5	注意要在广告边角上加上"活动解释权归××××公司所有"内容，以避免带来一些不必要的麻烦

需要注意的是，现在由于传统媒介销量的下滑，很多品牌选择报纸做活动广告的比例正在下降。

② 电视：电视广告以滚动字幕或尾版方式配合，内容以介绍活动为主，辅以汽车4S店介绍或简单的商品介绍等内容。

③ 电台：电台没有电视直观，更没有报纸拿在手中长时间翻阅的优势。用电台传播信息一定要反复强调有吸引力的内容及活动的时间地点。几乎每个大、中城市都有交通频道，这是汽车4S店做电台宣传的重要阵地。

④ 网络：网络普及已经是不言而喻的了。可以利用论坛、微博、微信、QQ群、抖音等方式传播信息，当然也可以在与汽车相关的网站公布信息，以达到信息传播最大化及有效性。

⑤ 移动终端：现在消费者对移动终端的依赖越来越强，所以更多的活动信息将会以微信公众号的形式发布，用朋友圈的方式转发。

（2）活动现场布置

活动现场布置得好，可以使活动进行得有条不紊，增加活动的气势和氛围，吸引更多的人参与。以下物品是在大型活动中所必备的。

① 足够的展示车辆。

② 写有活动主题的大幅横幅或热气球、充气拱门等。

③ 突出产品形象和活动主题内容的大幅展板和背板。

④ 挂旗、桌牌、大幅海报、宣传单。

⑤ 咨询台、赠品（礼品）发放台、销售台等。

（3）活动人员安排

① 安排足够数量的服务人员，并佩戴工作卡或绶带，便于识别和引导服务。

② 现场要有一定数量的秩序维持人员。

③ 现场咨询人员及促销人员既要分工明确又要相互配合。

④ 应急人员。

（4）活动公关联络

提前到工商、城管等部门办理必要的审批手续。

3. 现场执行要点

在进行活动策划时，需要注意掌握现场执行要点，具体有以下几点。

（1）工作人员第一个到达现场，各就各位。

（2）宣传人员派发宣传单，介绍活动和产品，引导顾客至销售台。

（3）掌握好活动节奏，维持好现场秩序，防止出现哄抢和其他意外，以避免造成负面效应。

(4)促销人员准备销售事项，介绍销售产品。
(5)赠品在规定时间发放，不宜太早或太晚，发放时登记个人资料并签字。
(6)主持人宣布活动结束，现场保证预留充足时间。
(7)现场销售台继续销售。
(8)现场清理，保留可循环物品以备后用。

4. 活动业绩评估

(1)检查法。检查法即对促销前、促销中和促销后的各项工作进行检查，具体见表8-2。

表 8-2　业绩评估检查内容

序号	阶段	检查内容	备注
1	促销前	促销宣传单、海报、POP 是否发放和准备妥当 所有人员是否均知道促销活动即将实施 促销商品是否已经订货或进货 促销商品是否已经通知电脑部门变价	
2	促销中	促销商品是否齐全、数量是否充足 促销商品是否变价 促销商品陈列是否具有吸引力 促销商品是否张贴 POP 广告 促销商品品质是否良好 所有人员是否均了解促销期限和做法 气氛是否更加活跃	
3	促销后	过期海报、POP、宣传单是否均已拆下 商品是否恢复原价 商品陈列是否调整并恢复原状	

(2)前后比较法。前后比较法是对销售量在开展促销活动之前、中间与促销后进行比较。一般会出现十分成功、得不偿失、适得其反三种情况。

十分成功：促销期间的活动，使消费者对汽车 4S 店形成了良好的印象，对汽车 4S 店的知名度和美誉度均有所提高，在促销活动结束后，仍会使其销售量有所增长。

得不偿失：促销活动的开展，对汽车 4S 店的经营、营业额的提升没有任何帮助，而且浪费了促销费用，显然是得不偿失。

适得其反：促销活动过程中管理混乱、设计不当、某些事情处理不当，或是出现了一些意外情况等，损伤了汽车 4S 店自身的美誉度，结果导致促销活动结束后，汽车 4S 店的销售额不升反降。

(3)消费者调查法。消费者调查法就是抽取合适的消费者样本进行调查，了解促销活动的效果。例如，在促销活动期间可以通过发放调查问卷，看有多少消费者是因汽车 4S 店的促销活动而购买商品，其对促销活动有何评价，是否从中得到了实惠等，从而评估汽车 4S 店促销活动的效果。

(4)观察法。观察法即通过观察消费者对汽车 4S 店促销活动的反应，如消费者在限时打折活动中的踊跃程度、优惠券的回报度、参加抽奖竞赛的人数以及赠品的偿付情况等，对促销业绩进行评估。

(5)活动评估分析。运用评估方法对汽车 4S 店的促销业绩进行评估之后，要对促销业绩好坏的原因进行查找和分析。只有找出根源，才能对症下药、吸取教训。

第八章 汽车营销策划实务

案例

××汽车4S店元宵活动方案

一、活动背景

1. 元宵节是春节后的第一个节假日,也是中国历史上比较重要的节日之一。元宵节与春节仅有半月之隔,春节的影响还没有完全消失。有购车意向的客户大都春节前夕已经购车和提车,持观望的客户属于极少数,这部分客户对于活动的兴趣不大,邀请进店的难度增加。

2. 众多4S店相继开业,促销活动也相继开始,竞争势必会非常激烈。

3. 2月份属于年度销售当中的淡季,有购车意向的客户少,进店量少。

4. 维持好老客户的关系,促进老客户转介绍,是当前创立品牌的重要途径。

二、活动目的

1. 通过活动,促进少量仍持观望的购车意向客户向潜在客户的转化,加快库存车辆的清库,保证2月份的资金周转。

2. 巩固老客户关系,提高老客户的品牌忠诚度,促进老客户转介绍工作。

三、活动概况

活动主题:(略)。

活动时间:××××年××月××日。

参加车型:×× 全系车型。

活动对象:已购车老客户、有购车意向的潜在客户。

活动内容:

(1)邀约老顾客重新进店,为老客户进行车辆检测,保证其春节过后车辆的正常使用,并且赠送假日小礼品(元宵)。

(2)当天店面活动,进店赠送元宵,并举办猜灯谜赢礼品活动。对于猜出灯谜的客户,购车时可赠送相应的配件等礼品。

四、活动整体构思

(一)老客户关爱

1. 邀约老客户进店,为老客户免费进行车辆检测,保证其在春节期间大量用车之后的车辆状况,并听取老客户的用车感受,及时解决老客户用车过程中遇到的问题,让老客户真正感受到××汽车4S店对客户的关怀。

2. 向进店老客户赠送元宵等假日小礼品,并邀请其元宵节当天进店参与猜灯谜等。

(二)店头活动

邀约购车意向的潜在客户来店洽谈,在给予优惠的基础上邀约客户参加假日猜灯谜活动,对于答对的客户可以获得灯谜上相应的配件保养奖励,力争引起意向客户的购车冲动,促进订金的数量,为2月份的交车奠定基础。

另外,凡进店客户均赠送元宵一袋,促进展厅流量。

五、活动执行说明

(一)活动日程推进

活动日程推进

阶段	第一步	第二步	第三步	第四步	第五步
前期	制作活动策划	制作活动物料，采购活动礼品	布置活动现场，邀约客户		
执行				老客户关爱	老客户关爱
推广					元旦店头活动

（二）项目支持

项目支持

项目	说明	执行部门	完成时间	负责人
活动物料	附表明细	市场部	2月3日	
活动细则	活动项目规范	销售部、市场部、售后部	2月3日	
活动政策	销售政策	销售部	2月3日	
礼品采购	假日礼品	客户关爱部	2月3日	
客户邀约名单	有望客户名单	销售部、售后部	2月2日	
客户邀约	有望客户人员邀约	销售部	2月3日	
人员分工	人员具体活动分工	所有部门	2月3日	
现场布置	展厅布置	市场部	2月5日	
客户登记表	礼品登记表	客户关爱部	2月3日	

（三）人员支持

人员支持

项目	负责人
活动总调度	
活动监控	
活动总协调	
活动现场布置	
客户统计	
客户接待	
收银	

（四）邀约话术

1. 有望客户

销售顾问：您好，请问是××先生/女士吗？我是××汽车4S店销售顾问××，请问您现在接听电话方便吗？

客户：方便。

销售顾问：龙年到了，我谨代表××汽车4S店祝您新年快乐！

客户：谢谢，也祝你新年快乐！

销售顾问：××先生/女士，是这样的，马上到元宵节了，我们4S店有优惠活动，这是我们新年第一次活动，邀请您来店看看。

客户：我不一定有时间。

销售顾问：没关系的，您可以先了解一下，您有时间可以过来，并且现场都有礼品相送（耐心、请求的语气）。

（1）客户：好的，到时候过去看看。

销售顾问：好的，谢谢您了，再见，祝您愉快！（兴高采烈的语气）

（2）客户：对不起，我没时间也不感兴趣！

销售顾问：不好意思，打扰您了，再见，祝您愉快！（抱歉的语气）

2. 老客户

客户专员：您好，××先生/女士打扰您了。这里是××汽车4S店，我是客户专员××。请问您现在接听电话方便吗？（欢快的语气）

客户：方便。

客户专员：龙年到了，我谨代表××汽车4S店祝您新年快乐！

客户：谢谢，也祝你新年快乐！

客户专员：新年过去了，春节期间您一定用车都比较多吧，我们4S店于4—6日举办一个老客户关爱活动，欢迎您来店参加。一方面是为您的爱车做一次免费的检测，保证您春节用车后车况的正常，另一方面也想听听您这段时间使用我们××汽车的感受，最后我们邀请您这些老客户们进店一起参与我们的小活动，分享一下用车经验。另外我们还准备了一份小礼物送给您，表达我们对您假日的祝福。（高兴的语气）

（1）客户：好的，到时候过去看看！

客户专员：好的，谢谢您了，再见，祝您愉快！（兴高采烈的语气）

（2）客户：对不起，我没时间也不感兴趣！

客户专员：不好意思，打扰您了，再见，祝您愉快！（抱歉的语气）

六、资金预算

（一）媒体投放预算

媒体投放预算

（二）其他项目

其他预算项目

七、活动效果预估

通过本次活动，巩固老客户对品牌的忠诚度和归属感，提高满意度，建立口碑营销的新渠道，促进老客户转介率，带动新车销售量的提升。同时促进集客，提高进店流量，为2月份的销售做好基础。

案例

汽车4S店元宵节活动方案

一、活动主题

感受传统文化的熏陶，丰富车主和员工生活，增进公司与车主的情感交流；体验过节的热闹与欢乐的气氛。

二、活动地点

××汽车4S店客户休息室。

三、活动时间

正月十五。

四、活动负责人

（略）

五、参加人员

所有新老客户及准客户。

六、活动安排及布置

场地布置：在客户休息室四周悬挂灯谜。

准备各种奖品。

配置假日音乐并拍照留念。

七、活动说明

在汽车4S店悬挂120条暗灯谜；限一个客户可以随意挑选灯谜，指定后方可打开猜测，连续答对灯谜将有礼品赠送。

如果答错将取消下次竞赛资格（如客户已经答对3题，客户可以选择继续答题以赢更多的礼品，也可就此终止领取相应礼品，如果客户选择答题并回答错误，将取消竞猜资格并丧失现有礼品）。

八、兑奖原则

由专人监督和主持灯谜游戏，答题结束后立即赠送相应的奖品。

九、注意事项

1. 猜谜要有秩序，不要大声喧哗。
2. 谜底猜错后，取消竞赛资格（或购买一套养护产品将可继续答题）。
3. 对答案要排队守秩序，违反者取消猜谜资格。
4. 已经公开的答案在同批竞猜选手内不得再猜。
5. 未尽事宜另行商定。

汽车4S店情人节活动方案

一、活动背景

春节刚过，汽车市场营销状况低迷，所有品牌车系的销量不尽理想，为了更好地开展整合营销工作，利用品牌的组合力量进行营销，促进市场的活跃和购买心理，××汽车4S店以二月情人节作为契机，举办情人节订车大派对活动。

二、吸引人群

创业青年、白领人群、上班族。

三、活动目标

（1）突出××汽车极具时尚感、品牌形象年轻化的特点，诱导意向客户亲身体验××品牌汽车的魅力，促进其下单订购。

（2）活动进一步扩大宣传本店形象及车在客户心目中的影响力，进一步拉近销售商与客户之间的关系，从而获得口碑效应，促进销售。

（3）利用情人节专场团购的价格优势，吸引更多人群关注活动。

四、活动主题

"情人节订车大派送"。

五、活动时间

2月5日—2月14日。

（1）2月12日下午情人节专享团购。

（2）2月12日晚上市内指定酒吧免费狂欢。

（3）订车送"红车队服务"，为新车主接新娘、闹洞房。

六、活动地点

××汽车4S店、晚上市内指定酒吧。

七、活动项目

1. 结婚有礼——订车专享"红车队服务"

活动期间来店订车，有机会获得专享"红车队服务"，在您人生最重要、最美满的时刻，让××陪伴在您的身旁，为您开拓幸福的未来。车主一起陪您接新娘、闹洞房。

"红车队"为售后邀约及销售邀约、新老购车客户参加，成功报名并参加"红车队"活动的车主，可获得×××元的工时保养券。

2. 狂欢有礼——情人节酒吧狂欢之夜活动

活动期间来店保养或订车的客户，均有机会参加情人节酒吧狂欢之夜活动，届时参加的客户可在指定酒吧内免费狂欢。

3. 甜蜜大团购——情人节团购专场

团购期间××全系车型均参加活动，活动采取网站报名及销售顾问电话邀约等方式。当天来店客户，还可以免费品尝红酒、美味汤圆等。

团购当天邀约红酒供应商及食品供应商，来店举办免费品红酒、尝汤圆活动。团购现场还举办情人对对碰小游戏。

4. 爱情甜蜜蜜

现场选择两组来宾（2男2女）参加该游戏。

游戏规则：在游戏时间内各队选手最快吃完1碗汤圆（10颗汤圆）为获胜。

5. 心心又相印

现场选择两组来宾（2男2女）参加该游戏。

游戏规则：参加游戏选手分成2队，背对背站立，工作人员用牌举出不同词汇，两组选手同时用身体语言来提示另一位选手，猜对即获得1分，每组共5道题，最高分的一组胜出。

6. 快速抢答

现场全体来宾均可参加游戏。

团购问题抢答，团购期间主持人会现场提问，参与的来宾将获得提供的纪念品。

7. 订车砸大奖

订车客户参与（共8个金蛋）。

活动进入团购环节后，最快订车的新车主将可参与订车砸金蛋活动。有机会砸取汤圆券、红酒券、工时券等（暂定）。

八、活动宣传

VIP短信：给所有客户发布情人节活动信息。

网络：软文，本市主流汽车网站宣传报道。

电话邀约：销售顾问一对一邀约；店头物料宣传，店头邀约。

九、团购流程

团购流程如下表所示。

序号	时间	内容	具体工作	备注
1	2月12日	音响、接待台准备	工作人员着休闲装	展车到位
2	2月12日	安装背景板		
3	2月12日	桌椅等到位	主持人、工作人员到场核对流程	
4	13:00	检查物料到位	各部门配合	所有准备工作到位
5	13:30	音箱到位、音乐调音	各部门配合	
6	14:00—14:30	嘉宾入场	客户人员登记来场客户填写调查表	安排工作人员接待嘉宾
7	14:00—16:00	红酒商及食品商现场举办市场试吃活动	来宾可自由品尝、试吃	
8	14:25	主持人话外音提醒，活动即将开始，请加嘉宾入座（音乐暖场——情人节音乐）	音乐暖场 迎宾安排座位	
9	14:25—14:40	互动游戏——爱情甜蜜蜜	现场有奖 互动活动	
10	14:40—14:55	心心又相印	现场有奖 互动活动	
11	14:55—15:00	快速抢答	现场有奖 互动活动	
12	15:00	情人节团购专场开始	团购开始	
13	15:50	订车客户砸金蛋	订车客户砸金蛋	
14	16:00	活动结束		

十、费用预算

（略）

【案例】母亲节汽车营销活动方案PPT

【案例】感恩节汽车营销活动方案PPT

【案例】国庆节汽车营销活动方案PPT

【案例】七夕节汽车营销活动方案PPT

二、汽车 4S 店车展策划

（一）车展认识

车展包括国际大型车展、地域性车展以及汽车 4S 店车展。作为汽车 4S 店，主要参加的是本店所在城市地域性车展，负责本店车展活动。

世界五大车展简介

德国法兰克福车展

法兰克福车展，每两年举办一次，展览时间一般在 9 月中旬。它创办于 1897 年，是世界最早创办、也是世界规模最大的车展，有世界汽车工业"奥运会"之称。展出的车辆主要有轿车、跑车、商务车、特种车、改装车及汽车零部件等。为配合车展，德国还举行不同规模的老爷车展览。

法国巴黎车展

巴黎车展起源于 1898 年的国际汽车沙龙会，直至 1976 年每年一届，此后每两年一届，于当年的 9 月底至 10 月初举行。作为浪漫之都的巴黎，车展如同时装，总能给人争奇斗艳的感觉。

1998 年 10 月，巴黎车展恰逢百周年，巴黎"百年世纪车展"以"世纪名车大游（和谐）行"方式，让展车行驶在大街上供人观赏。

瑞士日内瓦车展

日内瓦车展创始于 1942 年，是欧洲唯一每年度举办的大型车展。每年 3 月份举行，是各大汽车商首次推出新产品的最主要的展出平台，被业界称为"国际汽车潮流风向标"。

北美国际车展

北美车展在 1 月 5 日左右开始。它创办于 1907 年，开始叫"底特律车展"，是世界最早的汽车展览之一，1989 年更名为"北美国际汽车展"。举办地在美国的汽车之城——底特律。展览面积约 8 万平方米，会议室、会谈室近百个。车展每年为底特律带来可观的经济收益，年平均在 4 亿美元以上。

日本东京车展

东京车展是五大车展中历史最短的，创办于 1954 年，逢单数年秋季举办，被誉为"亚洲汽车风向标"。双数年为商用车展，是亚洲最大的国际车展，历来是日本本土生产的各种千姿百态的小型汽车唱主角的舞台。东京车展展馆位于东京附近的千叶县幕张展览中心，是目前世界最新、条件最好的展示中心。

（二）选择合适的车展

策划车展活动首先需要选择合适的车展，在平时的工作中，多留意各种车展信息。当然，不是所有的车展都需要去参加，一定要适合汽车 4S 店，合适的才是最好的。在选定适合汽车 4S 店的车展类型时需要考虑以下一些问题。

（1）这种展会是否能够很好地适用汽车 4S 店的营销计划？

（2）展会期间汽车 4S 店有无其他安排？

（3）展会地点交通是否方便？

（4）参加展会的人员将有多少属于本汽车 4S 店的目标客户？

（5）参加展会的人员有多少是本汽车 4S 店的现有客户？

（6）车展主办方采取哪些措施来进行宣传？

（7）类似的展会以前的成功率是多少？

（8）哪些竞争对手已确定参加车展？

特别提示 ➨

在决定是否参加车展之前，可以通过电话、电子邮件向车展主办方了解情况，如有需要，可以亲自到实地进行考察之后再做决定。

（三）阅读车展手册

在展厅登记过后，主办方会发一本小册子，将车展各方面作了详尽的指导。因为小册子上提供的一些基本信息将直接影响到展销的成功与否。

汽车 4S 店要参加车展，必须向主办方了解相关信息，才能做到心中有数。一般主办方都会向参展商发放参展商手册，汽车 4S 店必须详细阅读手册。每个展会都有不同于其他展会的条例规则，且以不同的文本呈现，难易程度不一致。车展手册基本信息主要包括以下几个方面。

1. 展会基本信息

（1）车展商手册。

（2）车展参展手册。例如：

展会名称：××××国际汽车博览会。

展会地点：××国际会展中心。

展览时间：××××年××月××日—××日（共7天）。

展出面积：××平方米。

主办单位：××××总公司；

　　　　　××省工商业联合会。

承办单位：××××车展服务有限公司；

　　　　　××××联合会展管理有限公司。

大会官方网址：http://www.××××.com。

2. 展会安排

例如：

报到时间：2019年9月26日—9月30日。

布展时间：2019年9月26日—9月30日9：00—17：00。

展览时间：2019年10月1日10：00—17：00；

　　　　　2019年10月2日—10月7日9：30—17：00。

撤展时间：2019年10月7日17：00—10月8日24：00。

各单位应严格按照上述时间安排开展活动，不得延误或提前。

3. 合同信息

4. 登记、服务申请表

5. 用电服务

6. 场地安排

7. 展品规格
8. 住房信息
9. 广告和宣传

（四）制定车展营销策略

车展是汽车 4S 店整体营销运作中的一个强有力的方面，是本汽车 4S 店整个营销计划中的一个重要组成部分，应该制定出短期和长期目标。

在决定参加车展之后，可以根据车展手册来制定营销策略，需要考虑以下几大类问题，具体见表 8-3。

表 8-3 制定车展营销策略应考虑的问题

序号	问题类型	具体问题
1	车展适合营销策略的有哪些地方	想在现有市场内增加现有产品或服务吗 想把现有产品或服务投入新的市场中去吗 想把新产品或服务投入现有市场中去吗 想把新产品或服务投入新市场中去吗
2	车展要达到什么样的目标	要增加多少销售额或订单 是否需要教育目标客户 是否需要发布新产品及服务
3	汽车 4S 店想要展出什么	是否需要展示新产品 是否需要展示汽车 4S 店文化 是否需要展示模拟生产线
4	谁是您的目标顾客	目前客户是否还需要进一步交流 参加的供应商有多少人 是否有直接的消费者参加
5	展销预算怎样	车展场地需要多少费用 车展展览设计需要多少费用 车展车旅费需要多少 车展需要多少广告、宣传等活动费

 特别提示

设定车展目标时，要确保其充足，以便能够在会后衡量其有效性。这里有一个数量合格的例子：收集 100 份合格的用户信息卡，会后 3 个月之内售出价值 100 万元的产品或服务。

（五）决定场地及展览需要

1. 选择场地

展销策划中很重要的一部分是需要知道要用多大的地方来摆放展品。这就如同先买一块地，然后在上面建一所房子。两者的区别仅仅是在车展上所做的一切都是临时的。

特别提示

展会场地一般以 10 平方米的倍数出租，最小场所为 10 米 × 10 米。价格是以平方米计算的。车展越大就会越有影响力，每平方米的价格就会越高。

2. 选择最佳位置

每个汽车 4S 店都想在展会上得到理想的位置，但是车展各不相同，最佳位置也会因汽车 4S 店不同而有异。

（1）场地研究指导。位置选在入口的右侧或展销大厅的中央。调查表明，展销大厅右方和中央最能吸引人们。如果计划参加的车展每年都在同一地点举行，可以研究一下人员流动的模式，然后选择下一年的场所。

（2）场地布局决策。决定场地之前，应与展会管理部门商讨展会的布局，了解哪些地方最具吸引力、行业的领导者位于何方、竞争对手在哪里，然后决定位置。

特别提示 ➡️

在选择位置时，应该远离黑暗、不光亮的地方或死胡同，避免把展台设在厕所附近。

（3）展览室平面图细究。在查看展览室平面图时，需要使用一个放大镜，慎重对待平面图上的每一个标记。因为看起来像一粒灰尘的小黑点，可能是一根圆柱，一条横线可能就是低低的天花板。在预定场地前，要对平面图做到心中有数。

3. 展厅设计考虑因素

在车展中，一个独特的设计会更加吸引人的注意，汽车4S店展销的目的是招揽顾客以便能够达到营销目的。因此，了解展厅设计时，需要注意以下事项。

（1）展台的颜色和包装的质量应和汽车4S店的形象互为补充。

（2）可以用灯光来强调展出的产品，营造氛围。

（3）使用特殊效果来抓住参观者的注意力，如移动的物体、音响、魔术师、机器人、模特、条幅等。

（4）图示一定要简明扼要，并且要使用动感词汇，还可以采用汽车4S店的图标来表明身份。

（5）桌子放在边上，上面可以放小册子或其他资料，就不会在展台与走廊之间制造障碍。

（6）使用娟制花草的效果要好于使用真的，因为可以重复使用。

（六）签订参展合作协议

汽车4S店要与展会主办方签订协议，以保证双方权益。

案例 ➡️

×××汽车4S店参加车展协议

合同编号：

甲方：×××汽车4S店

乙方：×××公司

为共同拓展市场，甲方参加由乙方主办的"××车展"（以下简称车展）。经过甲、乙双方友好协商，就车展具体事宜达成如下协议。

第一条　车展时间：××××年××月××日至××月××日。

第二条　车展地点：××××市××路××号。

第三条　甲方义务：

1. 参展车　　台（其中　　），参展车必须在××月××日前进入展点（具体展点　　），参展期间甲方增减展车必须经乙方同意。

2. 期间甲方必须有　　名销售人员在现场为消费者服务。

3. 必须有相关展车的POP、广告礼品、购车优惠。

4. 展区外广告及新闻投放费甲方必须按一定比例与乙方共同承担，具体费用另行协商。

5. 不能履行1~4项义务则视为违约，赔偿乙方为此次车展所支付的相关费用甲方参展单元应平摊的部分。

第四条　乙方义务：

1. 提供相应参展车位促销台（写字台）。

2. 为甲方车展工作人员免费提供矿泉水、工作午餐。

3. 承担车展期间现场安全、保卫工作。

4. 承担车展电视台、报社及现场广告所有费用。

5. 不能履行1~4项义务则视为违约，赔偿甲方为此次车展所支付的相关费用。

第五条　双方当事人在履行本合同过程中发生争议时，应当协商解决；协商不能解决的由当地仲裁委员会仲裁。

第六条　本协议一式两份，双方签字生效。

甲方（章）：	乙方（章）：
住所：	住所：
法定代表人：	法定代表人：
居民身份证号码：	居民身份证号码：
委托代理人：	委托代理人：
电话：	电话：
公证机关：（章）	
签约时间：　年　月　日	签约时间：　年　月　日
签约地点：	签约地点：

（七）宣传汽车4S店的展销

车展管理人员只负责向合适的人群宣传展会。但是，参观者在展会上做什么，到哪里去，却不在展会管理人员的控制之下。展销商有责任告诉参观者在展销什么，展销处又在何方。

据调查显示，76%的参观者都是有备而来。如果不知道您在展销，那么找到您的机会将会十分渺茫，尤其是在大型展会上。所以，宣传展销便成为展销成功的一个重要因素。

1. 制订宣传计划

（1）制订计划需考虑的问题。制订一个高效的宣传计划，需要考虑以下基本问题。

① 怎样宣传才能使人们记住您的汽车4S店，包括汽车4S店信息、产品及服务？

② 采用哪些策略可以取得成功且可以衡量的结果？

③ 怎样才能合理地分配您的预算？

（2）宣传的内容。宣传应该包括以下内容。

① 把有希望成为顾客的人吸引到自己的展台前。

② 鼓励个人交往，用有趣的游戏吸引参观者。

③ 加强人们对于产品、服务及信息的正面记忆。

2. 确定宣传计划

营销中非常关键的一部分是在展前、展中和展后进行宣传。大多数展销商都缺乏包括这方面的计划。当然，决定哪些宣传活动及这些活动要花多少钱取决于预算。

（1）锁定好宣传目标。展前宣传成功的关键是锁定好目标，即那些真正想走入您的展销处、想获取多一点的信息、想和您做买卖的人。展前成功宣传的形式很多，比较明确的方案是以不同的参观者为目标的。客户类别及特征见表 8-4。

表 8-4　客户类别及特征

序号	客户类别	特征
1	主要客户	这组客户非常重要，占您业务量的大多数，大约是 80%
2	其他客户	这组客户购买您的产品，但并非只与您的 4S 店有业务上的往来，这就意味着您还有机会争取他们更多的业务
3	有希望成为您客户的	这组人应该列在名单的首要位置。他们购买汽车 4S 店的产品只是个时间问题
4	其他有希望成为您客户的	如果汽车 4S 店肯把时间花在这一部分人身上，他们肯定会乐于买本 4S 店的产品

（2）明白参观者的需求。宣传策划成功的关键是明白参观者的需求。参观者参观您的展览的第一原因是您的展品中有其所需要的产品。

3. 创造独特风格

当您准备去打一场宣传仗的时候，也许创造出独一无二的风格能够使汽车 4S 店在市场中别具一格，为了设计这样的风格，请您询问自己以下三个问题。

（1）汽车 4S 店展示的是什么东西，那样迷人、那样热门又是那么的与众不同，以至于人们都蜂拥到您的展台前，争着和您做买卖？

（2）汽车 4S 店采取哪些措施使自己强于竞争对手？

（3）汽车 4S 店对购买者提供的哪些东西有实际价值？如优异的质量保证、快捷运送、最低价格等。

4. 使用个性工具

宣传工具是与所希望的参观者之间进行交流的方式。使用宣传工具一定要反映自己的风格及代表 4S 店的最好形象。

（八）配备展销人员

汽车 4S 店的形象不会止于一个精心设计的摊位、别致的广告或给人印象深刻的宣传品。展销人员对于展销取得成功的作用是不可低估的。所选的展销人员就是汽车 4S 店大使，其态度、形体语言、外表和学识都会有助于加深来宾对汽车 4S 店的积极或消极的看法。

1. 挑选合适的团队

鉴于展销人员所扮演的重要角色，在挑选人员时要认真考虑。一般挑选以下几类员工参加车展，见表 8-5。

表 8-5　挑选员工类型

序号	类型	说明	备注
1	有缘人	一般来说，喜欢和各种各样的人交流，好交际且待人友善，喜欢和别人建立友好关系，是优秀的团队协作者	
2	有热情、有朝气	作为汽车 4S 店的代表，对自己和所代表的汽车 4S 店持肯定态度，激情和热忱极富感染力，从而有利于销售进行	

续表

序号	类型	说明	备注
3	有观察力	在车展上组织的所有活动中，展销人员必须具备能够观察出各种异样之举和非语言行为的能力	
4	专业知识良好	车展不适合新手参加，新员工往往弄不清客户说的都是什么	
5	善于倾听	交谈中，参观者经常会露出他们有兴趣购买的口风。展销人员需要将100%的注意力集中在来访者身上，巧妙地问一些问题，注意对方回答	
6	能体谅他人	能够设身处地为参观者着想，对参观者表示理解、感激，并且想办法及时解决参观者要求及关心的问题	

2. 做好组团参展工作

组团参展就是参加车展的所有成员组成一个团体，这就需要做好各项协调工作。在展会前，组织一次团体会议，讨论问题。

（1）明确参展目的。解释说明汽车4S店参展的目的及汽车4S店想通过此次展会取得的效果。利用这个时间将汽车4S店展销的目的及目标告诉给员工。

（2）熟悉展销产品。让展销队伍知道计划展销的产品及其服务。如果汽车4S店想举办各种活动，一定要让员工们知道。

（3）制定个人目标。鼓励员工在展销总体目标的基础上树立自己的目标。每名展销人员都应该有一个个人目标。制定个人目标，可以使展销人员增强主人翁的责任感，改掉不良习惯，使他们自己的目的更加明确。

参加展销工作的员工也需要知道根据每天的安排要求他们做什么。例如，汽车4S店希望他们和多少客户交流，希望他们得到什么样的信息等。

（4）掌握演示技巧。汽车4S店的展销人员要经过专业方面的训练，才能更加有效地进行展会工作。例如，需要知道如何演示展销产品和满足需要。不能因为他们是这一行业最优秀的销售人员就想当然地认为他们也是最好的展销人员。

（九）召开展会前会议

在展会前的会议上，要和展销人员讨论展会上的如下四个步骤。

（1）吸引来宾。欢迎并感谢参观您展位的顾客。用微笑、眼神交流及握手等方式营造一种融洽的气氛，从一开始就给对方留下美好印象，再问他们一些问题，用"谁、什么、哪里、什么时候、为什么、如何"等开头，然后再转到您的产品及服务上来，以及您的产品将给他们带来的若干好处等，观察参观者是否真的有兴趣购买企业的产品。

（2）衡量来宾。继续问他们问题以便弄清楚参观者对企业产品或服务的兴趣如何，可以问问他们是怎样做出决定的（是谁影响他们来购买本公司的产品的），探问一下他们的购买时间和准备花多少钱。

（3）展示产品。向顾客演示新生产线或为他们提供新技术的应用，千万不要想当然地认为客户什么都知道。

（4）接待结束。把参观者的有关信息记录在用户信息卡上，以便展销会后采取行动。回答参观者的所有问题，然后给他们承诺，这样可以使参观者在企业的后续活动中对企业的产品或服务表现出浓厚的兴趣。

特别提示

提醒团队注意"二八定律",即用 80% 的时间倾听参观者说话,用 20% 的时间自己说话。要努力去发现参观者的需求以便能够更好地给他们提出方案。

(十)制定展会流程

汽车 4S 店参加车展前,就要明确展会流程,以便有条不紊。可以运用如表 8-6 所示的展会流程来予以控制。车展活动费用预算见表 8-7。

表 8-6 展会流程

工作大项	明细	截止时间	负责人
车展前期准备活动	活动策划方案确定		
	场地确定、签订合同		
	现场表演团体确定		
	产品宣传资料准备、车身彩绘、性价喷绘、MINI 盖头等广告物料制作		
	环保袋、礼品准备及广告物料制作		
	模特、举牌小姐确定,车模服装、举牌小姐彩带		
	现场播放广告片准备		
	上市活动对外宣传稿、领导发言稿、现场有奖问答稿		
	少儿车身彩绘宣传单及报名表制作		
	摄像机及摄像人员费用确定		
	媒体的邀约及前期宣传工作		
	展车的准备(临牌、加油等)		
	展车车内装饰		
	车展期间销售人员的安排及接送安排,销售员照片上交市场部		
	销售员服装、计算机、名片、笔、记录本、车辆宣传资料及车展期间收集客户资料的任务等		
	客户邀约		
	门票发放、礼品表制定及发放、来电来店客户资料收集		
	车展现场相关销售政策制定,以及对外宣传代言人		
	布展、搭建、进场交纳卫生费、电费押金等		
	展车出入场、试乘试驾的管理、现场人员餐饮及饮用水安排、费用借支		
车展期间管理工作	现场展车及销售人员的安排管理工作		
	现场演艺人员及主办沟通协调工作		
	电台及电视台采访、对外宣传代言人		
	试乘试驾车管理、现场人员餐饮及饮用水安排、费用借支		
车展撤展	车展车辆撤展		
	室内场地地板和灯柱及可拆物料撤展至 4S 店		
	室内接待台至×××店		
	室内参数牌至×××店		

第八章 汽车营销策划实务

表 8-7 车展活动费用预算

项目（详细列出）	费用/元	备注
室内场地费		×××元/平方米（含管理费）
室外场地费		×××元/平方米（含管理费）
室内舞台搭建费		××广告公司
室外舞台搭建费		
室外地毯		×××元/米
室外行架		
室外喷绘画面		
电费及卫生费押金		卫生费可退，扣除部分电费
模特		×××元/人
举牌小姐及工作人员		××元/人
主持		两个
舞蹈		4人街舞、2人肚皮舞、2~4人现代舞
模特服装		×××元/套
宣传单页制作		×元/张
车身彩绘		××元/台
车身贴		××/台
烟花		×个
环保袋		××元/个
参展人员餐费及水费		××元/人
总计		

××车汽车 4S 店车展流程安排

一、整体时间安排

整体时间安排

时间	事项安排
8:20	各工作人员到店准备车展所需物品
9:00	出发到活动现场（到场后销售顾问将展车停放到位、擦拭干净、准备好展车资料及相关工作，其他工作人员将帐篷、桌椅等相关设备布置好）
9:40	车模到位，演艺工作人员到位，演艺公司布置展场、舞台
9:50	现场布置完毕，安检，音响设备调试
10:10	播放音乐，各路工作人员就位
10:30	主持人致开场词（鸣放礼花、礼炮） 1. ××致辞 2. 开场舞蹈 3. 新车揭幕仪式（鸣放礼花、礼炮、11:00/11:30 开始） 4. 销售经理致辞 5. 车模走秀 6. 主持人宣传中要插入互动活动（准备互动问题） 7. 歌手及其他节目
12:30	上午演出结束，音乐继续播放，工作人员轮流就餐
13:30	下午演出正式开始（主持人负责下午对展车的介绍） 1. 演艺人员节目安排 2. 中间互动环节并发放小礼品 3. 下午需要主持人对新车价格、性能进行介绍
15:30	演出结束，支持人致结束词

二、工作人员安排

工作人员安排

职务	人员	职责	联系方式
现场指挥		现场把控	
销售组		准备车辆宣传资料、笔,对车辆进行介绍及登记客户资料等	
宣传组		礼品准备及现场发放;现场摄像、拍照;订金收取保管	
后勤组		进场时设备的布置、安装;撤场后场地的清理、检查	

三、参展人员管理制度

（1）出勤方面：未经允许情况下不许迟到、早退。有特殊情况要联系各部门负责人。

（2）中午午餐各岗位轮流吃饭、休息。

（3）每辆展车至少有一名销售人员负责。

（4）展车卫生、钥匙及相应宣传有销售人员负责。

四、撤场工作

活动负责人布置撤场任务，各组成员将各组设备整理、回放入库。后勤组做好活动后场地卫生工作。

五、准备物品清单

准备物品清单

品名	数量	备注
车辆规则表、宣传资料	若干	每车至少1套
车辆销售相关表格	1套	订单、合同、登记表
车辆用清洁用具	1套	擦车布等
车衣	3套	主打车每车一套
常规用品	1套	名片、纸巾、抹布
文具	1套	纸、笔若干
饮水机	1台	
桶装水	1桶	
纸杯、杯托	若干	
水壶	2个	
礼品	若干	
帐篷	2张	
桌子	2张	
凳子	若干	

（十一）做好车展活动计划

汽车 4S 店在参展策划中，要做好车展计划，见表 8-8。

表 8-8　车展活动计划

车展活动计划			
汽车 4S 店名称： 活动地点： 活动内容：（活动构成描述及策略思想）			
促销类型：挖掘潜在客户	增加展厅客流	达成销售	其他
参展车型：			
车型名称	MT/AT	车型颜色	车型数量
促销目的（本次促销活动想要实现什么）：			
预计现场客流量/人		预约潜在客户/人	
预计发放资料数		预计留存信息客户数	
预计现场成交量（订单数）		预计试乘试驾	
预计有效信息数	A 类：	B 类：　　C 类：	
活动流程及负责人：			
活动流程	流程安排	责任人	联系方式
车展总负责			
试乘试驾			
媒体接待			
活动人员邀约： 潜在客户邀约：			
意向客户名称	意向车型	联系方式	责任人
媒体人员邀约：			
邀请媒体	邀约人员	职务	联系方式	负责人
氛围营造及预算：				
项目	数量	单价	金额	备注
费用小计： 媒体宣传及预算：				
发布媒体	发布时间	发布形式	发布内容	发布规格	价格	备注
费用小计： 费用合计： 当前宣传费用剩余：						

（十二）编制车展内部执行方案

汽车 4S 店在进行前期活动策划时，最后一步就是编制内部执行方案。因为作为参展商，不仅要遵守展会主办方的相关规定，同时也有着自己公司的规定。

××汽车 4S 店车展内部执行活动方案

一、活动背景

（略）

二、活动目的

以销量最大化为主要目的，××汽车上市的宣传为次要目的。

三、活动任务

项目	不及格	第一档	第二档	第三档
数量	2 台以下（含 2 台）	3～5 台	6～8 台	8 台以上

任务分解如下。

（1）展厅累积交车客户，活动现场交车（1 台以上）。

（2）展厅积累意向客户，活动现场订车（2 台以上）。

（3）非预约客户，活动现场订车客户（2 台以上）。

根据上述分解，可以至少确保第一档任务的完成。

四、人员分工

组别	工作职责	人数/人	责任人	组员
总负责人	协助各组工作正常开展、把握时间节点	1		
联络组	1. 主办方沟通协调 2. 各组人员工作督促 3. 各组人员调配	1		
销售组	1. 产品介绍 2. 价格谈判	3		
接待组	1. 客户邀约 2. 销售协助 3. 客户登记 4. 展区形象维护	2		
车辆组	1. 车辆安全运输 2. 洗车	3		
宣传组	1. 现场 DM 单页发放 2. 卡通表演 3. 现场活动执行	4		
后勤组	1. 物资管理与发放 2. 物资采购 3. 交易支持	1		

五、活动流程

（一）前期准备

项目	内容		执行人
客源完成	1. 通知所有意向客户车展促销信息 2. 活动 3 天，每天邀约 5 组保有客户前来领取纪念礼品		
物料完成	展场物料	地毯、横幅、拱门、促销政策易拉宝、××汽车上市易拉宝、接待桌椅	
	车辆物料	车贴、车顶立牌、报价单、前后牌、相关表格	
	发布会物料	背景画、桩桶、警戒带、幕布、礼花、主持人、乐队、车模	
培训完成	针对性卖点培训	性价比、后轮驱动、非承载式车身、地盘	
	销售话术讨论	将汽车销售中遇到的难点罗列出来，大家共同制定针对性话术	

（二）车展流程

项目	目的	时间节点	执行组	备注
		××月××日		
入场、布展	以最快的时间进入销售状态	12:00 以前	销售组 接待组 车辆组 宣传组	
		午餐时间 12:00—13:00		
气氛营造	DM 单页发放	13:00—14:00	宣传组	必做
	卡通人偶走秀	14:00—15:00	宣传组	必做
	车展广播宣传	15:00—16:00	宣传组、联络组	选做
	试驾送礼	16:00—17:00	销售组	选做
		××月××日		
销售整备	1. 展区及车辆卫生 2. 当日工作梳理	8:30—9:30	全体人员	
气氛营造	卡通人偶走秀	9:30—11:00	宣传组	必做
	车展广播宣传	11:00—12:00	宣传组	选做
		午餐时间 12:00—13:00		
发布会准备	揭幕车辆准备并保证安全 礼炮准备 背景画安装跟进 主持人、乐队和车模到位 发布会小礼品准备	13:00—14:00	宣传组 沟通组 后勤组	
上市发布会	炒作人气，宣传促销方案	14:00—15:00	流程另起	
气氛营造	卡通人偶走秀	15:00—16:00	宣传组	必做
	试驾送礼	17:00—18:00	销售组	选做
		××月××日		
销售整备	1. 展区及车辆卫生 2. 当日工作梳理	8:30—9:30	全体人员	
气氛营造	卡通人偶走秀	9:30—11:00	宣传组	必做
	车展广播宣传	11:00—12:00	宣传组	选做
		午餐时间 12:00—13:00		
气氛营造	DM 单页发放	13:00—14:00	宣传组	必做
	卡通人偶走秀	14:00—15:00	宣传组	必做
	车展广播宣传	15:00—16:00	宣传组、联络组	选做
	试驾送礼	16:00—17:00	销售组	选做

(三) ××汽车上市发布会流程

时间：××××年××月××日下午14:00—15:00。

地点：车展现场主舞台。

物料：小礼品20份、新车幕1条、纸礼花1对。

人员：乐队1组、走秀车模1组。

时间	项目	内容	备注
14:00—14:10	热场	乐队表演热场	聚集人气
14:10—14:15	热场	主持人热场，派送小礼品	
14:15—14:20	新车揭幕	新车上市揭幕	领导揭幕同时放纸礼花
14:20—14:30	模特走秀及产品介绍	主持人产品介绍	模特走秀的同时进行产品介绍
14:30—14:35	红包派送	抓住人气，派送小礼品	
14:35—14:50	促销政策宣读	主持人宣读促销政策	
14:50—15:00	乐队表演	开始接受预定	

注：礼品为盖有公章的礼品券，装入红包内。可凭礼品券到××汽车4S店展区换取磨砂杯一个。

六、促销政策及人员激励

（略）

车展销售与展厅销售区别

区别一：客户和观众混合走马观花，不易辨识谁是潜在客户。

区别二：目光集中于概念车、车模，冷落真正销售的车型。

区别三：人潮围观新车，表演开始目光迅速移向舞台。

区别四：新车目录全数都拿，不知道自己需要哪一款。

区别五：有源源不绝提问者，也有对询问默默不语者。

区别六：现场购车热度极高，出了车展会场风吹即凉。

知识拓展

中国四大车展简介

北京车展

北京车展举办时间为4月下旬到5月上旬。北京车展在国内车展以创办时间早、最具权威性、规模盛大、参展商阵容强大、知名品牌齐全、展品高端新颖、国际化程度高、文化底蕴厚重、媒体关注度强、观众数量众多等鲜明特色而享誉海内外，素有"中国汽车工业发展风向标"之称。

北京车展在国内车展中依然在参展商质量、展品档次和水平、记者和观众数量等方面保持着多项纪录，成为与世界顶级车展比肩而立的品牌汽车展会。全球著名的汽车跨国公司、顶级品牌制造商、零部件厂商都把北京国际汽车展作为提升企业形象和品牌、展示其科技实力的大舞台。每逢展会期间，国内外汽车业的各路巨擘与热情如潮的海内外观众会聚一堂，就是冲着北京车展规模大而来。

上海车展

上海车展举办时间是4月中旬到下旬。上海车展国际巨头的参展阵容之强大、亚洲或全球首发的车型以及概念车的数量均是国内车展少见的。除了魅力动人的车模外，还有外观时尚前卫、技术领先于市的概念车。

全球首发车型的多少是体现车展实力的关键指标之一。在历年上海车展上，有不少车型都是全球首发或亚洲首发。

广州车展

广州车展举办时间一般在年底，12月左右，与年初北京、上海车展错开，避免冷场。由于在国内汽车行业中影响巨大的日本三大车商纷纷扎根广州，广州车展影响力正日益增强。广州车展的优势在于汽车市场以及后市场的领先。

广东境内以广州为核心的城市群间便利的高速公路网是众多省外自驾游的朋友所羡慕的。地处珠江三角洲，临近香港、澳门地区，广州等汽车后市场与其他车展相比发展得更快。

成都车展

成都车展还在发展之中，时间暂不固定。经过十余年发展的成都国际车展，被中国贸易促进委员会汽车行业分会认定，成都车展跻身成为当今中国最具影响力的四大车展之一。

三、汽车4S店厂家活动策划

（一）汽车4S店厂家活动认识

作为汽车4S店，需要配合厂家进行相关活动推广。如新车上市、假日促销、品牌车友活动组织等。总之，汽车4S店是本品牌在该地的代表，必须起到"代言"作用。

（二）汽车4S店与厂家活动关系

汽车4S店在提升汽车品牌、汽车厂家形象上的优势是显而易见的。因此，如果厂家有活动，汽车4S店必须做好相关配合工作，塑造品牌形象。

（三）新车上市推广活动策划

1. 上市目的认识

开展新车上市活动，可以增加新车型，扩充产品线，获得更多销售量；增加更多潜在客户，获得更多销售机会；提升老客户及潜在客户的关注度；扩大品牌、产品、汽车4S店的市场影响力；吸引竞争对手的客户，牵制、甚至控制竞争对手。

2. 前期准备工作

汽车4S店在新车上市前一个月内，需要做好前期准备工作，如图8-1所示。

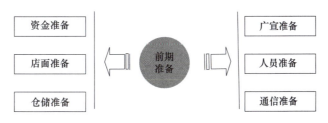

图8-1　前期准备工作

（1）资金准备。汽车4S店必须准备足够车款，以便购买足够车源、备件及汽车精品，从而增加店里的收入。

（2）店面准备

① 新车型上市前一个月，厂家未发布相关宣传物料制作与展厅布置的通知之前，汽车

4S店可自己制作海报、易拉宝、店头横幅等，预先宣传。

② 做好店内新车型主展厅和门头的布置准备，并保证展厅内大客流量的参观空间。

③ 根据厂家下发的关于物料制作的标准、宣传物料标准版式的通知，在规定的时间内安排好相关物料的制作。

④ 根据厂家下发的关于店面布置标准的通知做好店面布置，在规定的时间内将布置好的店面、照片反馈至销售部督导处、区域经理和品牌部负责人。

（3）仓储准备。新车型库房准备：仓库空间及货架准备（备件、精品、广告宣传物料）。

（4）广宣准备。提前一个月规划新车型上市的推广活动方案，至少每周一次，把握促销时机。厂家宣传物料准备，由品牌部提供制作文件后进行制作。汽车4S店专用物料准备，如汽车4S店专用车贴、铭牌等物料制作，为各类宣传活动（如巡展、移动4S）做准备等。

（5）人员准备。在新车型即将上市之前，开新车型动员会，以激励人员提前进入新车型上市前期准备状态，积极应对新车型上市。

1）如果汽车4S店的人员结构较大，可以进行分组，建立新产品经理，以促进销售。

2）激励体制准备：制定新产品上市期间人员激励体制。

3）如果汽车4S店人员较少，无法分组，建议用以下方式促销新车型。

① 销售顾问薪酬：加大新车提成。

② 销售顾问任务量：加大新车型的任务量，对新车型上市初期1～2月内，可将新车型制定最低人均任务量，与以往其他车型任务进行捆绑，新车型最低任务未完成，则适当扣减其他车型提车。

③ 捆绑型销售：每月销售顾问需卖到规定的新车型数量，才可以拿到所卖车型的提成。

④ 鼓励单个销售顾问积极主动卖新车型。

（6）通信准备

1）新车型上市前一个月，通过短信或者电话通知意向和保有客户关于新车型上市的相关信息。

2）确保足够、专业的互联网客户服务人员、电话销售人员到位，并制定新车型上市相关工作人员的工作规范和制度，要求所有客户服务人员、销售人员保持手机24小时开机。

3）进行工作宣导，明确互联网客户服务人员、电话销售人员的职责分工，并对其进行客户服务礼仪和电话洽谈技巧的培训。

4）确保足够、高质量的通信设施准备到位。

① 建议安装智能销售热线电话，一部电话同时设定几条分线，为避免占线，该电话只允许接听，不允许拨打。销售热线设定转接功能，如果客户下班期间打入销售热线，可直接转接到指定客服人员的手机上。

② 建议购置安装互联网呼叫中心软件，该软件功效在于客户拨打该咨询电话之后，便会有电话语音提示，该软件自动将拨入的电话显示到互联网上，指定专职工作人员针对显示到互联网上的电话进行回访。

③ 建议购置安装中继线，该电话线路可以容纳8个电话同时拨打进来，指定专职工作人员分别接听电话。

3. 预热期工作

新车型上市前15天，为预热期。汽车4S店要做好预热期工作。

（1）广宣预热。海量广告宣传能够扩大上市氛围，吸引更多客户的眼球，提高品牌知名度，最终实现销量提升。厂家通过大型媒体来发布信息、给新车型做广告，是让消费者购买新车型，而汽车 4S 店要让消费者知道去哪里买新车型。

1）硬广宣传。效果最明显的宣传方式，每周一次，可以加强宣传力度。

2）软文宣传。由公关部提供宣传软文后大力宣传。

3）活动宣传。

① 前期通过举办活动提高汽车 4S 店出售新车型的宣传，例如"价格预猜"。

② 增加提醒：任何巡游、巡展、移动 4S、商超展示等外拓活动现场，添加新车即将上市的预热信息。

③ 配合厂家在上市日起将相关户外信息更改为新产品画面。

（2）人员预热。充分消化厂家的销售类、售后技术类、服务类培训并通过相应的考核。强化销售人员新车型的产品知识、话术、竞品等相关培训，为后期客户的询问做好充分准备。

4. 上市前期相关工作

新车型上市前一周内，汽车 4S 店要做好相关准备工作。

（1）上市活动前期准备

1）上市日期的选择。

① 如果当地有车展，最好是在车展上市，可以提高宣传效果。

② 如果有重要节假日，选择在节假日上市，可以提高宣传效果。

2）上市的前期准备。上市的前期准备见表 8-9。

表 8-9 上市的前期准备

项目	执行要求	责任人
媒体邀约	邀请当地媒体（包括平面、电视、电台、网络）新闻栏目的负责人，确保发稿质量	汽车 4S 店总经理或策划人员
嘉宾邀请	邀请当地重要人士及行业领导，增加影响力	汽车 4S 店总经理
新闻通稿	在活动一周前准备好	公关部写作组提供
消息发布，意向客户、保有客户邀约	销售人员各自通过短信、电话、当面等形式，邀约各自负责的订车客户、老客户和意向客户	各销售人员
上市地点	地点选择在当地商业圈大型商场或汽车 4S 店，并邀请媒体到场	汽车 4S 店品牌经理
活动现场布置	包括物料准备（如横幅、背景、舞台、音像、媒体座位等）	汽车 4S 店品牌经理
活动后勤车辆	媒体接送车辆以及后勤车辆	汽车 4S 店品牌经理或专人
主持人准备	邀请电台、电视台或专业主持人	汽车 4S 店品牌经理
发言车主	邀请形象好、有代表性	汽车 4S 店品牌经理
媒体发言代表	如果设有媒体提问或者发言环节，尽量事前安排关系好、语言能力强、对本品牌比较了解的媒体记者	汽车 4S 店品牌经理
休息室的布置	嘉宾、记者休息处（包括接待烟、打火机、烟灰缸、矿泉水、茶水、服务生）	汽车 4S 店品牌经理

> **特别提示**
>
> 1. 整个活动穿插趣味节目、互动活动以吸引人气。
> 2. 专人负责安排好媒体现场座位，做好媒体接待工作。
> 3. 销售人员到位安排活动场外试驾活动，发放产品数据，接待看车客户。
> 4. 现场拍摄照片。
> 5. 应对突访记者（送精美礼品/企业资料）。

（2）车辆准备。展厅的车辆需保持清洁，并按店面要求布置展车，准备试乘试驾车辆并进行PD检查。

（3）现场准备

1）活动场地选择

① 根据新车型的特色营造适合的氛围。

② 活动场地需要经过实地勘测后方能确定：活动前5天开始着手准备搭建工作。

③ 上市活动也可以选择在汽车4S店店内开展。

2）活动物料明细

① 上市用车：一台用于静态展示，两台用于媒体试驾。

② 舞台搭建：背景板、×展架、休息椅、迎宾指示牌、签到用品、灯光、音响。

③ 宣传材料：数量根据当地媒体情况而定。

④ 后勤物料：酒水、饮料、水果、点心、纸巾、服装。

⑤ 礼品：建议采用厂家精品部制作的印有厂家商标的礼品。

3）活动媒体邀请。邀约媒体主要为当地主流平面媒体、当地电视台社会新闻类节目和汽车类节目，以全国性网站为主。

① 要让被邀约的人员知道流程安排。

② 邀约要进行确认，并让邀约人员知道有礼品奉送。主办方要预估人员，准备数量相当的礼品。

③ 通过发邀请函和电话确认的方式，活动前发短信最终确认活动时间和地点。

××汽车4S店邀请函

尊敬的　　　　　先生/女士：

（××汽车4S店）诚邀您于××××年××月××日莅临"××汽车上市活动"，尊享科技生活，共同感受极致品质、动感穿梭的无限驾控乐趣！

感谢您对××品牌一如既往的信任与支持！热情期待您的光临！

××××，纵情上市！

××汽车4S店

地址：

××××年××月××日

4）活动前期培训

① 人员：培训应包括所有参与的工作人员。

② 时间：上市前 3 天应结束培训。
③ 内容：应以工作流程、分工、职责以及服务规范为重点。
④ 针对新车型上市的相关话术培训。
5）活动信息发布
① 厂家配合公关部，活动前一周向媒体发邀请函，并进行电话邀约。前三天请相关媒体进行预热宣传，并在上市活动结束后进行集中报道。
② 有条件的汽车 4S 店也可以在巡展前对活动进行线上宣传，比如以报纸、软文和广播等告知活动信息。
（4）物料准备
① 精品准备：提前准备充裕的精品为销售带来更多利润。
② 备件准备：常用件和易损件备齐，检查备件的状态，熟悉新车型备件货架的设置。
③ 设备准备：预留新车型维修工位，保证所需设备与工具的正常运转与使用，设备与工具的全面检修。
④ 新车准备：保证销售车辆和巡展车辆、宣传车辆的供给。
上市现场需要准备的物料见表 8-10。

表 8-10　上市现场需要准备的物料

序号	名称	序号	名称
1	地毯	15	刀旗
2	模特服装	16	横幅
3	礼炮	17	互动小礼品
4	音响	18	气球
5	易拉宝	19	上市现场横幅
6	背景板喷绘	20	店面横幅
7	舞台搭建	21	发布会现场媒体座椅
8	交车车主红花	22	揭幕用幕布
9	签到册	23	MOT
10	签到笔	24	招待烟
11	礼仪	25	打火机
12	新品资料	26	烟灰缸
13	交车用钥匙	27	企业资料袋
14	胸花	28	礼品

（5）集客准备。通过电话、DM（直邮）、横幅等方式，把即将上市的新产品发布给老客户、前期来店（来电）登记用户及本区域内的潜在目标客户群体，并邀约他们上市后来店参观及试乘试驾，新车型上市前 1～2 天确定要来用户名单。采用包含且不限于如下一切可用的手段做到最大化的告知。
① 电话告知——必做。
② 区域短信通告——必做（联系电信局）。
③ 汽车 4S 店在当地主流网络论坛进行发帖及跟帖或者发软文，此项工作的监控由区域经理及网络组来负责。
④ DM（直接邮件）。

（6）库存建立

① 在上市前一周必须准备充分的车源，以满足客户需求。

② 如果是新车型还需准备充足的精品、备件；如果是改款车，则可以准备少量的精品、备件。

（7）人员准备

① 上市前一周，调集所有人员，确保上市当天人力最优分配。上市前一天开动员会，布置工作，调动好全体人员的积极性，并做好明确的人员分工。

② 提前准备好主持人现场串词，并要求进行彩排，以确保上市当日不出错及有效地调动现场氛围。

③ 销售人员复习新车型的产品知识、话术、竞品等相关资料，重点培训订单的收集技巧，寄图和收取客户的订金。

④ 建立危机管控小组，防止竞品、媒体、客户等突发事件。

（8）动员会。在上市前天，由区域经理组织汽车4S店所有人员召开动员会，为第二天上市活动做好准备工作和做战前动员，提高大家士气。

① 需要提前对模特和其他邀请的演艺人员进行简单培训。

② 对销售人员交代好各自的工作，建立工作监控联系表，人手一份，让每个人都清楚自己的职责，预防突发事件找不到可以负责的人，整体防控，做到滴水不漏，为第二天上市有序进行做好准备。

③ 对第二天的流程进行再次确认，确保上市活动准确无误。

④ 对前期的重点工作进行检查、确认。

⑤ 祝第二天上市成功。

5. 上市当日活动

上市当日及上市期间应当有效收集并最大化利用资源信息，从而快速促进成交。各汽车4S店必须按照厂家的要求积极、认真做好各项工作。

（1）展厅现场执行

1）迎客。第一时间迎接进店客户，并让顾客感受到极大的热情及尊重。

① 随时观察停车区域车辆的进入情况。

② 第一时间上前迎接客户。

③ 辨别客户进店意图（媒体记者、竞争对手、客户）。

④ 对不同客户群采用不同的接待技巧。

2）接待。以快速促进成交为原则，进店接待。

① "您好，欢迎光临××汽车4S店。"

② "新产品刚刚上市，性价比各方面都比较突出。这两天我的电话都要被打爆了，好多老客户都说要换新产品。这样，我先带您深入了解一下新产品。"

③ "由于新产品上市前期接受的订单较多，目前需要提前预订才可交车。如果您已经看好了，不妨先下订金，我提前帮您安排交车。"

④ "对了，××先生您的电话号码我记一下，以便到时我们公司有什么活动，可以第一时间通知您。"

3）电话准备

① 汽车4S店必须安装不少于3部专线，并全力保证上市期间电话线路畅通。

② 每通电话的接听时间不得超过两分钟；内容需精炼；重点在保留客户的基本信息，并将汽车 4S 店的地址、销售顾问联系方式最快速地留给客户，吸引客户来店。

③ 接听电话重点如下。

留下顾客的姓名电话和汽车 4S 店地址。

"××先生／小姐，实在不好意思，展厅客户现在很多，我有两个客户现在正在提车，实在忙不过来，不如您先留个电话，抽空到展厅来看看，到时候您直接找我，我给您做个详细的介绍，您看这样成吗？"

4）客户档案管理

① 每天通过各种方法获得客户资料。

② 认真填写三表两卡。

③ 每天分析客户群体。

④ 每天建立客户档案和总结，确定客户级别及跟进方式。

⑤ 及时回访潜在客户并邀请来店。

5）注意事项

① 做好顾客来店的接待工作，注意应对话术，特别是老客户。

② 做好 VIP 客户（政府、媒体等）的接待工作。

③ 如有安排免费接送业务，注意接送时间安排，每批人数确定，确保客户满意。

④ 保证上市期间来店人气的高持续性，有意识地安排客户分批到店，接待时间上要错开，不要都安排在同一天。

⑤ 保证上市期间客户信息的高收集率，必要时可实行客户经理竞赛制，对各个客户经理上市期间每天收集的客户资料数量进行评比，提高全店客户经理的资料留有率。

（2）活动流程确认。确认活动流程，并告知媒体及参会人员。

1）上市活动现场。××汽车 4S 店上市活动现场流程见表 8-11。

表 8-11　××汽车 4S 店上市活动现场流程

序号	项目	执行要求	责任人
1	媒体资料、红包发放	媒体签到并发放红包，发放新闻通稿、车型资料	汽车 4S 店策划人员
2	接送媒体到发布会现场	接送媒体到发布会现场	汽车 4S 店策划人员
3	主持人开场	主持人介绍本次活动主题，并介绍来宾	主持人
4	领导发言	大区经理或区域经理发言，并宣布新产品	大区经理／区域经理
5	新车揭幕	大区经理或区域经理与汽车 4S 店总经理为新品揭幕	大区经理／区域经理与汽车 4S 店
6	穿插表演节目	穿插节目，车模表演（包括新产品的目标群体，如白领阶层表演），同时进行车型介绍、卖点介绍	汽车 4S 店品牌经理或专人
7	汽车 4S 店发言	汽车 4S 店总经理准备 5 分钟左右发言，表示对新车的信心以及预订人数	汽车 4S 店总经理
8	交车仪式	汽车 4S 店总经理和大区经理或区域经理交车给客户，并合影留念	大区经理／区域经理、汽车 4S 店总经理
9	车主代表发言	车主代表进行 3 分钟左右发言，阐述选车过程，表示欣喜、感谢	车主
10	穿插节目	穿插可吸引人气的节目	表演者
11	媒体代表发言（可省）	从媒体角度对新产品大致阐述，突出性价比和市场前景	媒体代表
12	活动结束	主持人宣布活动结束	主持人

① 现场人员安排。展示区接待工作人员负责接待媒体，分发资料和礼品，安排媒体签到，安排媒体有顺序地进行拍照体验。

特别提示

整个上市现场应及时关注各个媒体的服务，以提高媒体对上市活动的大力宣传。

试驾区专业技术人员负责车型知识的讲解和答疑，陪同试驾保证安全，应急处理车辆突发问题。

② 现场试驾注意事项。试乘试驾路线应全封闭，杜绝安全隐患，并应设置专门的等候区。路线全程应有清晰的标志引导，并用锥筒进行安全分隔。在起始、换乘及转弯等重要地点均应设置工作人员加以引导。每辆试驾车均应配备一名专业技术人员，保证安全。为避免媒体长时间等候产生不满情绪，应在休息区设置休息座椅及饮料；如有条件，还可设置一些小游戏。试乘试驾期间，维修人员及机动车辆应随时待命，以便应对突发状况。

案例

××汽车 4S 店上市活动流程

序号	时间	活动内容	AV	备注
1	09：00—09：30	活动暖场	暖场音乐	领导胸花、茶歇
2	09：30—09：32	主持人开场	无线麦克风、背景音乐	
3	09：32—09：40	区域领导致辞	上场音乐、支架麦克风	手卡
4	09：40—09：58	汽车 4S 店领导发言	上场音乐、支架麦克风	手卡
5	09：58—10：00	××新车亮相	银色车衣、动感音乐	车身贴
6	10：00—10：05	首位××新车车主交车	无线麦克风	
7	10：05—10：10	首位车主发言	无线麦克风	
8	10：10—10：30	上市仪式结束，节油挑战赛准备	无线麦克风	
9	10：30—10：35	节油挑战赛搭车仪式，领导挥旗发车	动感音乐	
10	10：35—10：40	节油挑战赛		路线图
11	10：40—12：00	成绩统计、颁奖仪式		成绩统计牌
12	12：00—13：30	午餐		
13	13：30—16：00	操控挑战赛及颁奖		成绩统计牌
14	16：00—16：30	活动反馈问卷、自由交流		发放礼品
15	16：30	活动结束		—

2）信息收集。信息收集是上市活动中的重要组成部分，通过信息跟踪了解新车型在媒体心中的地位，掌握当地市场状况。

上市结束后发一篇现场活动稿，当地网络媒体做详细的图文报道，电视栏目进行现场拍摄报道。

3）上市活动后

① 媒体宣传。上市活动后媒体宣传见表 8-12。

表 8-12　上市活动后媒体宣传

序号	执行项目	执行要求	责任人
1	答谢午宴	专车接送媒体参加答谢午宴，大区经理或区域经理、汽车 4S 店总经理、品牌经理等随同参加	汽车 4S 店品牌经理或专人
2	发布会现场宣传、试驾、客户接待	现场销售人员继续举行现场客户试驾，发放产品数据并接待看车客户	汽车 4S 店专人负责
3	车队巡游	产品装饰后，车队在市内进行巡游	汽车 4S 店专人负责
4	新闻发布跟进及发稿情况统计	与参加活动的记者友好沟通，确保新闻发稿质量，位置和篇幅要好，要压过其他品牌。事后要汇总发稿统计情况	汽车 4S 店策划人员

② 汽车 4S 店后期跟进。对于上市活动、车展等各类活动所获得的潜在客户都需要做重点跟进，以提高销量。

6. 上市后期推广

新车型上市后一个月内，要做好后期推广工作。

（1）广宣轰炸。汽车 4S 店上市推广计划是指由汽车 4S 店上报，经过大区、区域、策划人员审批，在上市之后一段时间内汽车 4S 店要按照上报的内容严格执行的，用于汽车 4S 店市场启动、宣传、促进销售的活动、广告等宣传形式的总和。

汽车 4S 店上市推广计划包括的类型很广，任何用于上市市场推广的宣传方式都可以纳入推广计划的范畴，具体包括小区（商场）静态展示、巡展、报纸广告、电视（广播）广告、户外广告、车展、报纸夹页、海报宣传、直邮、短信以及其他的系列活动等。

（2）人员激励。应用人员激励体制。

（3）异常情况处理。上市期间如客户提车一周后出现任何维修及瑕疵项目造成返厂维修，由销售经理与售后服务经理共同分析，迅速确认故障原因，迅速开辟绿色通道率先解决返厂车辆，售前、售后部门相互配合，妥善处理相关事宜，及时做好客户关系维护，将客户的抱怨度降到最低点，满意度提到最高点。

同时事后将此客户返厂维修事件通报，避免再次出现同类问题，并对相关岗位责任人进行通报批评，情节严重者进行严厉处罚。

7. 推荐评选阶段

（1）汽车 4S 店综合评估 / 推荐。汽车 4S 店制作人员推荐表，每个汽车 4S 店限推荐一名，被推荐人员提供个人电子格式生活照一张，汽车 4S 店负责整合在人员推荐表中。

（2）汽车 4S 店推荐标准。汽车 4S 店推荐标准包括以下几点。

① 驾驶技能评估和赛车知识问答中总得分最高，并结合汽车 4S 店的综合测评和考量。

② 可以有时间参加下阶段赛事。

③ 符合活动及"活得精彩"品牌的年轻、时尚、活力、富于冒险精神的形象要求。

8. 电话面试

（1）总部根据赛车团队转交的名单，对名单上正选和候补人员进行电话面试。

（2）面试内容为各项个人信息确认及综合素质评估，具体内容由总部负责发放。

（3）2 人候补名单由大区制定，如入围名单中出现不合格者，原则上在其所在大区候补名单内替换，替换由各大区及市场部赛车团队决定。

电话面试后，根据评估由各大区和市场部赛车团队确定 36 名入围选手。

9. ××体验日活动

在全国场地锦标赛的四个专业赛车场，划分成四个赛区，就近安排各大区的 36 名入围者进行 1 天的"×××杯"体验日活动。

详细时间及地点可能根据具体情况有所调整。36 位入围者至赛场的往返交通、住宿、餐饮由市场部赛车团队统一负担。

10. 12 名赛手培训

培训 12 名被确认赛手使其适应赛道，并获得进入标准赛道竞赛的认证执照。12 位赛手至赛场的往返交通、住宿、餐饮由市场部赛车团队统一负责。

11. "××杯"比赛

所有选手将会参加 3 轮比赛，最终将根据针对 3 轮比赛的综合评估产生 1 名冠军。

"××杯"将会安排在赛车之前或者之后，会由现场的装饰布置来进行标识区分。

每组选手先接受 1 天的培训，再进行正式比赛。所有的选手将会得到 1 套赛车制服。

12 位选手至赛场的往返交通、住宿、餐饮由市场部赛车团队统一负担。

12 位选手在 3 场"××杯"比赛结束后，将根据成绩分出分站赛的冠、亚、季军及赛事总冠军、亚军、季军。

四、汽车 4S 店试乘试驾活动策划

汽车 4S 店要结合本店实际，举办试乘试驾活动，从而达到与新老客户交流，增加客流量，最终实现销售量增加的目的。

1. 试乘试驾车准备

试乘试驾车投入使用前，各汽车 4S 店必须将确定的试乘试驾车辆严格按相关规定进行装备，办理上路手续，完成后将车辆的照片（前、正、后侧）和车牌号码反馈到总部备案。

（1）试乘试驾车必须投保机动车全险。

（2）试乘试驾车必须保证是最新款，且颜色具有代表性。

> **特别提示**
>
> 试乘试驾车是指总部要求汽车 4S 店必须配备的，经过特殊装饰，专用于客户试乘试驾感受汽车产品的车辆。汽车 4S 店应有效地利用试乘试驾车辆作为销售工具以达到促进销售的目的。

2. 试乘试驾车日常管理

（1）试乘试驾车辆绝对不得用于汽车 4S 店自身或其他与试乘试驾无关的业务。

（2）试乘试驾车辆必须保持良好的清洁和车况。

（3）试乘试驾车辆必须将车内所有可以移动发出声响的物品移除（例如手套箱或者后备厢的物品），以确保在行驶时不会发出异响。

（4）每次试乘试驾车使用后要及时将常用设施（座椅、转向盘、音响等）恢复到使用前的状态。

（5）每天由维修站对试乘试驾车辆严格按要求进行车辆的保养及维护，随时保证车辆良好状态。

（6）试乘试驾车辆的钥匙由展厅销售经理保管，销售人员凭有客户签字的《试乘试驾保证书》领取钥匙，用完后及时归还。

第八章　汽车营销策划实务

3. 试乘试驾文件准备

在开展试乘试驾活动前,要准备好相关文件,如试乘试驾客户协议书、预约登记表、信息及意见反馈表等。

(1) 试乘试驾客户协议书

(略)

(2) 试乘试驾客户预约登记表。试乘试驾客户预约登记表见表 8-13。

表 8-13　试乘试驾客户预约登记表

日期:_____　周:_____　车型:_____　牌照号:_____

序号	客户姓名	联系电话	是否试驾	预约时间	销售顾问
1			□是 □否	9:00—10:00	
2			□是 □否	10:00—11:00	
3			□是 □否	11:00—12:00	
4			□是 □否	13:00—14:00	
5			□是 □否	14:00—15:00	
6			□是 □否	15:00—16:00	
7			□是 □否	16:00—17:00	
8			□是 □否	17:00—18:00	

注:1. 此预约登记表每辆试乘试驾车一份,按每日一页、每月一本装订。
2. 预约时提醒客户必须在预约时间前 10 分钟到达试乘试驾约定地点。

(3) 试乘试驾客户信息及意见反馈表。试乘试驾客户信息及意见反馈表见表 8-14。

表 8-14　试乘试驾客户信息及意见反馈表

客户姓名		性别		(粘贴驾驶执照复印件)	
身份证号码					
联系电话					
驾照类型		驾龄			
试乘试驾车型		是否试驾		□是 □否	
试乘试驾时间		线路			
销售顾问		试车员			
试乘试驾意见反馈					
意见反馈项目			不满意	基本满意	很满意
1. 您对试乘试驾车的车况和清洁程度是否满意					
2. 您对试乘试驾线路的长度是否满意					
3. 您对试乘试驾线路设置的测试项目是否满意					
4. 您对销售顾问的试乘试驾服务是否满意					
5. 您对试乘试驾车动力表现是否满意					
6. 您对试乘试驾车的操控性能是否满意					
7. 您对试乘试驾车的制动性能是否满意					
8. 您对试乘试驾车的舒适性能是否满意					
9. 您对试乘试驾车的内部乘坐空间感受是否满意					
10. 您对试乘试驾车的综合评价是否满意					
请在这里写下您对本次试乘试驾的任意感受、意见或建议:					
您认为试乘试驾对您决定购买这辆汽车是否有很大的影响			□是		□否
感谢您的支持与配合!请在此处签署您的名字					

（4）试乘试驾车使用登记表。试乘试驾车使用登记表见表 8-15。

表 8-15　试乘试驾车使用登记表

车型：_____　车牌号码：_____

序号	日期	领取时间	领取千米数	试车员（签字）	归还时间	归还千米数	车管员（签字）	备注

注：试乘试驾车管员通常可由销售经理兼任。

4. 试乘试驾线路规划

客户在汽车 4S 店店头进行试乘试驾活动时，所行驶的路线必须是能体现出汽车性能特点和优势的，这样的路线需要事先进行规划，这种规划工作即称为线路的设计。试乘试驾线路的参考要求如下。

（1）长度：8～12 千米（线路可重复循环）；线路起点距汽车 4S 店距离最好不超过 3 千米。

（2）路况良好，车流量较小，没有堵车的现象。

（3）至少有 5 千米的路段可以达到 80 千米/时的要求。

（4）车道为封闭式车道（路口除外）。

（5）应包括试乘试驾所需要的所有类型的路段，但并不一定要连续路段。

××汽车 4S 店试乘试驾线路活动方案一

线路编号	线路类型	线路长度	展示项目
S-01	试乘试驾起点	50m	安全带未系报警

展示前的说明：
无

展示后的总结：
先生，您注意到××现在"滴滴"的报警声音了吗？还有仪表板亮起了一个红色报警灯
这个报警是提醒驾驶员系好安全带，如果驾驶员忘记系安全带，当超过××km/h 后就会报警，是一个非常贴心的安全设计
现在请大家都检查一下自己的安全带是否已经系好

驾驶/操作要点：
1. 此项目必须在绝对安全的道路上进行，例如汽车 4S 店展厅的院内
2. 试车员在车辆起步时故意不系安全带，也可以不提醒客户系安全带
3. 当××安全带报警声音响起时，将车停下，向客户做展示后的总结

第八章 汽车营销策划实务

××汽车4S店试乘试驾线路活动方案二

线路编号	线路类型	线路长度	展示项目
S-02	直线快速道路	1000m	起步加速（1.6LAT）

展示前的说明：
接下来我要演示××的原地起步加速。在这个项目中，您可以体会到××1.6的起步加速能力，以及6速手自一体变速箱换挡的平顺程度

展示后的总结：
先生，这辆××虽然只有1.6L的排量，但刚才您是否感觉到它加速能力还是很强的，丝毫没有我们通常会担心的动力不足的问题

另外，您是否注意到，车辆的加速过程非常平稳，没有一般汽车换挡时的冲击感？这就是6速自动变速器才可以带来的感受，而且还要变速器和发动机动力特性非常匹配才行

驾驶/操作要点：
1. 起步前观察前方，确保300m之内无车辆或行人，且无路口
2. 加速时变速杆挡位置于"D"挡，油门全力踩到底，并注意利用油门的抬踩技巧控制车辆换挡
3. 加速到80km/h时，即完成加速演示，此时将车辆恢复到60km/h左右的正常巡航速度，向客户做展示后的总结

××汽车4S店试乘试驾线路活动方案三

线路编号	线路类型	线路长度	展示项目
S-03	直线快速道路	1000m	起步加速（1.6LMT）

展示前的说明：
接下来我要演示××的原地起步加速。在这个项目中，您可以体会到××1.6的起步加速能力，以及5挡手动变速箱换挡的灵敏程度

展示后的总结：
先生，这辆××虽然只有1.6L的排量，但刚才您是否感觉到它加速能力还是很强的，丝毫没有我们通常会担心的动力不足的问题

另外，您是否注意到，车辆的加速过程非常平稳，没有一般汽车换挡时的冲击感？这是因为××的手动换挡行程很短，挡位十分清晰，非常方便驾驶员快速准确地换挡

驾驶/操作要点：
1. 起步前观察前方，确保300m之内无车辆或行人，且无路口
2. 加速时油门全力踩到底，换挡点保持在3000r/min以上，换挡动作必须十分迅速准确
3. 加速到80km/h时，即完成加速演示，此时将车辆恢复到60km/h左右的正常巡航速度

××汽车4S店试乘试驾线路活动方案四

线路编号	线路类型	线路长度	展示项目
S-04	直线快速道路	1000m	起步加速（2.0LAT）

展示前的说明：

接下来我要演示××的原地起步加速。在这个项目中，您可以体会到××2.0的起步加速能力，以及6速手自一体变速箱换挡的平顺程度

展示后的总结：

先生，刚才您是否感觉到××2.0的加速能力很强

另外，您是否注意到，车辆的加速过程非常平稳，没有一般汽车换挡时的冲击感？这就是6速自动变速器才可以带来的感受，而且还要变速器和发动机动力特性非常匹配才行

驾驶／操作要点：

1. 起步前观察前方，确保300m之内无车辆或行人，且无路口
2. 加速时变速杆挡位置于"D"挡，油门全力踩到底，并注意利用油门的抬踩技巧控制车辆换挡
3. 加速到80km/h时，即完成加速演示，此时将车辆恢复到60km/h左右的正常巡航速度，向客户做展示后的总结

××汽车4S店试乘试驾线路活动方案五

线路编号	线路类型	线路长度	展示项目
S-05	直线快速道路	1000m	起步加速（2.0LMT）

展示前的说明：

接下来我要演示××的原地起步加速。在这个项目中，您可以体会到××2.0的起步加速能力，以及5挡手动变速箱换挡的灵敏程度

展示后的总结：

先生，刚才您是否感觉到××2.0的加速能力很强

另外，您是否注意到，车辆的加速过程非常平稳，没有一般汽车换挡时的冲击感？这是因为××的手动换挡行程很短，挡位十分清晰，非常方便驾驶员快速准确地换挡

驾驶／操作要点：

1. 起步前观察前方，确保300米之内无车辆或行人，且无路口
2. 加速时油门全力踩到底，换挡点保持在3000r/min以上，换挡动作必须十分迅速准确
3. 加速到80km/h时，即完成加速演示，此时将车辆恢复到60km/h左右的正常巡航速度

××汽车 4S 店试乘试驾线路活动方案六

线路编号	线路类型	线路长度	展示项目
S-06	直线快速道路	1000m	起步加速（1.8TAT）

展示前的说明：
接下来我要演示××的原地起步加速。在这个项目中，您可以体会到××1.8T 的起步加速能力，以及 6 速手自一体变速箱换挡的平顺程度

展示后的总结：
先生，刚才您是否感觉到××1.8T 的加速能力很强，带有非常明显的推背感？这就是涡轮增压发动机才能产生的效果

另外，您是否注意到，车辆的加速过程非常平稳，没有一般汽车换挡时的冲击感？这就是 6 速自动变速器才可以带来的感受，而且还要变速器和发动机动力特性非常匹配才行

驾驶/操作要点：
1. 起步前观察前方，确保 300m 之内无车辆或行人，且无路口
2. 加速时变速杆挡位置于"D"挡，油门全力踩到底，并注意利用油门的抬踩技巧控制车辆换挡
3. 加速到 80km/h 时，即完成加速演示，此时将车辆恢复到 60km/h 左右的正常巡航速度，向客户做展示后的总结

5. 试乘试驾试车员培训

可以为客户提供试乘试驾服务，试车员必须经过以下四个方面的培训，并通过相应的考试和考核。

（1）试乘试驾车型产品知识培训。
（2）试乘试驾销售技巧培训。
（3）试乘试驾线路培训。
（4）试乘试驾驾驶技能培训。

6. 试乘试驾流程制定

实行标准化流程管理，可以让整个活动有条不紊地开展。

（1）试乘试驾前流程。试乘试驾前流程如图 8-2 所示。

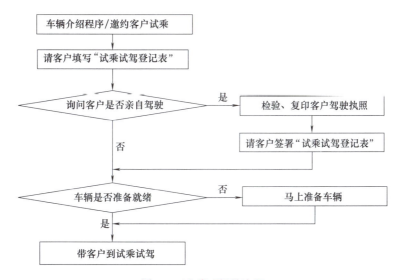

图 8-2　试乘试驾前流程

（2）试乘试驾中流程。试乘试驾中流程如图8-3所示。

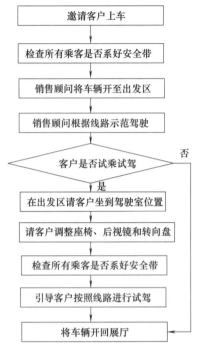

图8-3　试乘试驾中流程

（3）试乘试驾后流程。试乘试驾后流程如图8-4所示。

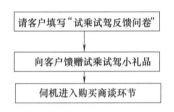

图8-4　试乘试驾后流程

7．试乘试驾客户邀约

（1）顾客选择目的

① 准订单，通过试驾活动后极可能产生购买行为的客户群。

② 传话人，能在潜在消费者群中传播、传递对产品有益并能形成口碑的人。

③ 酝酿期，有购车能力与购车意愿的潜在客户群，促进成交机会。

④ 蜜月期，久候交车的消费者、延长蜜月期、坚定顾客购买信念。

（2）邀请名单来源

① 基盘客户，维修站老客户，设定为车龄三年以上的忠诚客户。

② 潜在客户，销售顾问目前手上拥有的 H、A 级潜在客户。

③ 久候交车，等候许久未交车客户，对购买意愿有所动摇的客户，尝试通过试驾活动将 1.8T 久候交车顾客转变成 2.0 车型。

④ 大众媒体，相关配合良好或常有往来的报刊媒体与电子媒体。

××汽车4S店展厅常用邀请及异议话术

"×女士,刚才我已经简单地向您介绍了这部车的性能和配备特点,不过,买车只靠看和听就做决定是不够的,买车是一件大事情!因此,在您做决定之前,我建议您先做一个试乘试驾,亲身感受一下××这部车开起来到底怎么样。"

"×女士,在决定买一部车之前,一定要先试乘试驾,这是很多有经验的购车者都会做的决定。您如果想试的话,只要办理一个简单的手续就可以了。"

"×女士,德国车和其他车不一样,一定要开过以后才能体会到它的好处,如果您想真正了解××这部车的话,我建议您做一个试乘试驾!如果您愿意的话,我马上就可以帮您安排。"

"×女士,您的运气真不错,我们最近正在搞活动,对所有参加试乘试驾的顾客都有一个'三重大礼'的赠送,对您来说真是一举两得!"

异议处理话术

异议1:"我还有事情,没时间了。"

"啊!太可惜了!不过我们试一次车大概只要30分钟时间,您看时间来得及吗?那我特别为您安排一个试车的机会……今天不行的话那么周末吧!您是周六有空还是周日呢?……那我就赶紧先都您预订了!"

异议2:"我开车技术不好,会不会有危险啊?"

"您别担心!我们在试车的时候都做了非常完善的规划与安全防护,而且我们会安排专业的试车人员陪同您……您也可以先试乘一下再决定是否要自己开……"

异议3:"算了吧,我只是先看看,不一定要买的。"

"您不必担心试过车后就必须要买,毕竟提供您周到的服务是我们的责任……其实就算是看看,试乘试驾这个环节也是必不可少的……"

异议4:"我开过朋友的××,就不用试了。"

"您开过的话就太好了!这样我就不必再跟您介绍××的基本操作了。不过开朋友的车多少会有些束手束脚,在我们这里试驾是有专门规划的线路和专业车手指导的,说不定会和您原来开的时候感觉不一样哦……为了买车慎重起见,还是试一试吧!"

(3)试乘试驾前注意事项

① 特别提醒。客户同意试乘试驾后必须要说的几句话。

"×女士,您是准备只做试乘还是试乘和试驾都做?"

"×女士,有两份必要的文件需要您填一下,一份是'试乘试驾登记表',另一份是'试乘试驾客户保证书'。"(说的同时向客户出示文件,并指导客户填写)

"我能复印一下您的驾驶执照吗?"

(如果客户称未带驾照)"很遗憾,如果您没有带驾驶证的话,我们今天只能提供试乘试驾预约或者试乘服务……您填好这张'试乘试驾预约表'之后,我们就可以帮您安排下一次的试乘试驾了。"

② 客户概述。在试乘试驾前向客户作概述。

(引导客户办完试乘试驾手续后,客户上车前)

"×女士，在开始试乘试驾之前，我给您作一个简单的情况介绍。"

"我们已经为您挑选了一条比较合适试车的路线，全长大约 10 千米，等一下我会先开一圈，以便您熟悉车辆的性能特点和路线。接下来，您就可以亲自驾驶这辆车了。"

"在驾驶过程中，有两件事情需要请您注意一下：第一，当然是要注意安全，毕竟您的平安是最重要的；第二，在驾驶过程中，我会适时提醒您行使的路线，这样您就完全不必担心走错路，尽情享受试驾的乐趣了。"

"×女士，如果您没有问题的话，我们现在就上车吧。"

（4）试乘试驾中注意事项

① 一定是由销售顾问（试车员）首先驾驶，按线路让客户做完整的试乘体验。

② 每次发动车辆之前，必须检查所有乘员是否系好安全带。

③ 销售顾问（试车员）必须严格按预定要求演示线路。

④ 销售顾问（试车员）与客户换手时，必须先将车停在预先指定的安全地点，并将汽车熄火。

⑤ 请客户下车，并引导客户坐到驾驶座上。

⑥ 销售人员上车后再将车钥匙交予客户。

⑦ 客户坐到驾驶座上后，必须先完成座椅调整、转向盘调整、后视镜调整以及系好安全带四项工作，才能发动汽车。

⑧ 客户在试驾车辆时，只需适时提醒客户按预定线路行使，不要过多地与客户谈话，确保行车安全。

⑨ 客户驾驶车辆出现危及安全的危险驾驶动作时，应及时提醒客户注意安全，必要时可中止客户试驾。

⑩ 试乘试驾过程中，应劝导客户不要在车内吸烟。

⑪ 试乘试驾结束后，尽可能让客户把车开回展厅。

（5）试乘试驾后注意事项

① 邀约客户与试乘试驾车合影。

② 请客户填写"试乘试驾客户信息及意见反馈表"。

③ 针对客户特别感兴趣的性能和配备再次加以说明，并引导客户回忆美好的试驾体验。

④ 针对客户试驾时产生的疑虑，应立即给予合理和客观的说明。

⑤ 利用客户试驾后，对产品的热度尚未退却时，伺机引导客户进入购买商谈阶段，自然促使客户成交。

⑥ 对暂时未成交的客户，要利用留下的相关信息，同时与客户保持联系。

⑦ 对每一位客户均应热情地道别，并感谢其参与试驾。

⑧ 客户离开后，销售人员应填写"试乘试驾使用登记表"。

⑨ 客户离开后，销售人员应立刻清洁试乘试驾车辆。

五、汽车 4S 店公益活动策划

1. 公益活动简述

公益活动是组织从长远着手，出人、出物或出钱赞助和支持某项社会公益事业的公共关系务实活动。公益活动是目前社会组织特别是一些经济效益比较好的企业，用来扩大影响、提高美誉度的重要手段。因此，汽车 4S 店可以采用公益活动形式来提高影响力。

2. 公益活动类型

汽车 4S 店要做好公益活动，首先要了解公益活动的类型，如图 8-5 所示。

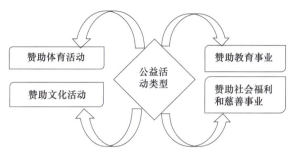

图 8-5　公益活动类型

（1）赞助体育活动。体育活动拥有广泛的观众，往往也是新闻媒体报道的对象，对公众的吸引力比较大。因此，赞助体育活动，往往是社会组织公益活动的重要选择。常见的有赞助某一项体育运动、赞助某一次体育比赛和赞助体育设施的购置等多种方式。

（2）赞助文化活动。文化生活是社会生活的重要内容之一。组织进行文化生活方面的赞助，不仅可以促进文化事业的发展，丰富公众的生活内容，而且可以培养与公众的良好感情，大大提高组织的知名度。这类赞助方式有：一是对文化活动的赞助，如对大众联欢晚会、文艺演出、电视节目的制作和电影的拍摄等赞助；二是对文化事业的赞助，如对科学与艺术研究、图书的出版和文化艺术团体等赞助。

（3）赞助教育事业。赞助教育事业，常见的赞助方式如下。

① 赞助学校的基本建设，如图书馆、实验楼的建设，或者为贫困地区建校办学、修缮校舍或场地。

② 赞助学校专项经费，如专项科研基金和设立奖学金等。

③ 赞助教学用品，如设备、器材和图书资料等。

④ 赞助学术理论研究活动。

（4）赞助社会福利和慈善事业。赞助社会福利和慈善事业，是指组织通过出资参加社区市政建设，为各种需要社会照顾的人提供组织帮助和开展义务服务活动等措施。

常见的赞助社会福利和慈善事业形式有赞助养老院、福利院、康复中心、公园、少年宫，在一些地区或单位遭受灾难时提供资助，出资修建社区马路、天桥以及赞助残疾人事业等。

3. 公益活动作用

汽车 4S 店开展公益活动，主要有以下四个方面的作用。

（1）赢得良好声誉。组织开展公益活动，体现了助人为乐的高贵品质和关心公益事业、勇于承担社会责任、为社会无私奉献的精神风貌，能够给公众留下可以信任的美好印象，从而赢得公众的赞美和良好的声誉。

（2）融洽社会关系。组织开展公益活动，多数是对社区公益事业、福利和慈善事业的赞助，能够密切与社区有关公众的联系，融洽社会关系。

（3）扩大社会影响。组织开展公益活动，可以配合公共关系广告攻势，通过新闻媒介，扩大组织影响。

（4）增加经济效益。提高了汽车 4S 店的知名度和影响力，加深了与公众之间的感情，融洽了社会关系，会给公众留下深刻的印象，公众会对组织的良好印象联想到组织产品的良好印象，有利于组织经济效益的增加。

4. 公益活动策划

汽车 4S 店要使开展的公益活动取得成功，必须认真地做好策划工作，具体步骤如图 8-6 所示。

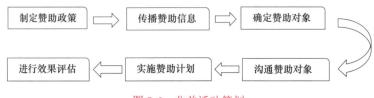

图 8-6　公益活动策划

（1）制定赞助政策。根据汽车 4S 店的现状、目标、政策和经济能力，决定年度公益活动赞助金额，制定切实可行的赞助政策。

（2）传播赞助信息。公共关系人员应该把汽车 4S 店的赞助政策，通过适当的传播渠道和传播方式，传递给可能向本汽车 4S 店提出赞助要求的单位。

（3）确定赞助对象

① 掌握赞助对象情况。包括赞助对象业务内容、社会信誉、公共关系、面临问题等，以便有选择地进行赞助。

② 了解赞助项目情况。包括项目提出的背景，对公众的影响力，花费的财力、人力与物力情况，以及操作实施过程中可能出现的困难和问题等。

③ 进行成本效益分析。即进行赞助成本（汽车 4S 店付出的全部财力、人力、物力）与综合效益（赞助活动可能获得的经济效益与社会效益）分析比较。

④ 认真确定赞助对象。汽车 4S 店三网赞助活动应纳入科学管理的轨道，即以汽车 4S 店三网公共关系目标、面对的社会环境为出发点，按照有利于汽车 4S 店综合效益提高的原则，充分考虑多方面利益，协调平衡，确定赞助对象，防止盲目赞助或因个人主观感情色彩而影响赞助。

（4）沟通赞助对象。已经批准确定的赞助对象，要及时通知对方，做好实施准备。对不能满足或者不能全部满足赞助要求的对象，应该坦率相告，诚恳解释原因，争取相互理解。

（5）实施赞助计划。汽车 4S 店应安排专门公共关系人员或汽车 4S 店专门工作班子，负责赞助活动的具体实施。

① 负责分工落实。对整个赞助活动中的各个项目或环节，应分派具体人员负责落实，各负其责，密切配合。

② 运用公共技巧。在实施过程中，公共关系人员应充分运用各种公共关系技巧与方法，以求最佳效果。

③ 扩大汽车 4S 店影响。赞助活动本身就是为了扩大汽车 4S 店的社会影响，因此在赞助活动中，应尽量利用多种传播方式、途径，帮助主要活动的开展，扩大其影响。如利用大众传播媒介广泛宣传报道，利用广告传播烘托气氛，强化效果。

（6）进行效果评估。赞助活动完成后，应进行效果评估，要总结经验，吸取教训，应注意以下几个方面。

① 评估公众评价与反响。
② 评估赞助计划完成情况。
③ 制作赞助活动的声像资料。
④ 写赞助活动总结。
⑤ 做好新闻报道剪报资料的存档工作。

案例

××汽车4S店车辆拍卖公益活动方案

一、活动目的

树立品牌的社会形象；扩大品牌知名度，提高品牌竞争力；在经济型轿车市场占有率萎缩的情况下，提高品牌竞争力及市场占有率，打压市场竞争对手；树立良好的社会口碑，促进潜在客户的开发与老客户的维系。

二、市场目的

1. 活动实现集客目标×××人、集客信息留存×××人，实现A卡目标×××人，活动预计提高成交目标××辆。
2. 活动六、七月份持续效果，预计提高集客20%以上。
3. 活动力争将本区域六、七月份市场占有率提升3%，同时扩大"××"产品的知名度。

三、活动内容及形式

1. 内容

××汽车4S店将旗下所经营产品——××轿车（1台）进行现场拍卖，将所得车款全部捐赠给地震灾区。

2. 形式

前期采用网络、电话、到店报名，后期则为现场竞拍。

四、拍卖车型信息

品牌	车型	规格型号	市场价	起拍价	竞价
××	××	手自动豪华	×××××	×××××	××

五、活动总预算

项目		广告宣传费	采访费	说明
媒体推广	平面			
	网络			包括访谈
	广播			
	××二套			当天邀约，无投放
活动现场布置费用				
竞拍车辆	××手自动豪华			起拍价××
合计		××（不含××拍卖捐赠款）		不含餐饮及员工服装

六、前期推广
（一）平面媒体

媒体名称	主题内容	投放时间	版面	次数	费用预计
××报	文字+图片	××	竖通栏（11.8cm×6.8cm）	2	××
××报	文字+图片	××	通栏（7cm×24cm）	2	××
××报	文字宣传	××	方通栏（12cm×12cm）	2	××

（二）网络
1. 网络投放

网站名称	投放形式	内容	投放时间	版面	费用预计	兄弟媒体免费报道
××汽车	网络竞拍+信息页面	活动信息+网上报名+访谈	××	活动专题+活动信息	××	
××汽车频道	2×3通栏	活动信息+网上报名+访谈	××	活动专题+活动信息	××	
××车市	文字链接	文字信息+图片	××	××页面商家信息		
××天下	文字链接	文字信息+图片+访谈	××	滚动资讯		不发生费用
××网	文字链接	文字信息+图片	××	图片链接+文字信息		
××之家	文字链接	文字信息+图片	××	文字信息		
××168	文字链接	文字信息+图片	××	文字信息		

2. 网络邀约

网络名称	人员名称	职务	费用预计	备注
××汽车	×××	销售	××	××～×× 连续报道
××汽车频道	×××	客户经理	××	××～×× 连续报道
××车市	×××	客户经理	××	有访谈
××天下	×××	销售经理	××	××～×× 连续报道
××网	×××	编辑	××	××～×× 连续报道
××之家	×××	汽车责编	××	××～×× 连续报道
××168	××	汽车责编	××	××～×× 连续报道

3. 平面（邀约）

网站名称	人员名称	职务	费用估计	备注
××青年报	×××	记者	××	有访谈
××购物指南	×××	记者	××	后续报道时间待定
××晚报	×××	汽车版记者	××	后续报道时间待定
××晚报	×××	汽车版记者	××	后续报道时间待定
××时报	×××	汽车版记者	××	后续报道时间待定
××报	×××	汽车版记者	××	后续报道时间待定
××导刊	×××	汽车版记者	××	新闻报道6月5日
××二套	×××	全球资讯记者	××	出席现场

（三）电视、广播

电视——××二套，栏目"××××"，记者×××，活动当天现场邀约。

交通台，时段：每日下午1～3点。次数：2～3次。

（四）店面宣传

店面宣传可以为前期积累人脉，预热活动气氛。

通过销售顾问向客户及订单客户告知此次活动信息。在×日之前将活动现场布置完毕，提前营造现场活动气氛，××～××日之间进行本次活动的店头集客及报名。

（五）推广总结

此次活动同时在3家平面媒体进行了7次宣传，在8家网络媒体进行了6天的大强度宣传。

七、准备阶段

（一）文字资料

1. 前期推广：活动信息、公关软文（此次活动倡议书）、竞拍客户信息统计（网络、店内）。

2. 活动现场：主持及串词、领导致辞、竞拍条款。

3. 后期报道：公关软文（现场报道、活动总结）。

（二）会场布置

名称	摆放地点	数量	规格	预计费用
背板	主展台背景	1	喷绘4m×12m	
活动台（含拍卖车辆展台）		1		
签到台+背景墙	正门入口	1	喷绘2m×3m	
条幅	展厅二楼围栏+大厅正门、侧门+拱门上	4	红布白字	
拱门	公司入口	1		
音响设备	展台外侧	1	套	
竞拍区椅	会场中央	50	把	
募捐箱	会场入口	1	透明	
支票牌	捐赠活动过程中	2	块	
工作人员、来宾	爱心胸贴+区位座椅贴	100+60	个	
来宾签到簿	签到台	3	个	
竞拍流程展架	竞拍展台两侧	1	个	
现场绿色植物	主展台周围	50	盆	
邀请函		30	张	
竞拍序号卡	竞拍者手持	50	个	
工作人员服装		30	套	
现场餐饮	现场瓶装饮用水（小瓶）6箱；与会领导及新闻媒体记者午餐预计3桌			
现场宣传片及音乐	活动现场首先播放灾区影像图片，循环播放爱心歌曲，播放拍卖车型信息，播放本次活动的参加人员及公关单位			

八、基本流程

环节	时段	历时/min	说明
接待	9:00—10:00	60	领导、媒体记者及客户接待及签到，办理竞拍手续
开幕式	10:00—10:30	30	主持人开幕致辞并播放背景音乐及灾区图片，厂家及公司领导讲话
拍卖车型介绍	10:30—10:35	5	图片结合影像资料
竞拍阶段	10:35—11:00	25	每次1000元竞价，并由竞拍获得者讲话
现场捐款	11:00—11:30	30	由主持人发动倡议，与会全体共献爱心
车款捐赠仪式	11:30—11:40	10	由公司领导与竞拍获得者，共同捐献给红十字会
现场捐款仪式	11:40—12:00	20	由主持人和媒体代表，将现场捐献捐献给红十字会
午餐	12:00		参与活动客户在公司食堂用午餐（工作餐）

九、具体环节

（一）接待环节

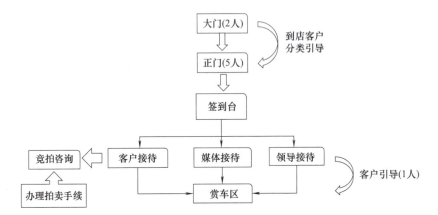

（二）竞拍环节

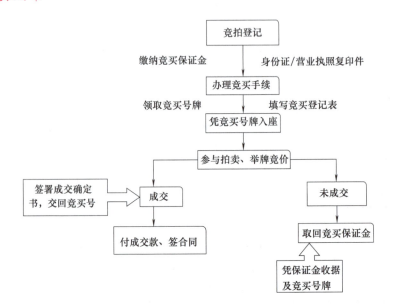

××汽车4S店"捐资助学"公益活动方案

一、活动主题：共同成长 ×× 见证

二、活动招募时间：（略）

三、活动招募地点：××汽车4S店展厅内

四、活动举办时间：（略）

五、活动举办地点：（略）

六、活动内容：购买××型（指定车型）向"希望工程"献爱心"1+1助学"活动

七、活动主办：××汽车销售有限公司、中国青少年儿童基金会、××汽车销售服务有限责任公司

八、活动协办：受捐助学校当地妇联、受捐助学校

九、活动参与媒体：××电视台、××交通台、××广播、××网、××报等

十、活动目的

树立品牌的社会形象，扩大产品知名度及美誉度，树立用户群体的良好社会口碑，弘扬互助友爱的精神。

十一、活动详情及形式

1. 详情：在活动期间购买××款客户相当于向"希望工程"捐助1名小学生3年的学费×××元。爱心车主及4S店通过中国儿童少年基金会及当地妇联，将钱款捐给受捐学校。

2. 形式：前期招募，4S店内招募。

十二、活动方案

（一）前期推广招募

1. 平面宣传：通过报纸广告宣传活动信息（详情到店咨询）。

2. 店面宣传：通过店头宣传物向到店客户宣传此次活动的信息。

3. 短信群发：通过短信平台向××潜在客户宣传活动的信息。

（二）准备阶段

文字资料、图片资料需要向当地妇联和受捐学校提供，用于本次活动的宣传。

十三、活动基本流程

参与活动的爱心车主在指定地点按规定时间集合，向爱心车主讲解活动行程安排及注意事项。

对爱心车队进行编号，并清点人数及捐赠物品，驾车前往目的地。

当地妇联迎接车队并带入受捐助学校。

受捐助学校欢迎车队到来，当地妇联领导和受捐助学校领导讲话。

活动现场"一对一"捐助仪式。

受捐助同学代表发言。

爱心车主代表发言。

汽车4S店领导讲话。

中国青少年儿童基金会领导感言。

爱心车主自由活动（参观学校或到受捐助同学家家访）。

在规定时间、指定地点集合车队，返回。

> **案例分析**

奥迪汽车营销策划

一、营销主题

贯彻奥迪"进取尊贵动感"的品牌理念与粤华集团的"大品牌、大市场、大流通、大服务"的经营理念,两者完美契合,制定出适合本土化营销策略。

二、宣传目标

成功地打造一整套适合本土化宣传策略,找到一条传递奥迪品牌与粤华集团的途径,突出粤华集团是奥迪品牌精神的体现者和倡导者。

三、营销策略

着重树立奥迪汽车4S店本土形象,因此在依托厂家品牌的基础上必须树立粤华集团自身崭新的品牌形象与知名度,培养自己的顾客忠诚度,创新本土服务理念,为奥迪公司树立营销本土化模板。

(一)形势认识

目前国内4S店主要存在该几项问题。投入庞大:在中等以上的城市4S店的固定投资在1000万至1500万元。回收期长:有的4S店可能要耗费8～10年的时间才能回收投资。名不副实:有些4S店在实际运作中有专卖之形而无专卖之实。4S店对厂家有极为明显的依附性,缺乏自身形象与品牌意识。

(二)本店分析

1. 优势

(1)奥迪品牌作为中国汽车市场的一线品牌,也演绎成为成功人士专车,具有成熟的品牌基础。

(2)本店坐落在城市快速交通干道旁,基础设施现代完备,标准的现代4S店完全满足目标客户的消费心理需要。

(3)专营奥迪品牌汽车的整车销售、维修服务和配件供应,同时提供与汽车服务相关的信贷、保险、装饰、救援、俱乐部等全方位汽车服务。粤华集团本身的经营经验和自身优势,良好的资金运作模式,与银行和担保公司良好的合作关系,为汽车消费者办理贷款等业务,在售后服务方面投巨资引进了世界先进水平的全套维修设备,不断完善和创新的售后服务体系,已经成为本土行业领袖。

2. 劣势

(1)进入本地市场相对较晚,未能在目标客户心中形成强大的口碑和品牌效应,缺乏本土顾客群,先期宣传不足导致目前工作施展不畅。

(2)所在位置距离市区较远,最新的公司服务信息传递给市场较为不便,对于轿车特别是高档车的交易号召不足。单纯的渠道网络已经不能满足市场和消费者追求更加便利、高效、集约型的服务方式的需求。

3. 机会

(1)随着国家经济的发展、政策的调整,人民经济收入的不断增加、生活水平的提高,汽车已经不再是昔日的奢侈品,逐渐向着生活必需品过渡。中国的汽车市场今后几年都将是全球最好的轿车市场。

（2）收入水平：年收入在 20 万元以上的人，大多数有购车需求。从购车者的年收入与其购车的比例关系来看，随着本土消费群体（如工商业、企业、农业产业群体）收入的提高，加之本土人崇尚领导风范等因素，购买私人轿车的人数急速增加。年收入在 10 万元以上的消费者中已有 34% 的人肯定要购车或者换车。

（3）调查结果表明，30～40 岁的年龄段中购买轿车比例最高。正如我们上面分析的，这些人的消费水平较高，包括其收入水平、职业背景、年龄范围、心理价位等也具有优势，事业处于上升阶段，甚至有些已经颇有成就，家庭建设也初见成效。因此，他们有条件、有需要、更有心情购买私人轿车。

四、推广策略

在确定整体形象策略之后，针对奥迪 4S 店整体宣传构想，我们××传媒公司初步提出奥迪本土"四化战术"。

1. 主题系列化

对奥迪 4S 店的品牌形象、有形资源确定整体核心主题后，根据不同阶段确立相应的主题循序渐进。

2. 宣传新闻化

在营销过程中，与主流媒体、辅助媒体、专业营销机构紧密合作，使用软性炒作文章进行奥迪 4S 店价值形象提升和信息发布工作，深度提升粤华各店的服务形象，确立公司亲和力极强的领导风范。

3. 公关节点化

配合奥迪 4S 店品牌发展建设，不断递进与重要事件影响节点，通过清晰、鲜明的系列化公关、宣传等活动强化和提升奥迪 4S 店品牌形象。

4. 宣传阶段化

配合不同的主题和节点，调整宣传的力度、途径以及具体方式，以高效的宣传组合实现品牌形象阶段性目标。如抓住"金九银十"的汽车销售旺季强势提升奥迪 4S 店的品牌知名度与品牌形象。

五、媒体策略

以户外宣传为主，连带平面形象广告，以及商务刊物促销，扩大影响力度。户外与新闻线并进，以奥迪 4S 店的品牌升级与服务提速为新闻焦点，形成公众关注的热点。结合户外及公关形象宣传，形成立体宣传效果，达成一个全方位的影响与号召力。

1. 主题推广语

（1）奥迪 4S 店，成功人士装备圣地。

（2）奥迪 4S 店，行车有终点，服务无止境。

（3）奥迪 4S 店，你事业成就的见证者。

2. 地面活动推广秀

通过本次地面推广活动，让××××主城区目标消费者绝大部分知晓奥迪 4S 店开业与服务信息，并在第一时间传达有关奥迪 4S 店的受众群体，唤起目标受众者的消费激情，抢占黄金月份的大好市场。

规划：推广秀的活动内容将以本土名人娱乐的形式全力传达奥迪 4S 店新特色，并对奥迪 4S 店的品牌形象与服务做精彩的演绎，并在活动中穿插汽车知识介绍、抽奖和小礼品等辅助手段、现场 DM 单派发、汽车保修保养咨询等，活动节目内容待制定。

活动地点：（未定）。

3. 成立粤华汽车群英会

该群英会由来自××××市的艺术、文化、商业及体育等领域的杰出代表和社会主流精英组成。尽管奥迪汽车群英会成员分布在不同的行业，但他们都在各自的领域引领或推动着社会的进步，他们的成就被社会公众所认知，是奥迪品牌精神的体现者和倡导者。突出奥迪的用户特征和驾驶者形象。

六、广告推广

1. 启动时机

借助本次奥迪4S店开业典礼暨五一黄金周之际，协调粤华集团的各方面资源，加大广告力度，其广告效力是平时的数倍。计划在五月十日开业之前各个活动有序进行，完成最有效的第一波宣传攻势。

2. 媒体选择

（1）户外媒体。非内容性特征，完全避免了传统媒体由内容所形成的消费者接触屏障，实际上使户外媒体成为一种人群包容性最广泛的媒体形式，没有任何人为的排斥消费者的特性。这一特性使户外广告正日益成为仅次于电视广告的消费者接触率最高的媒体形式。

（2）电视宣传。看过美国《虎胆威龙4》电影的人都应该清晰地记得这样一组镜头：当犯罪分子侵入并控制电视媒体网络后，发了一组拼凑起来的视频，引起了美国整个国家的大恐慌。从这个例子我们可以看出广播电视媒体迅速的时效性，同时广播电视媒体对人们心理和社会起着如此之大的影响。自从有了广播电视媒体，它就成为人们生活的必需品，甚至影响着一代又一代人的生活和观念。

（3）DM广告。一个30秒的电视广告，它的信息在30秒后荡然无存。DM广告则明显不同，在受传者做出最后决定之前，可以反复翻阅直邮广告信息，并以此作为参照物来详尽了解产品的各项性能指标，直到最后做出购买或舍弃决定。同时，与其他媒体不同，受传者在收到DM广告后，会迫不及待地了解其中内容，不受外界干扰而移心他顾。基于这两点，DM广告较之其他媒体广告能产生良好的广告效应。

（4）广播电台。奥迪应基于听众的需求选择广播电台，如交通广播，拥有众多听众的频道是我们选择的基础，对奥迪品牌的提升起到积极作用。

七、发布策略

户外广告由于其画面的冲击力和高关注率，是企业提升形象的最佳载体。本次户外广告发布以较强的站位和渗透为发布原则，具体就是以占据主城区汽车销售大卖场辐射并拦截目标消费者，选择长年发布5块以上广告牌，如在机场、火车站、城区中心区域实施。

电视广告、新闻前播放5秒品牌广告，这一时段备受本地受众关注。

DM广告可选择可读性强的商务期刊，表现力丰富，投递目标精确；也可选择受众文化水平较高、职业背景与消费水平相对较好的专业机构。选择这样的专业机构，就等于多了一个免费的企业团队，是协作关系，可相得益彰。

八、效益分析

本次奥迪4S店的全方位、大面积投放宣传广告，对粤华集团整个的品牌提升起到立竿见影的效果，其中带来无形价值链，难以估算。

九、执行计划

（略）

十、广告方向

通过媒体悬念式广告吸引目标消费者的注意力，利用报纸软文和新闻的配合，整套推出组合拳，积极传达"奥迪4S店"的相关信息，大力炒作"奥迪4S店"的品牌形象和知名度。

十一、深度推广

（略）

通过立体的传播网络，在消费者心中奠定"奥迪4S店"的本土地位，培养消费者的购车忠诚度，完成年度的营销目标。

想一想：奥迪4S店的整个促销策划对品牌带来了哪些无形价值？

汽车市场活动策划理念包括：客户满意，为客户创造生活的喜悦，创造感动的瞬间，提供超越心理期望的体验，学会创造"真实一刻"来赢得客户的好感等。

汽车市场营销活动应遵循的原则包括：时机原则，地域原则，目标原则，单纯原则，大声原则。

汽车营销策划方案的设计包括以下方面：活动目的，活动对象，活动主题，活动方式，活动时间和地点，广告配合方式，前期准备（人员安排，物质准备，试验方案），中期操作，后期延续，费用预算，意外防范，效果预估。

汽车营销活动策划类型包括：汽车4S店假日促销活动策划，汽车4S店车展策划，汽车4S店厂家活动策划，汽车4S店试乘试驾活动策划，汽车4S店公益活动策划。

1. 汽车市场营销活动策划应遵循哪些原则？
2. 汽车市场营销活动的方案设计要注意哪些方面？
3. 如何进行新车策划？
4. 如何进行节假日策划？
5. 如何进行试乘试驾策划？
6. 如何进行公益活动策划？

实训操作

任务：

根据自己的喜好选取一个节假日，进行分析，编写营销活动策划方案。

要求：

1. 通过优秀营销策划的分析，进一步深入理解一个成功的营销活动策划应遵循哪些原则，哪些要点，营销活动策划方案应如何设计。
2. 每个人交一份节日营销活动策划方案，不少于1000字。
3. 在收集的营销活动策划方案中，选取一个自己认为比较优秀的营销活动策划个案，做成PPT在班内进行交流学习。

汽车企业形象策划

汽车车标

第九章

汽车企业形象策划

 学习目标

1. 了解企业形象策划的含义、程序与原则。
2. 掌握汽车企业形象策划的方案。
3. 理解汽车企业形象策划的设计。

 情境导入

丰田汽车企业组织形象

一、企业简介

丰田汽车公司（Toyota Motor Corporation）简称"丰田"（TOYOTA），创始人为田喜一郎，是一家总部设在日本爱知县丰田市和东京都文京区的汽车工业制造公司，隶属于日本三井集团。丰田是世界十大汽车工业公司之一，日本最大的汽车公司，创立于 1933 年。

丰田汽车公司 2008 年始逐渐取代通用汽车公司而成为全世界排行第一位的汽车生产厂商。其旗下品牌主要包括雷克萨斯、丰田等系列高中低端车型等。1895 年，丰田喜一郎出生于日本，毕业于东京帝国大学工学部机械专业。1929 年底，丰田喜一郎亲自考察了欧美的汽车工业。1933 年，在"丰田自动织布机制造所"设立了汽车部。早期的丰田牌、皇冠、光冠、花冠汽车名噪一时，近来的克雷西达、雷克萨斯豪华汽车也极负盛名。丰田公司的三个椭圆的标志是从 1990 年初开始使用的。标志中的大椭圆代表地球，中间由两个椭圆垂直组合成一个"T"字，代表丰田公司。它象征丰田公司立足于未来，对未来的信心和雄心。

二、基本理念

遵守国内外的法律及法规精神，通过公开、公正的企业活动争做得到国际社会信赖的企业市民。

遵守各国、各地区的文化和风俗习惯，通过扎根于当地社会的企业活动为当地经济建设和社会发展作出贡献。

以提供有利于环保的安全型产品为使命，通过所有的企业活动为创造更美好更舒适的生存环境和更富裕的社会而不懈努力。

在各个领域不断开发和研究最尖端的科学技术，为满足全球顾客的需求提供充满魅力的产品和服务。

以劳资相互信赖、共同承担责任为基础，造就出能够最大限度发挥个人创造力和团队力量的企业文化。

通过全球化的创造性经营努力实现与社会的协调发展。

以开放性的业务往来关系为基础，致力于相互切磋与创新，实现共生共存、长期稳定发展。

三、产品形象

（1）产品的视觉形象：日式风格。

（2）产品的品质形象：一直以来，丰田给我们的品质就是高品质的享受和质量。并且，丰田车较早进入中国，因其造型深合国人口味、经济耐用和技术较为先进，很早就搏得了好口碑。

（3）产品的社会形象："人与人之间关系的各种活动"，是丰田独有的教育模式，这种教育就是前述的关于人的思想意识的教育。非正式教育的核心是解决车间里人与人之间的关系，培养相互信赖的人际关系。光靠提高工资福利保健等的劳动条件，还不能成为积极地调动员工干劲的主要因素。丰田创造出一系列精神教育的活动形式，这种活动是以非正式的形式和不固定形式的做法进行的。

第一节　汽车企业形象策划程序

所谓汽车企业形象就是指企业文化的综合反映和外部表现，是汽车企业通过自己的行为、产品、服务在社会公众心目中绘制的图景和造型，是公众以其直观感受对企业做出的全部看法和评价。

企业形象的策划是一种创造性活动，无论是创意的手段，还是创意的主题表现，都带有极强的个性。

一、CIS 的内涵与策划目的

1. CIS 的内涵

CIS（corporate identity system）意为企业形象识别系统，是一种企业形象战略，即依据企业的理念个性和行为规范，整合企业的各种形象资源，对企业的一切可视事物进行统筹设计、规划、控制和传播，使企业的形象识别要素个性化和统一化，以产生一致的认同感与价值观。

CIS 由企业理念识别（MI）、行为识别（BI）以及视觉识别（VI）三个有机整合运作的子系统构成。它通过确立符合企业实际且富有个性化的经营理念，策划设计体现企业的综合形象。

2. 汽车企业导入 CIS 的目的

（1）提升企业形象。CIS 比一般广告、宣传更具竞争威力，体现在确立并明确企业的主体性上,这是 CIS 的内部整合功能。所谓的"主体性",即汽车企业的统一性,或自我的一致性,也就是把自我和他物区别清楚,并保持一贯的自我主张。如果企业名称、标志不能表现出企业的特性,传达的含义与企业的产品、服务理念相差甚远,或者群体成员对企业的信念、价值、目标认识不一致,成员对企业缺乏向心力,等等,那就缺乏"统一性",亦即自我不一致。这样的企业就无法进行有效的信息传递活动。

(2)确立并明确企业的主体地位。CIS 中的 Identity 即含有个性、认同、同一性等含义,CIS 的原则之一就是同一性。CIS 通过统一企业的文化理念,进而统一企业行为规范和视觉识别,来明确企业的主体个性和同一性,强化企业的存在价值,提高企业成员对企业的认同感、归属感和忠诚度,增强企业的凝聚力和向心力,激励士气。

(3)有效快速地传递企业信息。这是 CIS 的对外传播功能。企业信息的传递过程,也是企业形象的传递过程。企业与社会公众之间信息传递和沟通广泛,企业内部可向外部传递的信息很多,不同的部门向外传递信息的侧重点不同,如果缺乏完整统一的识别系统,很容易使企业形象支离破碎。因此,对企业信息的传递必须有统一而系统的计划、安排,以统一的形式表现出来,以便于增强信息的可信度和识别性,塑造一致的企业形象,使社会公众对企业产生认同感。同时,企业信息和企业形象的传递必须保证效率和效果。CIS 是满足这些要求的最佳的信息传播途径和手段,它能够保证信息传播的统一化、规范化、系统化、程序化,并使传播更有效。

二、汽车形象策划程序与原则

1.汽车形象策划程序

(1)调查现状。企业导入 CIS 是为了树立企业形象、加强企业的竞争力。为此,就需要对企业现状,特别是企业形象的现状,进行全面深入的调查和了解,发现问题,找出症结之所在,只有这样,才能有针对性地采取应对措施。

(2)明确市场定位。市场定位是指企业从自身条件和目标市场的竞争情况出发,确定本企业的产品和服务与竞争对手相比应处在什么位置。市场定位明确,就为企业的产品形象和企业自身形象的树立奠定了基础。反过来,企业产品形象和企业自身形象的树立又有助于实现市场定位所期望的目标。

(3)途径选择。企业的知名度和美誉度是社会公众衡量企业形象优劣的两项重要指标。由低知名度和低美誉度企业上升为高知名度和高美誉度企业,这是每个企业都在追求的目标。作为导入 CIS 计划的汽车企业,可以通过对企业形象现状的调查分析,找出企业形象在美誉度和知名度两个指标上的位置,然后选择合适的途径达到理想的位置(即高知名度和高美誉度位置)。

实施运作:

第一步,成立由企业决策者参加的 CIS 委员会和隶属于 CIS 委员会的 CIS 计划执行委员会,制作 CIS 手册,并动员企业全体员工人人参与。这是组织落实阶段。

第二步,确立企业理念。这一步是导入 CIS 计划的核心。

第三步,建立视觉识别系统。这一步的工作应由设计专家来完成。

第四步,识别的展开,包括对内和对外两个部分。这一步是将企业理念具体化,即通过活动识别,表达企业理念,实现企业目标。

第五步,总结评价。企业导入 CIS,实施运作了一个阶段以后,必须进行客观的评价,以便从中发现问题，改进不足，为进一步实施 CIS 奠定良好的基础。

企业实施 CIS 是一项长期活动，树立良好的企业形象绝不是一蹴而就的事情。作为汽车企业的经营管理者，应该有持之以恒、循序渐进的思想准备，再则，必须牢固树立以理念识别的具体化和贯穿始终的根本观念，避免不重实际只图外表的片面做法。

2. 汽车形象策划原则

（1）战略性原则。CIS 战略策划是创造企业优势、产品优势和竞争优势，以便全方位推出形象系统的新战略，是一项科学调控各种有效资源的系统工程。因此 CIS 绝不仅仅是设计上的变更或者企业名称的更改，而应该把它提高到企业存亡、经济兴衰的高度上看待。例如，英国 ICI 公司收购了一家新公司后，公司经营向多角化方向发展，原有的标志已不能符合公司要求，于是公司决定用 100 万英镑对呈波浪状的公司标志进行修改，使之能更好地代表公司新的形象。对此，公司的决策者认为："与其说 ICI 公司的标志是一个难以名状的混合物，倒不如说它是将公司一系列相互分离的各个部门表现为一个总的公司。重新设计系统标志是为了将所收购的公司融入原来的公司结构中，这是一种新的设计类型，一项要在 150 个国家内执行的战略。"

（2）民族化原则。CIS 战略策划既是一种经济的产物，又是一种文化的成果。文化都是植根于不同民族的土壤。如果要策划设计出具有民族化的 CIS 战略，必须对民族文化有一个比较深入的分析和了解。

美国的 CIS 强调理性、个体性，偏重于制度建设。日本的 CIS 强调情、强调和谐性，偏重于理念建设。中国在 CIS 策划设计方面刚刚起步，但中国的 CIS 策划设计有 5000 年民族文化作基础，相信在 21 世纪，一定会有具备中国民族特色的 CIS 优秀之作进入世界 CIS 之林。

（3）个性化原则。企业形象策划就是企业个性的定位。定位就是在消费者的心中寻找空隙和位置，目的是在此位置上建立有个性的优秀企业形象。定位是 CIS 的出发点，是塑造企业形象的第一步。

企业在理念的设计上应有自己独特的风格，能鲜明地把本企业的理念与其他企业的理念区别开来。例如，同是汽车企业的丰田公司和日产公司，前者的企业形象口号是以生产大众喜爱的汽车为目标，突出迎合大众口味的形象；而后者的企业形象口号是创造人与汽车的明天，它强调的是不断技术创新的形象。

企业的标志、名称、品牌、招牌、装饰等也要有自己的特色，体现出自己鲜明的个性，这样才能在千千万万个企业中脱颖而出，增强公众记忆度和企业的知名度。例如宝马蓝白相间的图案、奥迪的四个圆环标志以及本田的三弦音箱式商标（也就是带框的"H"），这些独具个性魅力的商标把自己与其他企业鲜明地区别开来，给公众留下过目不忘的印象。

（4）系统化原则。CIS 是一个系统工程，它是包括 MI、BI 和 VI 的整体企业识别系统。三者内聚外化，有机结合，相互作用，共同塑造富有个性的企业形象。也就是说，它是将企业的经营理念与企业文化透过具体可感的视觉符号传达到企业外部的各种社会公益活动中，塑造出个性鲜明的优秀企业形象，对内产生凝聚力和激励力，对外提高企业的知名度和认同感。因此，在 CIS 的策划设计中一定不能将其进行割裂和肢解，要克服重形式轻内容、重设计轻传播的 CIS 策划形式。CIS 是一个复杂的系统工程，是多种专业知识的融会与贯通，需要各类专家和专业人才的通力合作，需要专家与企业决策者的密切配合才能完成这一巨大系统工程，单凭某一专家或某一广告公司、设计公司的力量是难以胜任的。

（5）创新性原则。CIS的策划、设计有新鲜、奇特、超群、别致的创意，具有新意和独特性。美国设计界有这样一条原则：不允许模仿他人的设计，要不断地创新。有生命力的CIS策划与设计往往和"新"字分不开，只有意境新、形式新、构思新的策划和设计才能打动人、吸引人，使人过目不忘，留下深刻的印象。

（6）可操作性原则。企业理念是一种意识，一种经营战略，即指企业的经营宗旨、经营方针和价值观。它是企业的灵魂，是企业运行的依据，具有导向力、凝聚力、激励力、辐射力。它不是一般的抽象思维的哲学，也不是一种宏观的世界观和方法论，它必须切合CIS的实际并便于操作。

第二节　汽车企业形象策划方案

建立CIS的过程，是一连串相当细密的作业。CIS导入作业的第一步就是调查与分析。

一、调查分析

（一）汽车企业现状调查

调查的第一步作业，是展开"企业现状调查"，调查最主要的内容大致有下列几个要点：

（1）社会大众对企业的印象如何？

（2）社会大众对企业形象的评估是否与企业的市场占有率相符合？

（3）和其他同行业的活动比较起来，本汽车企业形象中最重要的项目是什么？

（4）哪些地区对企业的评价好？哪些地区的评价不好？理由为何？

（5）和本汽车企业保持往来的相关企业，最希望本企业提供的服务有哪些？对企业的活动有何意见？

（6）本汽车企业的企业形象有何缺点？未来应塑造出何种形象？

（7）本汽车企业目前的市场竞争力如何？

（8）本汽车企业对外界发送的情报项目中，在信息传递方面最有利的是什么？

（9）本汽车企业的高级主管对未来的发展有何计划？目的为何？

（二）汽车企业形象调查

塑造良好的企业形象，是CIS作业的主要任务之一。但在展开作业前，必须了解对本汽车企业而言什么样的企业形象才是"最好"的，而形成信赖感和好感的具体因素又是什么。

我们可以将构成汽车企业形象的因素归纳为下列七种：

（1）市场形象：认真考虑消费者问题，对顾客的服务很周到，善于宣传广告，销售网相当完善，国际竞争力强。

（2）外观形象：信赖感强，稳定性高，有优良传统，企业规模大。

（3）技术形象：研究开发能力很强，技术优良，对新产品的开发很热心。

（4）未来形象：合乎时代潮流，积极性，未来性。

（5）经营者形象：经营者很优秀，有魅力。

（6）企业风气形象：具有健康清洁的形象，具有现代感，企业风气良好，员工和蔼可亲有礼貌。

（7）综合形象：一流的企业，希望子女在此公司任职，想购买此公司的股票。

（三）企业形象"定位"

企业应先确认本身在社会分工的体制中所扮演的角色，然后将角色内容广泛地让一般民众了解。透过企业的讯息传递活动，大众才获得"某某企业是属于某一种行业的企业"的形象，之后就自然地会以此种企业形象来设定自己的行动。

二、策划方案

（一）策划方案的重心

CIS策划方案由三大部分构成：

（1）企业实态的检讨和分析，也就是事前调查阶段。

（2）根据调查结果，展开企业形象策划的作业，CIS的设计开发也属于这部分。

（3）实施管理作业。

企业经营者在推行CIS时，应按照上述的三大部分，循序渐进，切实执行，才能真正发挥CIS的效果。

在提出CIS企划案的构想之前，我们会先自问一个问题：引进CIS的真正目的是什么？是不是认为公司本身存在着某些问题，必须加以改善？换个角度讲，我们可以说已经看出CIS能解决公司所面临或即将面临的问题。

因此，策划方案的内容应该清楚地标示出"问题"和"解决办法"两大重点，并且对具体的实行步骤、方法和预期成果加以说明，如果能列出公司目前的问题，并加以精彩详细地说明，相信就更能打动经营负责人的心。因此，一个完整的"引进CIS策划方案"，必须包括：①标题；②策划方案的目的；③引进CIS的理由和背景；④引进计划；⑤CIS的计划方针；⑥具体的施行细则；⑦CIS计划的推动者、组织者、协办者；⑧实施CIS计划所需的费用与时间。

在这八个项目中有两大重点：提案的目的和引进CIS的理由与背景。尤其是引进CIS的理由，一定要说清楚，因为它可能决定公司对CIS系统的运作方向。值得注意的是，不能只是针对公司目前的缺点，还要根据时代趋势、企业界和同业间的现况，提出周到的看法，并以远大的眼光来审视问题。

（二）执行工作大纲

CIS的计划方针必然会牵涉到施行方法、活动时间、经费、推行单位、营运技术等问题，各方面的配合是否得当，便决定了CIS成效的好坏。

以下是执行工作大纲的内容。

1. 主题明确化

每一个策划方案都必须有其魅力标题，以拟定出企业具有代表性的魅力话题较为妥当。

2. 拟定具体实施活动办法

经研讨分析后的结论，认为有必要导入CIS时，则需将主题、着眼点、背景等予以评估。因为在导入作业实施的每一阶段，每项工作都环环相扣，因此在全盘作业大纲分类后，须依需要性拟定各种不同活动方式来配合推动。

3. 编列导入时间预定表

CIS导入作业不是短期的作业，同时在进行中也必须有许多事项的配合，因此要将作业阶段进行的项目与日程时间进行充分的掌握调配,才能确保作业的顺利进行。

4. 明确作业组织功能

用什么方式推动与推选出适合人员来执行导入作业,是不可忽视的事。组织机能必须明确化,例如,在内部设置CIS委员会来负责,工作任务做有效的分配执行等。

另外,CIS导入作业的规划,不妨聘请外界专家协助参与。因为企业形象的塑造是希望能获得社会大众的认同与喜爱,如果全部由内部人员推动的话,恐怕会受限于企业本身的主观偏好,而造成闭门造车的缺失。

5. 编列经费

通常在企划阶段,对实施作业经费的多少是比较难以掌握的,但如果提案对成本没有一些具体的评估,实施的可行性就微乎其微了,因此需要先行研拟出概算的作业项目与经费。

一般而言,所需经费包括调查策划费用、视觉设计费用、各类项目实施作业费用、内外沟通作业费、评估与管理费等,可分由上述各项作业内容预估出大概的金额。但通常在进行CIS作业时,项目的或增或减是避免不了的事,所以在预估经费时要保留一些弹性。

整体来说,CIS的投资费用大致可分为四方面:

① 企业实态调查及策划费用。
② 设计开发费用。
③ 实施管理费用。
④ 其他费用,如推行计划时的花费,企业内部讯息传递的经费等。

第三节　汽车企业形象策划设计

日本著名CIS专家山田英理认为CIS包含两个方面的概念:第一,CIS是一种被明确地认知企业理念与企业文化的活动;第二,CIS是以标志和标准字作为沟通企业理念与企业文化的工具。

换而言之,CIS系统是由MI(理念识别,mind identity)、BI(行为识别,behavior identity)、VI(视觉识别,visual identity)三方面组成。在CIS的三大构成中,其核心是MI,它是整个CIS的最高决策层,给整个系统奠定了理论基础和行为准则,并通过BI与VI表达出来。所有的行为活动与视觉设计都是围绕着MI这个中心展开的,成功的BI与VI就是将企业的独特精神准确表达出来。

一、MI——理念识别策划

(一)企业理念识别的定义

所谓MI,是指确立企业自己的经营理念,企业对目前和将来一定时期的经营目标、经营思想、经营方式和营销状态进行总体规划和界定。

要正确把握MI,应明确三点:

(1) MI是企业的灵魂与宗旨,是汽车企业赖以生存的原动力。

(2) MI是企业信息传播识别性的内核,MI不仅是要求企业内部员工明确并掌握的行为准则,而且也是通过传媒向社会公众宣传、并希望得到社会公众认同的识别内容。

(3) MI 应该是一个永远开放的体系,融入文化,适应文化。

(二) 汽车企业理念识别的内容

一个企业的 MI 系统通常包括企业使命、经营哲学、行为基准和活动领域四项基本内容。

企业使命又译为"企业任务",就是汽车企业在特定社会环境中所要完成的特定任务或要实现的特定目标。

经营哲学即汽车企业的经营思想或经营方针。主要包括汽车企业的经营方向、经营理念、营销战略的特征等。

行为基准指汽车企业员工的行为标准与规范。具体包括服务公约、劳动纪律、工作守则、行为规定、操作要求、考勤制度、管理条例等。

活动领域是指汽车企业应在何种技术范围内或者在何种业务领域中开展活动。活动领域确定的原则有三:预见性、差异性、明确性。

(三) 汽车企业理念的定位与策划

1. 企业理念的定位模式

CIS 企业形象战略追求企业形象差异性的效果,即独特企业形象的塑造。而企业差异性首先来自企业理念的个性化,汽车企业的不同理念决定了企业不同的形象定位。其模式主要有如下几类。

(1) 目标导向型。采用这种定位模式,汽车企业将其理念规定或描述为企业在经营过程中所要达到的目标和精神境界。它可分为具体目标型和抽象目标型。如具体目标型以丰田公司为代表,"以生产大众喜爱的汽车为目标";抽象目标型的企业理念有日产公司,"创造人与汽车的明天"。

(2) 团结凝聚型。采用这种定位模式,汽车企业将团结奋斗作为企业理念的内涵,以特定的语言表达团结凝聚的经营作风。例如,上海大众汽车有限公司的"十年创业,十年树人,十年奉献",即属此种类型。

(3) 产品质量、技术开发型。用简洁、精练、概括的用语突出强调企业名牌产品的质量,或强调尖端技术的开发意识,以此来代表企业精神,展示企业形象,有效传达企业对社会的贡献。例如,富兰克林牌汽车"一辆永远不会给你带来麻烦的汽车"。

(4) 市场营销型。它的目标是企业的外部公众,强调市场的覆盖和开拓,争创最佳的经济效益。

(5) 优质服务型。它的主要目标也是企业的外部公众,它着重强调的是:顾客是上帝。

2. 企业理念的应用形式

(1) 标语、口号。标语用于横幅、墙壁、标牌上,陈列于各处或四下张贴,使员工随时可见,形成一种舆论气氛和精神氛围。口号是用生动有力、简洁明了的句子,呼之于口便激动人心、一呼百应。标语和口号的表达方式可以是比喻式、故事式、品名式和人名式等。以下列举几家汽车企业有代表性的标语、口号。

丰田公司:车到山前必有路,有路必有丰田车。

日产汽车:古有千里马,今有日产车。

宝马汽车:驾驶乐趣,创新无限。

长城汽车股份有限公司:每天进步一点点。

(2) 广告。企业理念一般比较稳定,而广告语可以根据不同时期、不同地域、不同环境加以灵活改变。例如：宝马7系汽车广告语"生活艺术唯你独尊"；奔驰汽车广告语"领导时代，驾驭未来"；奥迪汽车广告语"突破科技、启迪未来"；凯迪拉克汽车广告语"将力量、速度和豪华融为一体"；沃尔沃汽车广告语"关爱生命、享受生活"；福特汽车广告语"你的世界，从此无界"；等等。

（3）企业歌曲。优秀的企业歌曲能够激起人们团结、奋进、向上的激情，聪明的企业家用音乐这一艺术形式向职工进行巧妙的灌输，向社会各界广泛宣传。如：一汽 - 大众成立20周年歌曲《梦想同行》，美国IBM公司每个月唱《前进IBM》，日本声宝公司每天早晨齐唱《声宝企业颂》，松下公司每天要唱《松下之歌》，北京同仁堂集团、北京长城饭店也有自己企业的歌曲。

理念识别（MI）是导入CIS的原动力，是企业的精神所在。

二、BI——行为识别企划

（一）企业行为识别系统的内涵

BI是指在MI基础上所形成的，用以规范企业内部行为，并达到对外行为统一化（活动统一化）的一系列行为规范和准则。

如果说MI是CIS的"想法"，那么BI就是CIS的"做法"，也就是说企业活动识别是CIS的动态识别形式。作为CIS的"做法"，BI有对外、对内两类活动。对内就是建立完善的组织、管理、教育培训、福利制度、行为规范、工作环境、开发研究等，从而增强企业内部的凝聚力和向心力；对外则通过市场营销、产品开发、公共关系、公益活动等传达企业理念，从而提高企业知名度和美誉度。

（二）企业行为识别的内容

MI的传播主要通过两条渠道：一是静态的视觉识别系统；二是动态的行为识别系统。

BI是非视觉化动态的识别形式。对内负责组织管理，包括：工作环境、生产设备、研究发展、生产福利及员工教育（礼貌仪表、服务态度、上进精神）等。对外负责开展各种活动，包括：市场调查、促销活动、公共关系、产品开发、流通对策、金融对策、公益性活动、文化性活动等。

任何运营状况正常的企业，都有两种不同的力量，其一是离心力，其二是向心力。离心力指使企业向外扩展的作用力，如：销售、服务活动范围的扩大，商品的多样化等，离心力的作用是向外的。向心力则是一种向内部集中，藉以强化共同体的团结力。由此可见，离心力和向心力的作用方向相反，但对企业来说，这两种作用力必须相辅相成，合二为一。

（三）企业行为识别的传播与推广

1. 内部的传播与交流

贯彻CIS理念，建立行为识别制度，关键的一环是CIS意识的传播，即所谓内部的传播与交流。所以，汽车企业，不管是内部通信、公告栏、板报、标语，还是广播、简报、企业报，都会有一个正规的传播媒介。除此之外，非正规的员工之间的私下小道消息传播也是不可忽略的。从某种意义上说，这种私下小道消息传播比正规形式的宣传对员工意识的作用更大，如何对其进行控制、引导，也是行为识别系统建设的一个重要内容。

2. 外部的推广与途径

BI向外推广的途径与方法主要有以下三种。

（1）策划"新闻事件"。汽车企业在CIS导入与推行过程中，结合CIS工程的总体计划主动联系媒体机构，策划一次以宣传企业形象为目的的有轰动效应的"新闻事件"，往往是一种理想的活动识别手段。活动识别就是借助种种有计划、有效的活动，广泛传播企业统一理念、价值观、精神风貌、品牌特色。"新闻事件"作为一种手段，具有集中、广泛的传播效果。

（2）广告活动。以塑造汽车企业形象为直接目的的广告称为企业形象广告，旨在向社会宣传企业特征，表明企业对社会所负的责任和为社会做了些什么。如企业理念广告重在向社会传播企业的经营哲学、价值观念、传统风格和企业精神，使企业形象连同它的观念和口号深入到大众心中，对内产生凝聚力，对外产生感召力。社会责任广告重在显示企业对社会公共事务和公益事业的热情和关心，或以广告形式响应社会生活中某个重大热点主题，表示企业对社会生活的参与，或以企业名义率先发起某运动或提供某种有益的观念，这类广告使企业形象充满人情味和亲和感。企业礼仪广告在企业周年纪念或其他企业开张、创业周年纪念或重大节日之机，向公众和合作者表示感谢和祝贺，旨在联络和沟通感情，往往能收到好的效果。

（3）大型活动策划。一些汽车企业通过策划大型活动来传达企业理念，宣传企业实力。在策划大型活动时，企业首先应注意确立企业的市场目标，针对目标顾客的需要定位开展相关活动。

三、VI——视觉识别企划

（一）企业视觉识别系统的内涵

VI是指将企业理念与价值观通过静态的、具体化的视觉传播形式，有组织、有计划地传达给社会，树立统一企业识别形象的活动。

理解VI应明确的几个问题：

（1）企业视觉识别应以MI为基础；

（2）企业视觉识别系统设计不是单纯的美术设计；

（3）VI并非简单的视觉表现手段。

VI的关键和基础性工作是将企业信息进行概括、提炼、抽象，将其转化为企业视觉设计符号。其次，VI必须带有鲜明的个性特征。再次，成功的VI还在于选择合适的设计题材和造型要素，形成有生命力的设计系统，制定严格的管理措施和科学的媒体策略，并做有效、长期的传播。

（二）企业视觉识别的内容

在CIS设计系统中，VI是最外在、最直接、最具有传播力和感染力的部分。VI设计是将企业标志的基本要素，以强势方针及管理系统有效地展开，形成企业固有的视觉形象，是透过视觉符号的设计来传达精神与经营理念，有效地推广企业及其产品的知名度和形象。因此，企业识别系统是以视觉识别系统为基础将企业识别的基本精神充分地体现出来，使企业产品名牌化，同时对推进产品进入市场起着直接的作用。VI设计从视觉上表现了企业的经营理念和精神文化，从而形成独特的企业形象，就其本身又具有形象的价值。

VI设计各视觉要素的组合系统因企业的规模、产品内容而有不同的组合形式。通常最基本的是企业名称的标准字与标志等要素组成一组一组的单元，以配合各种不同的应用项目，各种视觉设计要素在各应用项目上的组合关系一经确定，就应严格地固定下来，以期达到通过统一性、系统化来加强视觉祈求力的作用。

1. 基本要素系统设计

VI 设计的基本要素系统严格规定了标志图形标识、中英文字体形、标准色彩、企业象征图案及其组合形式，从根本上规范了企业的视觉基本要素。基本要素系统是企业形象的核心部分。企业基本要素系统包括：企业名称、企业标志、企业标准字、标准色彩、象征图案、组合应用和企业标语口号等。

（1）企业名称。企业名称与企业形象有着紧密的联系，是 CIS 设计的前提条件。企业名称的确定，必须要反映出企业的经营思想，体现企业理念；要有独特性，发音响亮并易识易读，注意谐音的含义，以避免引起不佳的联想。名字的文字要简洁明了，同时还要注意国际性，适应外国人的发音，以避免外语中的错误联想。在表现或暗示企业形象及商品的企业名称时，应与商标尤其是与其代表的品牌相一致，也可将在市场上较有知名度的商品作为企业名称。企业名称的确定不仅要考虑传统性，还要具有时代的特色。

（2）企业标志。企业标志是特定企业的象征与识别符号，是 CIS 设计系统的核心基础。企业标志是通过简练的造型、生动的形象来传达企业的理念，具有内容、产品特性等信息。标志的设计不仅要具有强烈的视觉冲击力，而且要表达出独特的个性和时代感，必须广泛地适应各种媒体、各种材料及各种用品的制作，其表现形式可分为：①图形表现（包括再现图形、象征图形、几何图形）；②文字表现（包括中外文字和阿拉伯数字的组合）；③综合表现（包括图形与文字的结合应用）三个方面。企业标志要以固定不变的标准原型在 CIS 设计形态中应用，必须绘制出标准的比例图，并表达出标志的轮廓、线条、距离等精密的数值。如：中国一汽视觉识别系统的核心要素，以"1"字为视觉中心，由"汽"字构成展翅的鹰形，构成雄鹰在蔚蓝天空的视觉景象，寓意中国一汽鹰击长空，展翅翱翔（见图 9-1）。

图 9-1 一汽-大众企业标志

（3）企业的标准字体。企业的标准字体包括中文、英文或其他文字字体，标准字体是根据企业名称、企业牌名和企业地址等进行设计的。标准字体的选用要有明确的说明性，直接传达企业、品牌的名称并强化企业形象和品牌祈求力。可根据使用方面的不同，采用企业的全称或简称来确定。字体的设计，要求字形正确、富于美感并易于识读，在字体的线条粗细处理和笔画结构上要尽量清晰简化和富有装饰感。在设计时要考虑字体与标志在组合时的协调统一，对字距和造型要作周密的规划，注意字体的系统性和延展性，以适应于各种媒体和不同材料的制作，适应于各种物品大小尺寸的应用。企业的标准字体的笔画、结构和字型的设计也可体现企业精神、经营理念和产品特性，其标准制图方法是将标准字配置在适宜的方格或斜格之中，并表明字体的高、宽尺寸和角度等位置关系。

（4）标准色彩。企业的标准色彩是用来象征企业并应用在视觉识别设计中所有媒体上的制定色彩。透过色彩具有的知觉刺激于心理反应，可表现出企业的经营理念和产品特质，体现出企业属性和情感。标准色在视觉识别符号中具有强烈的识别效应。企业标准色的确定要根据企业的行业属性，突出企业与同行的差别，并创造出与众不同的色彩效果，标准色的选用是以国际标准色为标准的，企业的标准色使用不宜过多，通常不超过三种颜色。

（5）象征图案。企业象征图案是为了配合基本要素在各种媒体上广泛应用而设计的，在内涵上要体现企业精神，发挥衬托和强化企业形象的作用。通过象征图案的丰富造型，来补充标志符号建立的企业形象，使其意义更完整、更易识别、更具表现的广度与深度。象征图案在表现形式上采用简单抽象并与标志图形既有对比又保持协调的关系，也可由标志或组成标志的造型内涵进行设计。在与基本要素组合使用时，要有强弱变化的律动感和明确的主次关系，并根据不同媒体的需求作各种展开应用的规划组合设计，以保证企业识别的统一性和规范性，强化整个系统的视觉冲击力，产生出视觉的诱导效果。

（6）组合应用。组合应用即是对企业标志、标准字、标准色等基本要素组合起来进行运用。为使企业建立统一的视觉识别体系，并适应于各种不同媒体和场合上的应用，应设计出一套规范化、系统化、统一化并综合各种基本要素的组合模式，其中包括各种要素组合时的位置、距离、方向、大小等组合规范。当组合模式的编排确定之后，为方便制作和使用，确保企业视觉识别的统一性和系统化，要绘制出组合的结构图。

（7）标语口号。企业提出的标语口号是企业理念的概括，是企业根据自身的营销活动或理念而研究出来的一种文字宣传标语。企业标语口号的确定要求文字简洁、朗朗上口。准确而响亮的企业标语口号对企业内部能激发出职员为企业目标而努力，对外则能表达出企业发展的目标和方向，提高企业在公众心目中的印象，其主要作用是对企业形象和企业产品形象的补充，使社会大众在瞬间的视听中了解企业思想，并留下对企业或产品难以忘却的印象。

"拥有桑塔纳，走遍天下都不怕"

这是目前国产轿车中让人最容易记得住的一句广告语。应该说，这是比较准确地将桑塔纳汽车的定位讲清楚了。其主要的意思有两层：第一层讲的是桑塔纳汽车的性能，突出了可靠性；第二层意思讲的是，它有遍及全国的售后服务网络。用"不怕"两个字，将桑塔纳汽车的品牌形象树立了起来。

从产品的质量和维修网络来看，通过10年的打造，桑塔纳汽车作为成熟的车型已被消费者所认可。此时，从产品和服务及附加值中提炼出来的"拥有桑塔纳（参数配置、报价、点评），走遍天下都不怕"的广告语才有了市场的针对性。

桑塔纳汽车从问世至今，有人将其比喻为中国的"甲壳虫"，仍旧有生命力，被称为"常青藤"。桑塔纳汽车到现在仍有市场，很多人依然记着它当初的广告语，认为它非常可靠实惠。

"车到山前必有路，有路必有丰田车"

20世纪80年代，中国的道路上除了红旗、吉普和拖拉机，就只有日本的进口车了。丰田汽车"车到山前必有路，有路必有丰田车"的广告十分自信而又朗朗上口，让你不得不在买车的时候思量思量。如今，丰田汽车的广告语改了很多回，但整整一代中国人牢牢记住的还是这句话。

"车到山前必有路，有路必有丰田车"这句话套用了中国的一句古话，拉近中国人民的亲切感，迎合人们希望路路畅通的心理，从而在心理上达成了共识，有利于树立品牌形象。这句话不仅体现了丰田要把先进技术在世界范围内拓展延伸的决心，更重要的是体现了丰田汽车服务全国的理念。

案例 >>

"世上无难路，只要有双龙"

该广告语突显了它作为硬派真SUV的豪情壮志。作为世界级的SUV专家，双龙汽车是除JEEP和路虎外，世界第三大专业越野车生产厂商。双龙汽车所拥有的第三代柴油动力技术、超高强度的阵式底盘、专业的电子分时四驱都是其纵横天下的武器。"世上无难路，只要有双龙"的口号不仅道出了在双龙汽车面前，任何艰难险阻的道路都不会形成阻碍的产品实力，而且双龙品牌诠释的"世上无难路"的精神，也就是面对挑战从不轻易言败，更体现出一种不屈不挠、超越自我、挑战自我的SUV精神。而双龙的奉献精神不仅仅在现在，在以后每个发展的阶段，"心相连，无难路"的精神也将会继续体现，因为这不仅仅是口号，而是真正的双龙企业文化。

"世上无难路，只要有双龙"，这句原本是形容双龙SUV优越的越野性的话语，在汶川大地震中得到了更高境界的升华。修复各条道路、电路是灾区救援与重建的重中之重。双龙汽车不但跨越崎岖艰险之路，而且更是用SUV的坚忍不拔与冲破极限的精神，竭尽所能，以各项实际行动长期地关爱灾区的民众与重建工作。为灾区打开生路、为灾民重建心路。双龙希望，让中国人不屈的脊梁在灾区条条蜿蜒曲折的道路上延伸。这是龙的脊梁，这是龙的道路。就像双龙的口号，"世上无难路，只要有双龙"。

（8）企业吉祥物。企业吉祥物是以平易可爱的人物或拟人化形象来唤起社会大众的注意和好感。

案例 >>

2010年4月23日，陕汽集团通家汽车公司在第十一届北京国际车展上隆重发布了"中国福"吉祥物。据悉，"中国福"的设计灵感来源于陕汽集团通家汽车公司所提出的"福文化"理念，即为用户造福，为员工造福，为社会造福。吉祥物整体造型集和谐、长寿、富贵、康宁、好德、自由、发展等众多福气于一身，是中国福文化的集大成卡通设计形象。陕汽集团通家汽车有限责任公司也是行业内第一家提出"福文化"的企业。同时中国福吉祥物也代表了陕汽集团通家汽车公司的"福送天下，情暖万家"的品牌理念，更是广大百姓对幸福生活的共同追求的完美体现。

"中国福"吉祥物的形象理念源于中国传统瑞兽麒麟，并在传统麒麟造型的基础上融入了福虎元素，使造型平添了老虎象征力量与欢乐。头顶的方孔钱图案象征财富与繁荣；胸前的寿桃代表健康长寿；"应龙"的翅膀表示自由翱翔；尾巴的舞动火焰，象征生活的红红火火；霞帔的设计采用荷花造型，"荷"与"和""合"谐音，在传统吉祥文化中是和谐、和美的象征符号；伸出大拇指象征通家汽车永远追求品质的企业愿景。整个吉祥物的造型设计隐喻地描述了中国传统福文化含义，体现了通家汽车公司的"福文化"理念，同时也向消费者传递了一个年轻活力、具有社会责任感的大集团公司形象。

(9)专用字体。专用字体即是对企业新使用的主要文字、数字、产品名称结合对外宣传文字等,进行统一的设计。主要包括为企业产品而设计的标识字和为企业对内、对外活动而设计的标识字,以及为报刊广告、招贴广告、影视广告等设计的刊头、标题字体。

2. 应用要素系统设计

应用要素系统设计即是对基本要素系统在各种媒体上的应用所做出的具体而明确的规定。

当企业视觉识别最基本要素如标志、标准字、标准色等被确定后,就要从事这些要素的精细化作业,开发各应用项目。VI各视觉设计要素的组合系统因企业规模、产品内容而有不同的组合形式。最基本的是将企业名称的标准字与标志等组成不同的单元,以配合各种不同的应用项目。当各种视觉设计要素在各应用项目上的组合关系确定后,就应严格地固定下来,以期达到通过同一性、系统化来加强视觉祈求力的作用。

案例分析

日本VI设计范例:马自达

亚洲金融风暴爆发后,日本高速增长的经济遽然刹车,日本汽车工业也陷入全行业的发展危机。同时,伴随着全球经济一体化的推进,汽车工业愈来愈凭借跨国并购求得企业规模的快速扩大,增强市场竞争力。美国汽车巨头纷纷四处出击,奔驰和克莱斯勒合并,欧洲汽车巨头也对日本汽车市场虎视眈眈。经过多番的较量,负债累累的日本马自达被福特收购,成为美国汽车工业跨国集团的海外成员之一。

马自达汽车并入福特汽车集团后,福特汽车集团对马自达的经营进行了重大的各项调整。在内部管理、产品战略、市场营销等方面重新做了部署,在企业CIS战略上,继续保留在市场上行销多年拥有丰厚品牌资产的Mazda品牌,但在品牌形象识别上做了较大的变动。

马自达公司在20世纪70年代初期原名为松田汽车,其商标为字母"H"和"M"的组合,在日本国内消费者因为时间较长,都知道该标志代表着松田汽车,然而在海外却经常发生误解现象。因此,为了统一企业形象,塑造符合企业国际化发展的鲜明企业形象,马自达公司盛邀日本专门为企业导入CIS的POAS公司重新设计企业形象,POAS采用当时国际流行的字母标设计策略,将企业名称、品牌名称、商标图案完全统一为简洁、有力的五个字母"MaZDa",经过专门设计的标准字体,传达信息凝练,造型刚劲有力,视觉冲击力强。

POAS根据马自达汽车的应用状况,设计了非常详细的CIS应用手册,用于指导企业内部的CIS实施。考虑详尽、说明翔实、项目丰富、实用性强的CIS手册,确保马自达在全球各地企业形象的高度统一。70年代初期,CIS企业形象识别设计刚刚进入日本,尚处于萌芽状态,马自达大力度运用CIS战略革新企业形象的重大举措,给日本企业界带来巨大的冲击。此后，CIS 热潮席卷日本，众多大企业纷纷导入 CIS。

在长期实践的过程中，日本的企业和设计公司逐渐发展出不同于欧美的日本式 CIS 设计战略。市场风云变幻，企业发展难料。时过境迁，曾经被誉为日本高速腾飞经济代表的日本汽车工业如今只剩下本田孤军奋战，其他企业被收归跨国汽车集团的旗下，而被誉为日本 CIS 史上经典之作的马自达标志，在全球沿用 20 余年后，终于无奈地让位于一个极具美国风格和美国特色的新设计。

在新的世纪来临之前，福特赋予马自达一个全新的形象，这是一个展开双翅奋力高飞的字母"M"。马自达新形象宣言声称：凭着马自达精神，怀着对未来的憧憬，我们自豪地向您介绍我们新的品牌标识。特殊字母 M 是翱翔中的双翅形象，它象征着马自达将飞向未来——飞向那追求持续增长的进步的未来，飞向那全凭马自达员工们的创新、献身和积极努力才能实现的未来。新的品牌标识将使我们的诺言得以实现，我们向用户提供的高品质产品，将集独特的驾车情趣、周到齐全的销售和服务技术、信誉至上的精神原则于一身。这一品牌标识及其所体现的精神是我们的一贯追求，它将成为遍及世界各地的马自达用户一个杰出象征。马自达的新形象淋漓尽致地表现了新世纪汽车工业的时代精神，突破平面的三维设计手法细腻而简约，完全将高贵金属的质感呈现于纸上。伴随着制作工艺的日新月异，大量个性化乃至烦琐的设计诞生于设计师笔下，并被企业大胆实践于市场。展翅高飞的 M 带来马自达新的品牌形象内涵：独具个性意识、不断创新、追求无止境、勇往直前、热情服务、进取的野心……

在新世代消费者意识逐渐成熟的今天，70 年代盛行一时的字母标设计策略已被追求个性化的设计策略取代，马自达如此，朗讯如此，LG 也是如此。无独有偶，在中国大陆的汽车市场上，我们也看到与这样的国际思潮完全接轨的设计案例。来自台湾的中华汽车在福建投巨资设立大陆生产基地，并专为大陆市场规划出"东南汽车"的新品牌，其品牌形象设计与马自达风格相近，表现手法几乎同出一辙，一只鹰的嘴形特写，简洁、传神地表达了"崛起东南，奋翔万里"的企业蓝图。

Mazda 原标志

本章小结

所谓汽车企业形象就是指企业文化的综合反映和外部表现，是汽车企业通过自己的行为、产品、服务在社会公众心目中绘制的图景和造型，是公众以其直观感受对企业做出的全部看法和评价。CIS 意为企业形象识别系统，是一种企业形象战略，即依据企业的理念个性和行为规范，整合企业的各种形象资源，对企业的一切可视事物进行统筹设计、规划、控制和传播，使企业的形象识别要素个性化和统一化，以产生一致的认同感与价值观。汽车企业导入 CIS 的目的为提升企业形象、确立并明确企业的主体地位和有效快速地传递企业信息。汽车形象策划原则包括：战略性原则、民族化原则、个性化原则、系统化原则、创新性原则、可操作性原则。

CIS 导入作业的第一步就是调查与分析，第二步就是策划方案。CIS 由企业理念识别（MI）、行为识别（BI）以及视觉识别（VI）三个有机整合运作的子系统构成。其中 MI 是指确立企业自己的经营理念，企业对目前和将来一定时期的经营目标、经营思想、经营方式和营销状态进行总体规划和界定。BI 是指在 MI 基础上所形成的，用以规范企业内部行为，并达到对外行为统一化（活动统一化）的一系列行为规范和准则。VI 是指将企业理念与价值观通过静态的、具体化的视觉传播形式，有组织、有计划地传达给社会，树立统一企业识别形象的活动。

课后练习

1. 企业形象的内涵是什么？
2. CIS 的内涵是什么？其作业程序和原则有哪些？
3. 一个完整的"导入 CIS 策划方案"必须包括哪些项目？
4. 汽车企业理念识别的内容是什么？
5. 汽车企业行为识别的内容是什么？
6. 汽车企业视觉识别的内容是什么？

实训操作

任务：
1. 根据本章内容对你熟悉的汽车企业进行形象策划。
2. 模拟操作汽车企业形象设计过程。

要求：
通过模拟操作题的方式，提高学生的实际操作应用能力。

1. 提案阶段（明确导入 CIS 的动机、组建 CIS 管理结构、安排 CIS 作业日程表、预算导入 CIS 的费用、完成 CIS 提案书）。
2. 调研阶段（确定总体规划、分析和评估企业运营情况、学校或汽车企业总体形象调查、调查资料的分析和研究、完成调研报告书）。
3. 策划设计阶段（总概念书策划、创立企业概念、开发设计视觉识别系统）。
4. 实施管理阶段（内部传播与员工教育、推行理念与设计系统、组织 CIS 对外发表、落实企业各部门的 CIS 管理）。

每位学生对某汽车企业撰写一份 CIS 导入设计方案，小组讨论交流。

参 考 文 献

[1] 裘文才.汽车营销策划[M].北京：机械工业出版社，2017.
[2] 张建华.市场营销策划[M].北京：中国人民大学出版社，2010.
[3] 孙仕敏.市场营销策划概论[M].北京：煤炭工业出版社，2003.
[4] 何瑛，征小梅.汽车营销策划[M].北京：北京理工大学出版社，2007.
[5] 苑玉凤.汽车营销[M].北京：机械工业出版社，2005.
[6] 杨明刚.市场营销策划[M].北京：高等教育出版社，2009.
[7] 王缅.汽车营销实战[M].北京：机械工业出版社，2004.
[8] 王明东，杨大蓉.市场营销策划[M].北京：北京理工大学出版社，2007.
[9] 李道平，舒永平，白静.公共关系策划.第2版[M].北京：中国商业出版社，2001.
[10] 李兴国.公共关系实用教程[M].北京：高等教育出版社，2000.
[11] 刘同福.汽车营销策划实用手册[M].广州：南方日报出版社，2004.
[12] 王缅，韩广.汽车营销实战：掌握工作方法与技巧的捷径[M].北京：机械工业出版社，2004.
[13] 张国方.现代汽车营销[M].北京：电子工业出版社，2005.
[14] 刘斌.浅析营销公关[J].四川经济管理学院学报，2005（3）.
[15] 张娟，闫然.试论公共关系策划的几个问题[J].内蒙古科技与经济，2006（2）.
[16] 杨明刚.市场营销100——个案与点析.第2版[M].上海：华东理工大学出版社，2004.
[17] 郑鑫.企业危机公关四步曲[J].现代营销（学苑版），2006（11）.
[18] 李莲华.网络环境下危机公关的运作方法和技巧[J].江苏商论，2006（10）.
[19] 张岩松.公共关系案例精选精析.第3版[M].北京：中国社会科学出版社，2006.
[20] 周朝霞.企业形象策划实务[M].北京：机械工业出版社，2005.